LA

PÉDAGOGIE FÉMININE

DU MÊME AUTEUR

PROJET D'ORGANISATION PÉDAGOGIQUE DES ÉCOLES PRIMAIRES DU DÉPARTEMENT DU JURA, in-4°, 1869.

ORGANISATION PÉDAGOGIQUE DES ÉCOLES PRIMAIRES DU DÉPARTEMENT DU DOUBS, in-8°, 1870-1872.

ORGANISATION PÉDAGOGIQUE DES ÉCOLES PRIMAIRES DU DÉPARTEMENT DE MEURTHE-ET-MOSELLE, in-8°, 1874.

LEÇONS DE CHOSES ET LECTURES, in-12, 1875. Ouvrage adopté pour les écoles de la ville de Paris et pour les bibliothèques scolaires de France.

LITTÉRATURE, HISTOIRE, MORALE, EXERCICES DE RÉCITATION ET DE COMPOSITION FRANÇAISE, in-12, 1876. Ouvrage adopté pour les bibliothèques scolaires.

L'ÉCOLE PRIMAIRE, ESSAI DE PÉDAGOGIE ÉLÉMENTAIRE, in-12, 1877. Ouvrage adopté pour les bibliothèques scolaires et honoré de la souscription du ministère de l'instruction publique.

ORGANISATION PÉDAGOGIQUE DES ÉCOLES PRIMAIRES DU DÉPARTEMENT DU PUY-DE-DÔME, in-8°, 1878.

L'INSTRUCTION PRIMAI   DANS LE DÉPARTEMENT DU PUY-DE-DÔME, in-8°, 1878-1879.

L'OBLIGATION DE L'ENSEIGNEMENT PRIMAIRE, in-12, 1879.

PÉDAGOGIE A L'USAGE DE L'ENSEIGNEMENT PRIMAIRE, in-12, 1881. Ouvrage adopté pour les bibliothèques pédagogiques.

HISTOIRE DE L'ÉDUCATION DES FEMMES EN FRANCE, 2 vol. in-12, 1883. Ouvrage couronné par l'Académie française.

TRAITÉ DE L'ÉDUCATION DES FILLES de Fénelon, avec une introduction et des notes, in-12, 1883.

BIBLIOTHÈQUE PÉDAGOGIQUE
PUBLIÉE SOUS LA DIRECTION
De M. H. COCHERIS, Inspecteur général de l'Instruction publique,
Directeur de *la Revue pédagogique*.

LA
PÉDAGOGIE FÉMININE

EXTRAITE DES PRINCIPAUX ÉCRIVAINS
QUI ONT TRAITÉ DE L'ÉDUCATION DES FEMMES
DEPUIS LE XVI° SIÈCLE

Avec une Introduction et des Notes

PAR

Paul ROUSSELOT

Ancien professeur agrégé de philosophie, Inspecteur honoraire d'académie

Le xix° siècle doit, selon nous, définir la
femme : un être égal à l'homme, mais différent de l'homme.　　　(E. LEGOUVÉ.)

Deuxième Édition

PARIS
LIBRAIRIE CH. DELAGRAVE
15, RUE SOUFFLOT, 15

1887

LA PÉDAGOGIE FÉMININE

INTRODUCTION

Quelle institutrice, quelle mère, quelle femme n'a intérêt à connaître ce que l'on pensait des femmes, de leur nature, de leur destinée, et par suite de quelle éducation on les jugeait capables, il y a quelques siècles, que dis-je? il y a trente ans, vingt ans, hier? Nos pères ont-ils bien ou mal posé, bien ou mal résolu ce délicat problème? S'ils ont erré, quelles ont été les causes, quelle a été l'étendue de leur erreur? Celle-ci a-t-elle été universelle, continue, sans éclaircies? Quelles vues ont été ouvertes, entre temps, quels jours ont été introduits dans ces vieux systèmes? Avons-nous quelque chose à en retirer, ou faut-il tout en rejeter?

Il y a deux manières de répondre à ces interrogations, et à bien d'autres encore. La première ne serait pas moins qu'une histoire de l'éducation des femmes, et je voudrais oser l'entreprendre un jour. L'autre consiste à laisser la parole aux écrivains de tout ordre qui ont, soit directement, soit indirectement, touché à cette grande question. A la prendre dans toute son ampleur, il n'est pas un mom-

liste — littérateur, poète, historien, philosophe, théologien,
— qui ne soit à quelque degré un pédagogue, car rien
n'est étranger à la science de l'éducation, de ce qui regarde
l'étude et la peinture de la nature humaine. Tout système
d'éducation porte sa date, et cette date est celle de toute
une époque, non seulement au regard des événements
historiques, mais au regard des mœurs, des arts, des
lettres, des sciences, de la philosophie, du développement
social tout entier : pour en avoir la complète intelligence,
il faut le considérer dans son milieu. Pour bien comprendre,
par exemple, le *Traité de l'éducation des filles*, de Fénelon,
il faut bien connaître le XVIIe siècle; Fénelon n'aurait pas si
vivement critiqué l'excès du bel esprit et de la délicatesse,
s'il ne s'était souvenu des *Précieuses ridicules*; il n'aurait pas si énergiquement condamné la « curiosité » en
matière de doctrines religieuses, si les querelles théologiques
n'avaient si étrangement passionné la cour et la ville. L'état
social éclaire la pédagogie, et celle-ci, en retour, fournit
d'instructives lumières sur l'état social qu'elle reflète :
lisez les livres d'éducation de Mme de Genlis, surtout
Adèle et Théodore, et vous serez à même de juger des
mœurs licencieuses du XVIIIe siècle. Cette loi générale se
fait remarquer avec plus d'évidence dans les ouvrages
relatifs à l'éducation des femmes, si étroitement mêlées au
mouvement de leur temps, par l'esprit, par les mœurs, et
dont l'histoire est inséparable de l'histoire de la civilisation. A ce titre, la pédagogie trouve son bien et le prend
chez Molière, La Bruyère, Mme de Sévigné, Mlle de Scudéry, Voltaire, Mme de Staël, aussi bien que chez Fénelon,
Rollin, Mme de Maintenon, Mme Campan ou Mme de Genlis.

En dehors de ces noms, combien d'autres moins illustres
ne sont pourtant pas dignes d'oubli! Que de dissertations,

de traités, de discours, divers par le ton, la forme, les développements, analogues par leur objet, valent d'être au moins feuilletés et consultés ! La mine n'est que trop riche. Sans remonter plus haut que le xvi° siècle, qui ouvre véritablement l'ère moderne, et sans presque sortir des écrivains de langue française, qui sont, amour-propre national à part, les plus nombreux et les plus intéressants, du moins jusqu'à notre époque, le champ d'enquête est encore des plus vastes. Le mieux serait, sans aucun doute, que quiconque non seulement fait sa carrière de la profession d'élever les jeunes filles, mais encore suit d'un œil intelligent le mouvement pédagogique actuel, fît soi-même ce voyage d'exploration, parcourant tantôt de belles et larges routes, bien tracées, droites, lumineuses, tantôt des sentiers plus modestes, parfois détournés, et qui néanmoins conduisent au but. Mais les principaux intéressés vivent, non par leur faute, loin des grandes bibliothèques; en eussent-ils les ressources à leur portée, que le loisir leur ferait défaut. Aussi bien, il y a un choix à faire entre tous ces écrits, et dans chacun d'eux tout n'est pas d'égale valeur. Ce qu'il importe de produire au jour, ce sont ou les aperçus qu'ils peuvent nous donner sur la condition morale et intellectuelle des femmes, ou les idées qu'ils ont pu contribuer à répandre dans le champ de la pédagogie; le fruit qu'il faut en retirer, c'est non seulement une connaissance historique, mais encore une connaissance théorique: je veux dire que la doctrine y doit trouver son compte, qu'il ne s'agit pas simplement d'une satisfaction de curiosité, mais surtout d'un accroissement d'expérience et de lumières au profit du progrès contemporain.

C'est à ce travail que nous allons tenter de suppléer.

Pour les uns, nous remplacerons une étude personnelle
matériellement impossible ; pour les autres, nous indique-
rons les sources à consulter et les textes à étudier.

1

J'ai annoncé des auteurs français, et les premiers extraits
qu'on lira sont traduits d'Érasme, de Vivès et de Luther,
qui écrivaient en latin. On comprendra facilement les motifs
de cette exception. Le latin a été la langue savante jusqu'au
XVI° siècle et même bien au delà : le philosophe Pierre La
Ramée fut considéré comme un apostat pour avoir fait usage
de la langue française ; cent ans plus tard, Descartes croyait
devoir s'excuser pour avoir écrit en français un des livres
les plus français dont nous puissions nous enorgueillir, le
Discours de la méthode; et enfin il y a juste 158 ans que
le bon Rollin, chose à peine croyable, s'excusait aussi
d'avoir renoncé au latin pour écrire son *Traité des études.*
Si Érasme n'est pas français par la langue, il l'est par
les goûts et les mœurs littéraires, par de certaines qualités d'esprit qui lui ont donné une grande puissance de
vulgarisation, je ne dis pas égale, mais analogue à celle
de Voltaire au XVIII° siècle. On sent, sous son latin d'ailleurs élégant et châtié, digne d'un zélé de la Renaissance,
un tour d'esprit à la française, et il n'y a pas lieu de s'en
étonner : quoique né en Hollande (à Rotterdam, en 1467)
et mort en Suisse (à Bâle en 1536), il avait été étudiant au
collège de Montaigu à Paris, avait longtemps et à plusieurs reprises habité cette ville qu'il aimait, qu'il appelait
« son cher Paris », où il avait des admirateurs et des
amis, à commencer par le savant Guillaume Budé et à
finir par le roi François Ier.

D'ailleurs Érasme a été, sinon le premier, du moins un des premiers qui aient protesté publiquement contre l'insuffisance et la mauvaise direction de l'éducation des femmes (1), en même temps que l'espagnol Vivès (2), linguiste, littérateur et pédagogue comme lui. Érasme et Vivès appartiennent au catholicisme : le protestant Luther, leur contemporain, ne mettait pas moins d'ardeur à poursuivre la réforme de l'éducation en général, et de l'éducation des filles en particulier (3). Le xvie siècle a produit assurément d'autres écrivains pédagogues, le cardinal Sadolet, Scævole de Sainte-Marthe, Mélanchthon, Charron, Rabelais, Montaigne, Trotzendorf, Sturm; mais je ne vois guère qu'Érasme, Vivès et Luther qui aient mis résolument le doigt sur la plaie de l'éducation des femmes (4).

Au siècle suivant, les mêmes plaintes se reproduisent en se généralisant davantage. Le sujet devait tenter la curiosité un peu précieuse qui est comme la marque littéraire de la première partie du siècle de Louis XIV : le progrès de la politesse des mœurs, le goût raffiné des choses de l'esprit, l'influence sociale des femmes toujours grandissante, toutes ces causes en faisaient une actualité, comme nous dirions aujourd'hui. Non pas que les femmes aient d'abord partie gagnée : elles s'entendront rappeler

---

(1) Notamment dans l'un de ses traités pédagogiques, intitulé *l'Institution du mariage chrétien*, publié en 1526 et dédié à la reine Catherine d'Angleterre.

(2) Né en 1492, mort en 1540, évêque de Valence. Ses écrits pédagogiques sont : *l'Éducation de la femme chrétienne* et *l'Éducation des jeunes garçons et des jeunes filles de qualité* (1523).

(3) *Lettre aux seigneurs et aux magistrats allemands* (1524). Luther était né en 1484 ; mort en 1546.

(4) Les extraits empruntés à ces trois écrivains seront peu nombreux; je renvoie le lecteur au volume de M. Paul Souquet : *les écrivains pédagogues du xvie siècle.*

par Bossuet, impatienté de leur coquetterie et de leur
vanité, qu'après tout elles sortent « d'un os complémentaire
de l'homme »; l'oratorien Malebranche, parlant en philosophe plus encore qu'en théologien, les mettra à peu près
sur le même rang que les enfants (1). Mais tous les gens
d'Église ou d'étude, nous le verrons tout à l'heure, ne
seront pas aussi dédaigneux; et quant aux beaux-esprits,
c'est à qui va s'ingénier à les défendre. Celui-ci pose la
« Question célèbre : s'il est nécessaire ou non que les
femmes soient instruites (2) »; celui-là trace le portrait de
« l'honneste femme (3) », un autre, celui de « l'honneste
fille (4) », c'est-à-dire, dans la langue du temps, bien née
et bien élevée; Mlle de Scudéry soutient les droits de son
sexe dans ses nombreux romans (5). Il y a donc un mouvement d'opinion en leur faveur, et, dans la seconde partie
du siècle, ce mouvement passe du domaine purement
littéraire dans le domaine de la pédagogie; Fénelon (6)

---

(1) *Recherche de la vérité*, t. III, p. 221 et suiv.

(2) Ouvrage traduit par Guillaume Colletet sur l'original latin de Mlle
de Shurman (1646) Mlle de Shurman (1607-1678) était fort savante,
connaissant quatre ou cinq langues.

(3) Ouvrage de Du Boscq, publié en 1635; dédié à Mme Combalet.

(4) Ouvrage publié en 1639, et dédié à Mademoiselle, fille de Gaston
d'Orléans, par le sieur de Grenailles.

(5) Née en 1607, morte en 1701. Auteur de romans célèbres à cette
époque, tels que le *Grand Cyrus*, *Clélie*, et de *Conversations sur divers
sujets*, etc.

(6) Né en 1651, mort en 1715. Successivement aumônier des *Nouvelles
Catholiques*, ou jeunes filles protestantes converties, précepteur du duc
de Bourgogne, archevêque de Cambrai. Son *Traité de l'éducation des
filles* parut pour la première fois en 1687. Une tradition accréditée rapporte
qu'il avait été composé à la prière du duc et de la duchesse de Beauvillier
pour l'éducation de leurs huit filles; il est certain en tous cas que le ma-
nuscrit leur en fut communiqué. La *Lettre à une dame de qualité* sur le
même sujet et qui est imprimée à la suite, était adressée à Mme de Beauvillier.

et l'abbé Fleury (1), presque simultanément, prennent en
main la cause de « la moitié du genre humain » et étalent
à tous les yeux les funestes lacunes de l'éducation qu'on
lui donnait.

A cet égard, on juge trop volontiers du siècle de
Louis XIV, « le siècle le plus éclairé qui fût jamais », dit
Voltaire, par quelques personnalités éclatantes : Mme de
Sévigné savait le latin, Mme de Grignan lisait Descartes.
Mme Dacier traduisait Homère; je n'en épuise pas la liste;
ce sont des exceptions, qui se détachent avec d'autant
plus de relief sur un fond uniforme de profonde et honteuse ignorance. A la maison, les filles sont confiées à
des gouvernantes presque toujours incapables; leurs mères
le sont encore plus, et l'exemple de l'intérieur domestique
est presque toujours pernicieux. C'est Fénelon qui nous
l'affirme (2). On a la ressource du couvent, mais là se
présentent d'autres inconvénients : le couvent ne prépare
pas les filles à la vie réelle. C'est encore Fénelon qui le
déclare (3); Mme de Maintenon le répète (4), le P. La Chaise
lui-même le confirme (5), et l'on en trouverait çà et là des
preuves dans la correspondance de Mme de Sévigné (6).
Si les filles n'y apprennent pas à vivre, dans le sens
sérieux du mot, elles n'y apprennent pas non plus à
penser : elles en sortent ne sachant ni calcul, ni histoire,

---

(1) Né en 1640, mort en 1729. Précepteur des princes de Conti, sous-
précepteur du duc de Bourgogne et de ses frères. Son titre spécial comme
pédagogue est le *Traité du choix et de la méthode des études*, publié
en 1686. Son œuvre principale est *l'Histoire ecclésiastique*.
(2) *Traité de l'éducation des filles*, ch. XIII.
(3) *Avis à une dame de qualité sur l'éducation de sa fille.*
(4) Dans ses *Lettres et entretiens.*
(5) *L'Instruction chrétienne pour l'éducation des jeunes filles* (1637).
(6) Voir entre autres *Lettre* 1127, du 24 janvier 1689.

ni géographie, ni grammaire; c'est à peine si elles savent lire correctement et écrire lisiblement. C'est toujours Fénelon qui en témoigne (1).

Port-Royal était un couvent, mais ce couvent faisait exception. Si l'éducation y était empreinte, comme dans tous les autres, d'une couleur religieuse très prononcée, du moins la religion n'y était ni superstitieuse, ni formaliste, ni casuistique. On peut entendre autrement la vie qu'on ne l'entendait à Port-Royal, mais la manière dont on l'y entendait ne manquait, après tout, ni de grandeur ni de dignité. Jamais on n'y fit un métier de la mission éducatrice; jamais on n'y poursuivit, sous ce couvert, des intérêts étrangers; toujours on la considéra comme un devoir, une obligation de conscience, le plus rigoureux des devoirs, la plus sacrée des obligations. Les femmes qui sont sorties de là étaient des femmes d'une haute supériorité morale. Elles ont forcé l'estime même de Boileau, qui n'est pas tendre pour leur sexe, et qui dans la fameuse *Satire* de 1693 leur rendait cette justice :

> L'épouse que tu prends, sans tache en sa conduite,
> Aux vertus, m'a-t-on dit, dans Port-Royal instruite,
> Aux lois de son devoir règle tous ses désirs.

On peut donc admettre avec Sainte-Beuve (2), au point de vue moral, « l'excellence » de cette éducation; mais l'illustre critique, d'un jugement presque toujours si sûr, n'étendait sans doute pas cet éloge à l'instruction proprement dite, qui y était beaucoup trop limitée. En tous cas, le pensionnat de Port-Royal n'eut qu'une courte existence, et il ne reçut jamais qu'un très petit nombre d'élèves.

---

(1) *Traité de l'éducation des filles*, ch. XII.
(2) *Port-Royal*, t. IV, p. 116 et suiv.

Mme de Maintenon (1) s'était rendu un compte exact de l'état des choses, puisque, voulant fonder sous le nom du roi une maison d'éducation pour les filles d'officiers nobles et pauvres morts au service, elle ne s'adressa à aucune des congrégations enseignantes d'alors, et institua « une manière de collège » comme elle l'appelle, dont le caractère fut au début visiblement laïque. Les « Dames de Saint-Louis » formaient bien une sorte de communauté, mais une communauté séculière. Louis XIV avait voulu qu'on les appelât « madame » et non « ma sœur », parce qu'elles n'étaient pas des religieuses, et leur avait interdit l'habit monastique. Ce ne fut que six ans après sa fondation que Saint-Cyr devint un monastère, en 1693. A partir de cette date, l'esprit de l'institution, relativement large dans les premiers temps, se modifie en se resserrant ; l'instruction y est réduite au strict nécessaire, à peine le nécessaire, et les préoccupations religieuses y dominent, mais avec un caractère qui ne s'efface jamais à Saint-Cyr et qui distingue cette maison de toutes les autres : c'est que les jeunes filles y sont formées pour le monde et pour la vie réelle, pour la vie d'intérieur et de ménage, pour le monde où elles seront un jour (si Mme de Maintenon trouve *des gendres*), épouses, mères, maîtresses de maison. On ose y prononcer le mot de « mariage » ; Mme de Maintenon ne souffre pas plus de sotte pruderie que de sotte dévotion (2). A ce point de vue, Saint-Cyr est aussi, comme Port-Royal dans son genre, une exception ; d'autant plus

---

(1) Née en 1635, morte en 1719. — La maison de Saint-Cyr fut fondée en 1686, et subsista jusqu'en 1793. — A consulter : *Histoire de Saint-Cyr*, par Lavallée ; *Histoire de Mme de Maintenon*, par M. de Noailles ; *Lettres et entretiens sur l'éducation des filles*, par Mme de Maintenon.

(2) *Lettres et entretiens*, t. I, p. 4, 9, 51, 89 ; t. II, p. 95, 96, 293, 300, etc.

que le but même de l'institution en limitait nécessairement l'influence : on y recevait 250 pensionnaires, et pas plus.

Ni Port-Royal ni Saint-Cyr n'ont donc pu exercer une action décisive et bienfaisante sur le développement de l'éducation féminine, ni corriger dans son ensemble la regrettable situation signalée plus haut, et qui ne fit qu'empirer par la suite. Au xviiiᵉ siècle, les communautés enseignantes étaient nombreuses : les quatre plus connues étaient l'abbaye de Fontevrault, celle de Panthemont, le monastère de la Visitation et celui des Dames de Sainte-Marie, destinés à la noblesse ou à la haute bourgeoisie. L'éducation physique n'y était pas plus recommandable que l'éducation intellectuelle et morale. Il a toujours été dans la tradition chrétienne de mépriser le corps, ce corps « qui doit être la pâture des vers (1) » ; mais ce mépris, qui ne faisait pas grand tort au luxe de la toilette, se satisfaisait à meilleur compte par l'oubli des soins les plus élémentaires de l'hygiène et de la propreté. Pas de bains, pas d'ablutions suffisantes ; pas assez de jeux au grand air, de mouvement, d'exercice physique, et par-dessus tout des modes fatales au bon développement du corps et des organes. Mᵐᵉ de Miremont, qui écrivait dans le dernier quart du xviiiᵉ siècle, fait là-dessus des aveux précieux à recueillir (2). Quant à la gymnastique, elle était inconnue.

Si telle était l'éducation des jeunes filles nobles ou riches, on peut deviner ce qu'était celle des jeunes filles

---

(1) *Règlement pour les études à Port-Royal* rédigé par la sœur Euphémie (Jacqueline Pascal).

(2) Dans un ouvrage peu connu et qui n'est pas sans valeur : *Traité de l'éducation des femmes et cours complet d'instruction* (1779).

des classes inférieures. Non que les écoles manquassent ;
il y en avait, et il convient de ne pas diminuer le mérite des fondations de ce genre : les Ursulines, instituées
à Avignon en 1596 par César de Bus ; les sœurs de la
Providence, à Rouen, en 1662, par le P. Barré ; les sœurs
de la Sainte-Famille, à Paris, en 1665, par Mme de Mira-
mion ; les sœurs des Écoles charitables ou sœurs grises, à
Rouen en 1669, par Mlle Houdemare ; les sœurs du Saint
Enfant Jésus, à Reims, en 1670, par l'abbé Roland (1);
les unes et les autres se consacrant aux filles indigentes et
orphelines. Ce qui manquait, c'était d'abord l'universalité, car il s'agit, comme on le voit par cette énumération,
d'œuvres locales plutôt que d'œuvres ayant un caractère
général ; c'était ensuite l'instruction réelle, non réduite
au catéchisme et à la préparation aux sacrements ; c'était
surtout le souci et encore plus l'intelligence des graves
intérêts engagés dans l'éducation des filles du peuple. De
pieuses femmes, des prêtres, croyaient faire assez en les
arrachant à cette sorte d'ignorance spéciale où ils voyaient
un empêchement au salut des âmes. Nous estimons que
c'était trop peu ; encore ce peu valait-il mieux que rien : eux
seuls y songeaient, et personne ne songeait à mieux. A
peine voit-on poindre quelques velléités en ce sens chez
Mme de Genlis, dans le genre pseudo-pastoral si fort à la
mode vers 1780, et qui fait penser aux essais de berge-
rie de Trianon.

Ainsi, sous tous ses aspects, l'éducation féminine était
à réformer ; les projets abondent sur ce thème au xviii^e

(1) Il y avait même des écoles mixtes, comme il ressort d'une lettre
de Louis XIII à l'évêque de Poitiers, en 1630, à l'effet de faire fermer celles qui existaient dans cette ville et de les remplac par des
écoles spéciales.

siècle, les écrits plutôt que les faits, et les systèmes plutôt
que les institutions : en cela comme en beaucoup d'autres
choses, le xviiie siècle, fidèle à son rôle militant, s'est con-
tenté de remuer le terrain, de préparer les voies, de mûrir
les questions. Deux influences agissent alors sur les esprits
en matière pédagogique, celle de Fénelon, puis celle de
Rousseau.

Fénelon ne s'était pas borné à la critique de l'éducation
des filles, il avait posé les principes et les règles de la
réforme qu'il jugeait nécessaire. Il fit école, et l'on peut
dire que son premier disciple fut Mme de Maintenon, surtout dans la période initiale de l'établissement de Saint-
Cyr. En 1707, un sieur Dupuy, se qualifiant « cy-devant
secrétaire du traité de la paix de Riswik », adressait à sa
fille âgée de sept ans, et dédiait à la duchesse du Maine,
un petit traité d'éducation en forme de lettres (1), où l'on
saisit comme un écho de la doctrine fénelonienne. Avec
l'autorité de sa longue expérience et l'aptitude d'une rare
vocation, Rollin (2) la reproduit en quelques pages qui
sont encore à lire. La marquise de Lambert (3) ne lui est
pas moins fidèle, dans ses *Avis d'une mère à son fils et à sa
fille*, et dans ses *Réflexions sur les femmes* ; mais ce sont
des traités de morale plutôt que de pédagogie, et même
de morale mondaine, un complément à l'éducation proprement dite.

L'abbé de Saint-Pierre (4), en renouvelant les plaintes de

---

(1) *Instruction d'un père à sa fille*, Paris, 1707.

(2) Né en 1661, mort en 1741. Voir dans son *Traité des études*,
publié en 1723, le chapitre ii du Ier livre, intitulé : *de l'éducation des
filles*.

(3) Née en 1647, morte en 1733. Ses ouvrages ont été publiés en 1728.

(4) Né en 1658, mort en 1743. A tenté de réformer toute l'éducation,
en ce qui concerne celle des filles, voir surtout son *Projet pour per-*

Fénelon, se sépare de lui en un point : tandis que l'idéal de l'archevêque de Cambrai est l'éducation domestique, l'abbé de Saint-Pierre préconise et le premier réclame pour les filles comme pour les garçons l'éducation publique, et sous sa forme la plus absolue, l'internat. Il est vrai qu'en même temps il se rapproche de Mme de Maintenon : la maison de Saint-Cyr, « ce collège de filles », lui apparaît comme un type à reproduire en plusieurs exemplaires (1). Il serait sans doute fort satisfait de voir son vœu réalisé par une loi récente, car ce qu'il souhaitait n'est pas sans quelque ressemblance avec ce que nous appelons l'enseignement secondaire des filles ; il était en avance de cent cinquante ans, et il n'a passé, de son vivant, que pour un honnête rêveur et un réformateur théorique. Il y avait aussi du réformateur et du rêveur dans l'auteur de *Télémaque*, et c'est un point d'affinité entre ces deux natures ; mais comme l'abbé de Saint-Pierre a une originalité très personnelle, je le place à côté de Fénelon plutôt qu'à sa suite ; à vrai dire, il est entre lui et Rousseau, qu'il annonce déjà par plusieurs côtés.

A l'école de Fénelon se rattache plus directement Mme Leprince de Beaumont (2), une Française qui fut pendant de longues années, vers le milieu du xviiie siècle, institutrice en Angleterre. et qui, parmi de nombreux ouvrages (environ 70 volumes), en a laissé au moins un où plus d'une génération d'enfants a appris à lire, et, avec la lecture, quantité de choses excellentes : le *Magasin des enfants*, publié en 1757, était encore

---

fectionner l'éducation des filles, et pour multiplier les collèges de filles (1728 et 1730).

(1) *Projet pour multiplier les collèges de filles.*

(2) Née en 1711, morte en 1780.

« classique » il y a quarante ou cinquante ans, et il n'est pas à désirer qu'il disparaisse des bibliothèques enfantines. La partie scientifique est, je l'avoue, sujette à caution ; les bébés eux-mêmes, en l'an de grâce 1881, ne voudraient plus entendre parler des quatre éléments, l'eau, l'air, la terre et le feu ; mais à côté de ces erreurs faciles à rectifier, que de leçons de choses, que d'histoires enfantines, quel perpétuel souci de l'éducation par l'instruction ! Il y a même de la philosophie, comme Fénelon veut qu'on en fasse avec les enfants ; il y a de la morale, et de ces « ins-. tructions indirectes » qu'il recommandait avec tant de sollicitude. Mme Leprince de Beaumont a pu connaître quelques productions de la littérature pédagogique de l'Angleterre ; il est vraisemblable que l'*Essai sur l'éducation*, de Locke (1), qui d'ailleurs était traduit en français dès 1695, et l'*Avis d'un homme de qualité à sa fille*, du marquis d'Halifax (2), ne lui sont pas restés étrangers. Ce dernier ouvrage, publié vers 1690, et traduit en français en 1698, est un traité de morale mondaine dans le genre des *Avis* de Mme de Lambert, mais avec un côté pratique, notamment en ce qui concerne le gouvernement d'une maison, qui rappelle les chapitres de Fénelon sur le même sujet.

A partir de 1762, époque de la publication de l'*Émile*, l'influence de Fénelon ne périt pas : nous en constaterons plus d'une fois encore les traces incontestables ; mais elle diminue : celle de Rousseau (3) devient prépondérante.

L'éducation des femmes n'est pas ce qui a le plus

---

(1) Né en 1632, mort en 1704. L'*Essai sur l'éducation* est de 1693.
(2) Né en 1630, mort en 1695.
(3) Né en 1712, mort en 1778. — Voir le volume publié par M. P. Souquet dans la Bibliothèque pédagogique, *Émile ou l'Éducation*.

préoccupé Rousseau ; mais quand des principes sont mis
dans le monde, en matière d'éducation, par un homme
de génie, il est impossible qu'ils ne s'appliquent pas,
dans une certaine mesure, à l'un et à l'autre sexe. C'est
par là surtout que l'auteur d'*Émile* intéresse le sujet que
nous traitons. Les pages qu'il a consacrées en particulier
à l'éducation de *Sophie*, la jeune fille idéale qui sera
la femme idéale, prêtent à la critique par plus d'un endroit. C'est qu'au fond Rousseau a une médiocre idée
de la nature féminine. La femme, selon lui, n'est faite
que pour l'homme : elle n'a pas d'existence propre, d'individualité en dehors de son mari et de ses enfants.
Elle est si peu capable de s'élever au-dessus d'un certain
niveau, qu'il ne faut pas compter chez les jeunes filles,
comme chez les jeunes garçons, sur le naturel progrès des
années : *Émile* à quinze ans est capable d'entendre la
profession de foi du Vicaire savoyard, *Sophie* n'en est
pas et n'en sera jamais capable. Aussi Rousseau, qui
retarde, comme on sait, l'instruction religieuse des garçons jusqu'à l'âge où leur raison développée leur permettra de concevoir l'idée de Dieu, veut qu'on enseigne
la religion aux filles dès l'enfance ; elles ne la comprendront
pas, mais elles la suivront, et c'est assez : « S'il fallait
attendre qu'elles fussent en état de discuter méthodiquement ces questions profondes, on courrait risque de ne
leur en parler jamais. » Elles n'ont pas à raisonner leurs
croyances, non plus qu'à les choisir : filles, elles auront
« la religion de leur mère » ; femmes, « la religion de
leur mari », car elles sont « hors d'état d'être juges elles-
mêmes (1) ». Sur les autres objets d'étude, Rousseau n'a

---

(1) *Émile*, liv. V (t. III de l'édition de Genève, 1780, p. 354-356).

pas la main large : on ne voit pas nettement ce qu'il
veut qu'on enseigne aux filles, mais on voit qu'il ne juge
pas nécessaire qu'on leur enseigne beaucoup de choses.
Il déteste la femme savante, en quoi il a raison; mais il
n'estime pas assez la femme instruite : Sophie sait la
musique, la danse, les travaux de son sexe, la broderie,
la dentelle; elle taille et coud ses robes, entend la cuisine et l'office (1); où est l'étude proprement dite? Elle
ne lit pas, et son esprit, qui est orné, ne l'est que par la
conversation de ses parents et par l'expérience qu'elle a
acquise elle-même (2). Je ne m'étendrai pas sur une facile
critique; Rousseau s'est trompé en plus d'un point, mais
ses erreurs sont rachetées par l'idée fondamentale sur
laquelle il insiste : que la femme est femme et doit rester
femme (3).

Traduit presque aussitôt en Angleterre, répandu en
Allemagne, où des philosophes comme Kant, Lessing,
Goëthe, des pédagogues de profession comme Basedow,
Pestalozzi, plus tard Frœbel, l'accueillirent avec enthousiasme, l'*Émile* fut plus discuté en France; mais il ne
s'empara pas moins fortement des imaginations. Rousseau
n'avait pas créé le mouvement pédagogique du xviiⁱ siècle,
mais il lui avait donné, pour ainsi parler, un centre, un
drapeau autour duquel on se battit plus d'une fois. Pour
ne pas dépasser le cadre de ce travail, je me bornerai à
signaler l'action qu'il a exercée sur les doctrines relatives
à l'éducation des femmes. Or, cette action est incontestable, même sur les esprits qui s'en défendent, ou qui
font leurs réserves. Il offre plus d'un point vulnérable;

____

(1) *Émile*,, liv. V, p. 410, 411.
(2) *Ibid.*, p. 414.
(3) *Ibid.*, p. 312.

mais lorsque son beau génie reste dans la vérité et dans la nature, il est irrésistible.

Je rangerai d'abord dans son école, avec Bernardin de Saint-Pierre (1), deux écrivains moins connus, presque inconnus, qui, sans relever de lui seul, ont évidemment reçu son empreinte : Riballier, auteur d'un opuscule sur *l'Éducation physique et morale des femmes*, publié en 1779, et Mme de Miremont, auteur d'un grand traité, *l'Éducation des femmes et cours complet d'instruction*, en 7 volumes, dont les deux premiers parurent la même année (1779). Croyant tous deux, comme Jean-Jacques, à la bonté origi-nelle de la nature humaine, ils s'élèvent avec une grande force contre l'éducation artificielle des filles, et pensent que la réforme de cette éducation serait en grande partie la réforme même des mœurs de la société. Ils insistent plus que lui sur l'hygiène et le développement du corps (2); on n'a rien dit de plus pressant de nos jours sur ce point, pas même M. Herbert Spencer. Mais leur idéal féminin est plus élevé que le sien: Riballier lui reproche vivement de bor-ner la destination de la femme à « plaire à l'homme »; il va presque jusqu'à poser l'égalité absolue des sexes, et reprend la thèse de l'abbé de Saint-Pierre en faveur de la création de collèges publics pour les filles (3).

C'est aussi le vœu de Mme de Miremont, qui propose un projet de réforme des congrégations enseignantes, à l'effet de les transformer en véritables collèges. Ceux-ci supplée-raient à l'éducation domestique, dans les cas où elle serait impossible, quoiqu'elle soit la meilleure : on reconnaît ici

---

(1) *Études de la nature*, xive étude

(2) Riballier, p. 4, 45; Mme de Miremont, t. I, p. 86 et suiv., et une grande partie du t. II.

(3) Riballier, p. 76.

la doctrine de Fénelon, qui ne diffère pas sur ce point de celle de Rousseau. Mais Mme de Miremont, en voulant que les mères se rendent capables d'élever leurs filles, les dépasse tous deux dans leur programme : les femmes doivent connaître l'hygiène, la physiologie, la morale, et ce qu'elle appelle improprement la métaphysique, c'est-à-dire la psychologie. Elle emprunte pour cela à Locke ses préceptes sur l'éducation du corps, au médecin Tissot ses traités scientifiques, à Condillac sa philosophie ; toutefois elle s'efforce de rester spiritualiste et chrétienne, quoique sa religion ressemble fort au déisme (1).

Mme de Genlis (2), qui se croit disciple de Fénelon, et qui a passé sa vie à critiquer l'auteur de l'*Émile*, tient cependant à ce dernier de plus près qu'elle ne se l'imaginait elle-même ; elle l'imite sans le vouloir, sans le savoir, et, comme il arrive ordinairement en pareil cas, elle l'imite surtout dans ses défauts. Ce qu'elle reproche le plus à son système, et ce qui en constitue en réalité le côté le plus faible, c'est la fiction, la mise en scène, la préparation des effets ; c'est justement par là qu'elle pèche aussi ; son principal ouvrage, *Adèle et Théodore*, en fournit surabondamment la preuve. Au lieu que l'éducation procède, pour ainsi dire, naturellement des incidents de la vie réelle, observés et suivis avec tact et vigilance, c'est la vie qui est arrangée pour les besoins de l'éducation : contre-sens étrange. Comment l'éducation peut-elle être l'apprentissage de la vie, si, en créant pour l'enfant un milieu artificiel, en altérant les conditions ordinaires de la vie, elle lui en présente une infidèle image ? Mme de Genlis croit en faire

---

(1) T. I, p. 31 et suiv. ; 195-230 ; 327 et suiv. ; t. II, p. 311 et suiv.
(2) Née en 1746, morte en 1830.

qu'imiter Fénelon, sans se douter qu'elle marche sur les pas du gouverneur d'*Émile*. Le précepte de Fénelon sur « les instructions indirectes » est excellent, à la condition d'être pratiqué avec discrétion, à propos, et comme en passant; il exige une rare délicatesse d'esprit, de cœur et de touche; il exclut toute apparence systématique: Mᵐᵉ de Genlis le transforme en un « cours d'expérience artificielle », qui a ses heures méthodiquement marquées et sa durée déterminée (1), ni plus ni moins qu'un cours de géographie ou de grammaire!

C'est encore au même modèle qu'elle songe quand elle « raisonne » avec les enfants. Mais Fénelon y met de la mesure (2); raisonner, pour lui, n'est ni disserter ni bavarder. Rousseau est déjà un peu sur la pente de la dissertation, Mᵐᵉ de Genlis y glisse tout à fait. Une faute qui aurait dû être relevée en dix mots entraîne des sermons de dix pages, mais des sermons qui admettent les explications, presque les répliques : *Adèle*, l'élève de Mᵐᵉ de Genlis, aura certainement des qualités et des vertus, mais elle pourra bien être raisonneuse; verbeuse, elle le sera sans aucun doute. On s'étonne après cela que Mᵐᵉ de Genlis donne pour base unique à l'éducation morale l'éducation religieuse, et à la conscience la volonté divine (3) : qu'est-ce que la conscience, sinon la raison appliquée à la conduite? Elle veut rester fidèle à l'inspiration chrétienne de Fénelon; mais, comme si elle devait être jusqu'au bout partagée entre cette influence et celle

____

(1) *Adèle et Théodore*, t. II, p. 243. Voir encore t. I, p. 345, 366, 393 et suiv.

(2) *Éducation des filles*, ch. v.

(3) *Adèle et Théodore*, t. I, p. 224. On trouvera dans les *Extraits* une réfutation très solide de cette doctrine, par Mᵐᵉ de Rémusat.

de Rousseau, la religion telle qu'elle l'entend n'est pas fort éloignée de celle que ce dernier donne à *Sophie*.

Ces erreurs et ces inconséquences ne doivent pas nous empêcher de reconnaître en Mme de Genlis une aptitude et surtout une vocation pédagogique plus qu'ordinaires. Petite fille, elle instruisait les enfants du village où demeurait sa famille; à vingt-sept ans, elle fut nommée gouvernante des princesses d'Orléans, et peu après « gouverneur » des princes de la même famille. Ses ouvrages ont ainsi le double intérêt de la théorie et de l'expérience. Ses procédés sont souvent ingénieux et bien trouvés : elle a été des premières à employer l'enseignement par l'aspect, à introduire l'étude des langues vivantes dans l'instruction du premier âge. La femme telle qu'elle la conçoit doit être instruite, et même fort instruite, capable d'élever ses enfants, de diriger sa maison, de tenir sa place dans le monde sans se laisser absorber par le monde (1).

On aura une idée de l'instruction qu'elle rêve pour les femmes, par la série des lectures d'*Adèle*, depuis 7 ans jusqu'à 22 ans. C'est une mode pédagogique au xviiie siècle de dresser de ces catalogues de bibliothèque; Mme de Miremont l'avait fait avant Mme de Genlis (2), et un opuscule fort rare, publié en 1784 sans nom d'auteur par M. de Lezai-Marnésia, est intitulé : *Plan de lecture pour une jeune dame*. Lezai-Marnésia n'aime pas les femmes savantes, mais il aime les femmes intelligentes et sachant lire.

---

(1) Elle a pu s'inspirer, en dehors de Fénelon et de Rousseau, d'un écrivain anglais que j'ai déjà nommé, le marquis d'Halifax, et d'un médecin écossais. le Dr Gregory, dont un petit traité d'éducation morale. le *Legs d'un père à ses filles*, accueilli avec estime, fut traduit en français en 1774, un an après la mort de l'auteur.

(2) Voir les *Extraits, éducation intellectuelle*.

L'éducation monastique était fort décriée à la fin du xviii° siècle : elle trouve pourtant encore un dernier défenseur dans l'abbé Reyre (1). Il est vrai que celui-ci la représente telle qu'il la souhaite et non telle qu'elle était ; il l'embellit et la pare de perfections éloignées de la réalité. En même temps, admirateur de Mme de Genlis, il juxtapose en quelque sorte l'éducation domestique à celle du couvent : dans un échange de lettres entre « une mère vertueuse » et sa fille confiée à des religieuses, on voit à la fois comment celles-ci élèvent la jeune fille, et comment la mère collabore à distance avec elles.

Voilà ce que l'ancien régime nous fournit. Nous arrivons à la Révolution française.

Le projet de loi préparé par ordre de l'Assemblée constituante et que Talleyrand fit précéder d'un rapport célèbre, faisait pour la première fois entrer l'instruction des filles dans le système général de l'instruction publique. C'est une dette de l'État envers l'un et l'autre sexe : voilà le principe mémorable posé par la première Assemblée de la Révolution. En quoi cette instruction doit-elle consister, comment, par qui et dans quel dessein doit-elle être donnée ? c'est là ce qu'il restait à décider.

Talleyrand (2) ne paraît pas avoir dépassé les vues de Rousseau sur le rôle et la condition des femmes. Il leur ouvre des écoles jusqu'à l'âge de huit ans ; après cet âge il les rend à la famille, où elles doivent être élevées, tout en consentant à ce que l'on crée des pensions publiques et laïques pour remplacer les parents, en cas de besoin.

---

(1) Né en 1735, mort en 1812. — *L'École des jeunes demoiselles*, 1786.

(2) Né en 1754, mort en 1838. — *Projet de loi* déposé le 10 septembre 1791 · titre XVII, *Education des femmes*.

Mirabeau (1) ne pense pas autrement. Condorcet (2) va beaucoup plus loin. Puissant esprit, plus apte aux spéculations métaphysiques qu'aux conceptions de la vie pratique, sa doctrine est d'une extrême rigueur de raisonnemen'. L'égalité intellectuelle des deux sexes est un dogme pour lui: il en conclut l'égalité d'instruction, et, comme dernière conséquence, la communauté d'études et d'écoles (3). L'école mixte est donc à ses yeux l'école idéale: il la défend par les mêmes arguments que les Allemands et les Américains. Il faut seulement noter qu'aujourd'hui l'opinion semble se modifier à cet égard aux États-Unis (4). Condorcet n'appelle pas les femmes aux fonctions publiques; aussi, toujours conséquent avec lui-même, il fait au principe de la communauté d'études cette restriction importante et généralement peu remarquée, « qu'on peut distraire de leur instruction tout ce qui est nécessaire seulement pour l'exercice des professions exclusivement réservées aux hommes ». Il serait injuste de leur imposer cette instruction particulière, de même qu'il serait « absurde de les exclure de celle qui a pour objet les professions qu'elles doivent exercer en concurrence », telles que les fonctions d'enseignement et la médecine (5).

---

(1) Né en 1749, mort en 1791.— *Travail sur l'instruction publique*, 1791.

(2) Né en 1743, mort en 1794. — Son système en matière d'éducation est exposé dans *Cinq mémoires sur l'instruction publique*, dans un *Projet de décret*, et dans un *Rapport sur l'organisation générale de l'instruction publique* (1791 et 1792).

(3) *Premier mémoire sur l'instruction publique*, p. 221-225. — La thèse de l'école mixte a été défendue en France dans un *Rapport présenté au nom de la commission des dames chargée d'examiner les questions relatives à la réforme de l'instruction primaire*, par Mme Coignet (Paris, 1871).

(4) Voir le *Rapport* de M. John Philbrick, commissaire du bureau d'éducation des Etats-Unis à l'Exposition universelle de 1878.

(5) *Premier mémoire*, p. 216, 221; *quatrième mémoire*, p. 397.

La liberté de penser est un autre dogme auquel Condorcet se montre invariablement attaché : il s'ensuit que si l'instruction, qui forme les membres du corps social, est une obligation de l'État, l'éducation qui forme les consciences n'appartient qu'à la famille. Il essaye donc de séparer l'éducation de l'instruction (1), divorce impossible dans la réalité des choses : dès qu'on *instruit*, on *élève*, bon gré, mal gré ; quiconque enseigne, ne fût-ce que l'alphabet, est maître de morale, à ce point qu'on ne comprend même pas ce que signifie l'instruction sans l'éducation. Rollin est ici bien plus dans la vérité que Condorcet. Mais cette critique nécessaire une fois faite, l'erreur de Condorcet peut s'expliquer, non seulement par la logique de son système, mais par la nécessité de réagir contre une tendance chère à son époque, la tendance à introduire dans la société nouvelle l'esprit de la cité antique. L'utopie politique des législateurs de la Grèce et de Rome avait été d'absorber l'individu dans le citoyen, la famille dans la cité ; l'enfant appartenait à l'État bien plus qu'à ses parents (2). C'était, sous une autre forme, une oppression des consciences aussi dure que celle qui résulterait du principe des religions d'État. Or, ce rêve était dans l'air, en quelque sorte ; Condorcet le sentait, et il semble qu'il ait voulu réfuter par avance le projet élaboré par Lepelletier de Saint-Fargeau et soutenu, après la mort de ce dernier, par Robespierre devant la Convention.

Dans ce projet, l'État s'emparait de tous les enfants depuis l'âge de cinq ans ; garçons et filles devaient recevoir uniformément « l'éducation nationale, égale pour tous : même

---

(1) *Premier mémoire.*
(2) Voir, dans notre *Pédagogie*, l'introduction historique, p. 7 et suiv.

nourriture, mêmes vêtements, même instruction, mêmes
soins (1)». C'était l'éducation de Sparte ressuscitée à l'usage
des Français de 1793. Lycurgue était bien vieux : la Convention elle-même, qui avait d'abord voté le projet dans un
élan d'imitation admirative, annula son vote au bout de
deux mois. Finalement on adopta le projet de Lakanal, le
17 novembre 1794 : il établissait des écoles spéciales pour
les filles, où elles devaient recevoir le même enseignement
que les garçons.

La période révolutionnaire n'a donc produit, comme
fait, en ce qui concerne l'éducation des filles, que la
création d'écoles primaires publiques pour leur sexe; mais
on a pu se convaincre qu'au point de vue des doctrines
elle a marqué brillamment sa trace. D'ailleurs, si elle a peu
produit comme institutions effectives, qu'ont fait de plus
les régimes qui lui ont succédé? Il faut arriver à la loi de
1850 pour rencontrer la mention de l'existence légale des
écoles de filles, et encore dans les conditions que l'on
sait et sur lesquelles il est superflu d'insister. A vrai dire,
ce n'est que la loi du 10 avril 1867 qui leur a réellement assuré le droit d'exister; et quant à l'enseignement
secondaire, il a quelques mois à peine d'existence officielle,
car si les maisons de la Légion d'honneur le représentent
avec distinction depuis longtemps, ce sont des établissements d'exception. La vérité est que, sans l'initiative privée, l'instruction des filles eût été en France plus négligée
que partout ailleurs : les cours connus sous le nom de
l'abbé Gaultier, ceux de Lévi Alvarès institués en 1820,
les essais tentés dans plusieurs centres à partir de 1867,
sous l'inspiration de M. Duruy, alors ministre (2), insuffi-

----

(1) Art. 1 et 2.
(2) Voir sa circulaire du 30 octobre 1867.

sants au point de vue de l'ensemble de la population écolière féminine, sont du moins à noter comme de généreux efforts.

Et pourtant le XIXe siècle n'est pas moins fécond que son prédécesseur en fait de systèmes, de théories, de projets: on peut y suivre les progrès d'une *agitation*, comme disent les Anglais, en faveur de l'éducation des femmes, agitation permanente et qui atteste que la question n'a jamais cessé d'être à l'ordre du jour. Passons en revue les principaux écrivains qu'elle a suscités.

L'école révolutionnaire, lorsqu'elle s'inspire de principes philosophiques, relève de la philosophie du XVIIIe siècle; elle est expérimentale et sensualiste. Si Rousseau est son dieu, Condillac est son prophète. Condorcet lui-même n'est spiritualiste que par sa foi à la raison et au progrès: il est vrai que cela même est presque tout. Les mêmes doctrines se manifestent chez un auteur qui a eu son jour de célébrité sous la Restauration, même les honneurs de la prison pour délits de presse, et qui est parfaitement oublié aujourd'hui, « le publiciste Bonnin » (1), comme il se qualifie lui-même. Durant sa captivité, en 1823, il écrivit sous la forme préférée du XVIIIe siècle, et quasi-classique, sous la forme de lettres, à sa fille (âgée de sept ans) et à sa femme, une dissertation sur l'éducation des femmes. Bonnin fait cas de Rousseau, comme on doit s'y attendre. Il lui emprunte sa définition de l'éducation, qui cultive l'être humain comme l'art du jardinage cultive la plante; ses vues sur la mission des femmes, mission exclusivement domestique, et par suite sur l'instruction qui leur convient. Toutefois il étend cette instruction un peu plus

---

(1) Né en 1773, mort en 1825.

que lui, notamment par rapport à l'hygiène. Il veut même
que les femmes aient des notions de physiologie. A ses
yeux, la physiologie est la condition de l'hygiène, et rien
n'est plus vrai; cela ne lui suffit pas, et il en fait, contre
toute vérité, la base de la morale (1), en quoi l'on reconnaît la doctrine alors florissante du médecin Cabanis. Ce
qui le sauve d'un matérialisme complet, c'est comme Condorcet sa croyance à la raison, à la justice, à la perfectibilité
humaine; et disons-le, tout système d'éducation qui reflète
ces hautes croyances touche au spiritualisme, en dépit de
tout et de lui-même. Bonnin y confine encore par un autre
endroit, son admiration pour Fénelon, qu'il met bien au-
dessus de Rousseau. Fénelon est « divin »; c'est, avec Jean-
Jacques, le seul pédagogue qui mérite de survivre : il ne
lui a manqué qu'une connaissance plus complète de l'homme
physique. « Si nous avons un jour, disait Bonnin, le traité
d'éducation que je conçois, il sera l'œuvre d'un médecin (2)». Malgré ces exagérations, il y a de bonnes pages
dans le petit livre de Bonnin.

Mme Campan (3) n'a pas d'attaches philosophiques. Ses
ouvrages, publiés en 1828, six ans après sa mort, sont le
fruit d'une longue expérience, acquise d'abord à la Cour
où elle exerça les fonctions de lectrice des filles de
Louis XV, tout en devenant bientôt après femme de
chambre de Marie-Antoinette; puis, dans un pensionnat
qu'elle eut l'idée d'ouvrir à Coubertin, près de Versailles,
après le 9 thermidor; enfin, dans la direction de la maison d'Écouen fondée par Napoléon en 1807. Elle dit elle-
même avoir emprunté aux règlements de Saint-Cyr et à

(1) *Lettres sur l'éducation*, p. 51.
(2) *Lettres sur l'éducation.* Avertissement, p. VII.
(3) Née en 1752, morte en 1822. — *De l'éducation*, 3 vol. 1828.

l'œuvre de Mme de Maintenon tout ce qu'elle a cru pouvoir approprier aux temps et aux circonstances. D'une vocation pédagogique moins éclatante que Mme de Genlis, elle a moins d'imagination et plus de bon sens. Ses idées sont mesurées, sages, généralement pratiques. Avec elle, l'éducation des filles commence à signifier l'éducation des filles de toutes les classes, et non pas uniquement des classes élevées; c'est un trait à sa louange.

Deux Anglaises, contemporaines de Mme Campan, et que nous mettons parmi les nôtres parce qu'elles ont été acclimatées en France, l'une par une traduction immédiate (dès 1804), l'autre par une *adaptation* encore plus significative, miss Élisabeth Hamilton (1) et miss Maria Edgeworth (2), n'ont pas exercé de fonctions d'enseignement en dehors de la maison paternelle, mais elles ont été de véritables institutrices en leur qualité de sœurs aînées dans des familles nombreuses. Miss Edgeworth rappelle Mme Leprince de Beaumont : sa méthode est intuitive, progressive, avec des notions scientifiques plus exactes et en rapport avec le progrès des temps. Miss Hamilton, à des qualités également pratiques, joint un caractère philosophique très remarquable. Elle veut donner à la science de l'éducation des bases assurées, et les cherche dans l'étude de la nature humaine : elle s'inspire manifestement de la psychologie écossaise.

Mme de Rémusat (3), sans tenir étroitement à une école philosophique, a médité sur le problème de l'éducation des

---

(1) Née en 1758, morte en 1816. — Nombreux ouvrages d'éducation.

(2) Née en 1770, morte en 1849. — Nombreux ouvrages, traduits ou plutôt *adaptés* à notre usage par Mmes Louise Sw.-Belloc et de Montgolfier, à partir de 1828 jusqu'en 1849.

(3) Née en 1780, morte en 1821.

femmes, en femme qui sait observer et réfléchir, et qui
se plaît à creuser les hautes questions. Dans son *Essai*,
on trouve, dit son fils (1), « cette idée que l'espèce humaine
et en particulier les femmes méritent aujourd'hui qu'on
exige plus d'elles qu'à aucune autre époque, et que cette
exigence est déjà un hommage pour le temps où nous
vivons. Un bon système d'éducation serait destiné à la
satisfaire entièrement ». On peut juger par là de la hauteur de vues habituelle à Mme de Rémusat. Elle pose des
principes plutôt qu'elle n'entre dans le détail de la pratique ; son livre est une introduction philosophique à un
traité de pédagogie, et l'on y sent circuler un souffle
libéral et profondément spiritualiste.

Mme Necker de Saussure (2), génevoise d'origine, française par la langue et par d'autres liens, a porté dans ses
conceptions pédagogiques une philosophie au moins aussi
puissante, et s'est efforcée en même temps de montrer
les moyens d'en faire l'application. Protestante orthodoxe,
elle prend le contre-pied de Rousseau : la nature origi-
nelle n'est pas bonne, elle est mauvaise ainsi que le pro-
clame le christianisme. On croit entendre un écho de
Port-Royal. Mais elle ne sacrifie pas pour cela le libre
arbitre, ni la responsabilité personnelle : si l'homme est
marqué dès sa naissance d'une tache héréditaire, c'est une
raison de plus pour faire appel à l'énergie morale, à la
volonté, à la conscience ; si l'éducation ne peut pas tout,
elle peut beaucoup ; la vie tout entière n'est qu'éducation,

---

(1) Dans la préface qu'il a mise en tête de l'*Essai*, publié par lui
en 1824.

(2) Née en 1765, morte en 1841. — Son ouvrage, l'*Éducation progressive*, publié de 1828 à 1838, est applicable aux deux sexes, dans ses
deux premières parties. La 3e partie est spéciale à l'éducation des filles.

l'homme ne doit jamais cesser de s'élever lui-même, car il est dans sa destinée de croître et de progresser sans cesse. Partant de cette donnée, on devine quelle éducation elle assigne aux femmes : elle veut en faire des êtres pensants et libres, arbitres de leur destinée, et capables de remplir une mission domestique et sociale. Mme Guizot (1), protestante comme elle, est animée du même esprit libéral, avec une plus grande confiance peut-être dans la nature humaine ; elle est moins janséniste. Mme de Staël (2) n'a pas traité en particulier de l'éducation des filles : je la cite néanmoins comme une admiratrice de Rousseau d'abord, puis de Pestalozzi.

Ces femmes distinguées, n'appartenant pas toutes à la même communion et gardant chacune son individualité, se ressemblent néanmoins par l'inspiration spiritualiste de la philosophie sur laquelle reposent leurs théories pédagogiques. Qu'elles leur donnent pour point d'appui l'idée religieuse ou la raison, les unes comme les autres croient à la raison et croient en Dieu ; elles estiment que le monde n'est pas un cloître et que la vie d'ici-bas vaut la peine d'être vécue, mais au delà elles voient la vie future, et leur respect de la liberté humaine n'exclut pas chez elles la foi à la Providence. A ce groupe se rattache un écrivain d'inspirations très religieuses, d'un christianisme sentimental et quasi mystique, avec cela enthousiaste de Rousseau : Aimé Martin (3). Sous une forme pompeuse, souvent

---

(1) Née en 1773, morte en 1827. — Plusieurs ouvrages, entre autres *l'Éducation domestique ou Lettres de famille sur l'Éducation*, 1826.

(2) Née en 1766, morte en 1817. — Ses *Lettres sur les écrits et le caractère de J.-J. Rousseau*, écrites en 1788, sont entièrement à la louange de l'auteur d'*Emile*. Son opinion sur Pestalozzi est énoncée au chapitre XIX de son livre *de l'Allemagne*, paru en 1810.

(3) Né en 1786, mort en 1847. *De l'Éducation des mères de famille*, 1834.

2.

déclamatoire, il a un sentiment très sincère du rôle que la femme est appelée à jouer. Il l'exagère peut-être un peu, en lui attribuant toute « la civilisation du genre humain »: en tout cas, c'est un idéal qu'il peut n'être pas mauvais de présenter à la bonne volonté des femmes et aux méditations des hommes. Plus modeste et sans doute plus pratique, le P. Girard (1) a tracé un admirable portrait de la mère, première et naturelle institutrice de son enfant.

Cette revue rapide nous a menés jusqu'à nos jours. Bornons-nous à citer des noms : M. Théry, dont il ne faut pas oublier les *Conseils aux mères* (1837), ni les *Conseils aux institutrices* (1869) ; M. Dupanloup, l'un de ceux qui ont le plus hautement revendiqué pour les femmes le droit à l'instruction, et même à une haute instruction, en même temps l'un des plus ardents adversaires de l'Université, toutes les fois que celle-ci a voulu pour sa part réaliser des intentions analogues ; M. A. Nettement, qui marchait sous le même drapeau ; Mme Pape-Carpantier, dont le nom est inséparable de l'éducation maternelle dans les salles d'asile. Et maintenant nous sommes en présence des vivants : M. Legouvé, qui écrit *l'Histoire morale des femmes*, après en avoir fait le sujet d'un cours au Collège de France en 1852 ; M. Jules Simon, qui défend la cause des femmes en moraliste et en homme d'État, à la tribune, dans ses livres de *l'École* et de *l'Ouvrière*, par les doctrines et par les actes ; M. de Gasparin, qui examine les *Réclamations des femmes* ; M. Frédéric Passy, qui leur ouvre l'accès de l'économie politique ; le Dr Fonssagrives, qui traite de leur éducation physique et de leur hygiène en médecin et

____

(1) Né en 1765, à Fribourg, d'origine française ; mort en 1850 — *De l'enseignement régulier de la langue maternelle* (1841) ; *Cours éducatif de langue maternelle* (1845).

en moraliste; M. Herbert Spencer, qui est de tous les pays par l'universalité de son esprit philosophique, et qui touche à l'éducation féminine comme à toutes les questions vitales de notre époque. Je ne puis nommer tous ceux qui à quelque degré sont intervenus et interviennent encore dans ce grand débat, mais il y aurait injustice à passer sous silence le *Rapport* de M. Camille Sée *sur l'enseignement secondaire des jeunes filles* (1879), document recommandable par la variété et l'étendue des recherches.

II

Je n'ai pas la prétention d'avoir épuisé, sur le sujet qui nous occupe, toute la richesse de notre littérature pédagogique dans ces quatre derniers siècles; mais ce qui précède suffit, je l'espère, pour donner une idée exacte de la marche de l'esprit public en cette matière. Relevons brièvement les points qui paraissent ressortir le plus évidemment de ce qui précède.

On y trouve d'abord une nouvelle preuve de l'étroit lien qui unit les doctrines pédagogiques aux doctrines politiques et sociales. L'éducation que chaque âge conçoit pour les femmes est en raison du rôle qu'il leur assigne, et ce rôle est lui-même en raison de l'état de la société. Les premiers réformateurs, Érasme, Luther, Fénelon, Fleury, Mᵐᵉ de Maintenon, ne demandaient qu'une chose : que la femme fût élevée de manière à pouvoir remplir sa mission domestique ; idéal vrai, un peu restreint. Fénelon, chez qui les préoccupations sociales percent toujours plus ou moins, est encore celui qui élargirait le plus volontiers ce cadre. Rousseau, Mᵐᵉ de Genlis, Mᵐᵉ Campan, Élisabeth Hamilton, Bonnin, les premiers Constituants,

Talleyrand, Mirabeau s'en tiennent au même programme. Condorcet fait un pas de plus, en accordant aux femmes l'exercice de certaines professions en concurrence avec les hommes, et en leur donnant en général la même instruction.

Au XIXᵉ siècle, l'horizon s'élargit visiblement. Mᵐᵉ de Rémusat attribue aux femmes une mission sociale, qui, tout en ayant son foyer unique dans la famille, rayonne au dehors. Elles sont épouses et mères, mais « épouses et mères de citoyens »: il y a bien des choses dans ces trois mots. Elles doivent pouvoir élever leurs enfants, au moins imprimer une direction à leur éducation, de manière à les rendre capables de tenir leur place dans la société telle qu'elle est, telle aussi qu'elle tend à s'organiser par un mouvement irrésistible : or, la première condition pour tenir sa place dans une société quelconque, c'est d'en accepter les bases. Pour Aimé Martin, la femme est l'éducatrice du genre humain, son influence sociale l'intéresse beaucoup plus que son influence politique; mais il ne la considère, comme Mᵐᵉ de Rémusat, qu'en qualité de mère : ils semblent tous deux ne trouver aucune autre raison d'être à son existence ni aucun autre aliment à son activité. Que deviendra-t-elle donc, si elle n'a ni mari ni enfants? Aux siècles précédents, le couvent répondait à tout ; nous sommes plus difficiles à contenter. Cette grosse question n'est pas à la veille d'être résolue, et, quoique fort actuelle, dépasse de beaucoup la portée d'un livre scolaire. Nous ne pouvions pas l'omettre entièrement, mais nous n'y touchons qu'autant qu'elle touche elle-même à celle de l'éducation. Mᵐᵉ Necker de Saussure attribue aux femmes une place dans la société, en tant que femmes, non pas seulement en tant qu'épouses et mères ; nous entendrons

M. Legouvé, M. de Gasparin, M. Jules Simon, tenir le même langage. Cette place à laquelle elles ont droit n'usurpe point sur le domaine politique réservé aux hommes; elle constitue pour elles, à côté du gouvernement des affaires publiques, celui de la charité et de la bienfaisance, celui des choses de l'esprit et des arts, plus encore, celui des mœurs de la nation.

Mais il ne suffit pas de reconnaître que les femmes ont besoin d'éducation, ont droit à l'éducation : où et comment seront-elles le mieux élevées? Ici encore, on assiste à un intéressant développement d'opinion. L'éducation domestique a d'abord tous les suffrages; ceux même qui la déplorent en fait comme insuffisante la proclament en principe supérieure à toute autre. Tout le xviie siècle pense ainsi : Grenailles, Fénelon, Mme de Sévigné, même Mme de Maintenon. Au xviiie siècle, les suffrages se divisent, mais les plus nombreux persistent en sa faveur : Voltaire, Rousseau, Mme de Genlis, Talleyrand, Mirabeau. L'éducation publique n'y compte de partisans résolus que l'abbé de Saint-Pierre, Riballier, Lepelletier de Saint-Fargeau, Condorcet en ce qui concerne l'instruction seule. Au xixe siècle, Mme Campan, Bonnin, Mme de Rémusat, Mme Necker de Saussure, miss Hamilton, miss Edgeworth soutiennent l'éducation domestique, mais la thèse contraire a gagné et gagne encore du terrain. Au fond, tout le monde est d'accord: si toutes les filles pouvaient être élevées par leur mère ou du moins sous les yeux de leur mère, dans la maison paternelle, ce serait le mieux; mais comme cela n'est pas toujours possible, que ce serait même, dans certains cas, plus funeste qu'avantageux, il faut bien accepter l'éducation publique. Que l'éducation publique soit bonne, et le problème sera résolu.

Ces différences que nous venons de remarquer entre les écrivains pédagogues ne sont pas les seules. Quoique traitant tous le même sujet, ils ne l'envisagent pas tous au même point de vue. Les uns se montrent plus préoccupés de la situation des femmes dans la société, de leur influence bonne ou mauvaise : ce sont des moralistes ou des politiques ; la science de l'éducation ne les intéresse que par ses rapports avec l'état social. D'autres, abordant directement le terrain de l'éducation, se tiennent dans la recherche et l'exposé des principes généraux et supérieurs : ce sont des philosophes, qui voient dans la pédagogie une des branches de la connaissance de l'esprit humain. D'autres enfin, moins ambitieux ou plus circonscrits dans leur dessein, s'efforcent d'atteindre à des résultats pratiques ; par eux la science de l'éducation devient un art ; ce sont des pédagogues d'action plutôt que de théorie.

Non pas que ces trois types ne puissent être réunis dans un même individu, ou que l'un quelconque des trois exclue forcément les deux autres, mais leur rencontre est rare et même en ce cas il y en a toujours un qui est prédominant. Pour m'expliquer à l'aide de noms propres, Mme Campan faisait très bien une classe, beaucoup mieux probablement que n'eût fait Mme de Rémusat dont elle est loin d'égaler l'élévation de pensée ; M. Herbert Spencer, mis à la tête d'une trentaine de marmots, ne réaliserait vraisemblablement pas le type du parfait maître d'école, ce qui ne l'empêche pas d'avoir, en fait de philosophie pédagogique, une valeur à laquelle le P. Girard, par exemple — et ce n'est certes pas un exemple méprisable — n'est jamais parvenu, ni même n'a jamais songé. Et je n'établis pas de hiérarchie entre ces trois sortes d'esprits : s'il n'y a pas de science sans principes et sans vues d'ensemble, une science sans applications est une œuvre morte; ce n'est pas trop de la réunion d'aptitudes diverses, du concert de travaux et d'efforts différents pour fournir tous les matériaux nécessaires à l'œuvre de la pédagogie.

Enfin dernière différence à noter. Tous ces auteurs sont loin de *représenter les mêmes opinions, les mêmes sectes :* les uns sont des croyants, les autres des libres-penseurs; ni les croyants ni les libres-penseurs ne sont tous d'la même Église, les uns catholiques, les autres protestants, les uns matérialistes, les autres spiritualistes; les uns tournés vers la tradition du passé, les autres regardant plus volontiers devant eux et croyant à l'avenir. Il n'y a qu'un point de contact entre eux tous, et c'est pour le faire ressortir que j'ai insisté sur tant d'autres contrastes : le sentiment de l'importance de l'éducation féminine, et de la nécessité d'instruire les femmes. Et les plus ardents ne sont pas toujours du côté que l'on croirait. Ainsi, M. Dupanloup, qui a traité Rousseau «de sophiste sans intelligence et sans cœur», le nom de Rousseau de « nom infâme », l'*Émile*, de Rousseau, de «livre misérable», est infiniment plus exigeant que Rousseau en fait d'instruction féminine; plus exigeant que M. Duruy dans ses tentatives de 1867; au moins autant, si ce n'est plus, que la Commission qui a préparé la loi sur l'enseignement secondaire des jeunes filles, et que le parlement qui l'a votée (1). Ces contradictions ne sont pas inexplicables, sans doute; il nous suffit de les montrer.

Tout le monde est donc d'accord sur le principe : qu'il

---

(1) Étudier comparativement l'ouvrage de M. Dupanloup. *Femmes savantes et femmes studieuses*, et le *Rapport sur l'enseignement secondaire des jeunes filles*, par M. Camille Sée.

faut aviser à l'éducation des femmes; jusqu'ici elle est mauvaise, tout au moins insuffisante. Pourquoi? Et que faut-il pour qu'elle devienne meilleure? Il faut savoir ce que c'est que la femme, en quoi consiste sa nature, en quoi sa destinée. Selon que l'on répondra à ces questions, on posera telles bases ou telles autres à la science de leur éducation.

Ces bases générales étant fixées, avec les principes qui forment comme le cadre de la pédagogie féminine, il reste à en faire l'application particulière à l'éducation du corps, à celle de l'esprit, à celle du caractère, de telle sorte que l'éducation complète soit réellement une préparation à la vie réelle.

De là, le plan suivi dans le classement de nos extraits, et les cinq parties entre lesquelles ils sont distribués :

1re partie : *La critique de l'éducation des femmes depuis le xvie siècle.*

2e partie : *La nature et la destination des femmes.*

3e partie : *L'éducation physique.*

4e partie : *L'éducation intellectuelle.*

5e partie : *L'éducation morale. La vie réelle.*

Chaque partie est précédée d'un sommaire ; les citations, accompagnées de notes explicatives, se succèdent par ordre chronologique ; la date portée est celle de la première édition de l'ouvrage, ou, s'il s'agit de lettres, de l'année où elles ont été écrites. La première fois qu'un auteur est cité, une note indique l'ouvrage et l'édition auxquels le lecteur est renvoyé.

PAUL ROUSSELOT.

PREMIÈRE PARTIE

LA CRITIQUE DE L'ÉDUCATION DES FEMMES
DEPUIS LE XVI° SIÈCLE

Il y a des siècles que l'on a commencé à protester contre l'insuffisance ou la mauvaise direction de l'éducation des femmes, tant au point de vue physique qu'au point de vue intellectuel et moral. Les esprits d'ailleurs les plus divers se sont trouvés d'accord dans les plaintes qu'ils ont formulées à cet égard, et dont les extraits suivants permettront d'apprécier la légitimité.

D'autre part, en matière d'éducation, il faut ne demander ni trop ni trop peu ; en lisant les écrivains qui comptent sur une meilleure éducation des femmes pour améliorer et perfectionner la société tout entière, on serait exposé à croire que l'éducation peut tout ; et comme l'expérience n'est pas toujours conforme à la théorie, il en résulterait un certain trouble dans l'esprit. La vérité est que l'éducation peut beaucoup, que les préoccupations relatives à cet objet sont un signe de progrès social ; il est donc nécessaire de déterminer, avec les limites de la puissance de l'éducation, les limites des exigences que l'on peut raisonnablement avoir. Tel sera l'objet des derniers extraits de cette première partie.

I

XVI° siècle.

Je suis d'avis qu'il faut soigner l'éducation des jeunes filles plus qu'on ne pense généralement... La science que je voudrais voir répandre dans l'humanité tout entière est sobre et modeste, elle forme l'âme et rend meilleur, bien loin d'exciter les passions mauvaises ou de donner les moyens de les satisfaire... Enchaîner et étouffer l'esprit de votre fille, c'est en faire une bête.

(1523) Vivès (1).

Il nous faut des écoles pour nos filles, afin que la femme devienne capable d'élever chrétiennement ses enfants... Les

---

(1) *De l'éducation de la femme chrétienne, en trois livres (1523).*

filles ont assez de temps pour qu'on exige d'elles qu'elles
aillent chaque jour à l'école, au moins une heure: elles en
ont un bien pire usage, lorsqu'elles en emploient plusieurs à
panser.   (1524) LUTHER (1).

Il y a des gens pour qui toute l'éducation d'une fille consiste à savoir faire la révérence, tenir ses bras, sourire en se
pinçant les lèvres, manger et boire à peine dans un festin
sauf à se dédommager abondamment en particulier, ne pas
présenter la main droite au lieu de la main gauche, toucher les
mets du bout des doigts, ne pas trop ouvrir la bouche en riant:
en voilà assez, elle est bonne à marier. Ce qu'il fallait faire
pénétrer jusqu'au fond de son être, c'est cette honnêteté qui
éclate dans le regard, dans la physionomie, dans tout l'extérieur, sans le secours d'aucun fard, de même qu'un bon tempérament se montre dans le teint du visage et la vivacité du
corps...

Il y a une vraie cruauté dans la manière d'habiller les petites
filles. On dirait qu'elles portent perruque; on charge leur tête
de rubans, de bonnets. Une épaisse chemise; sur la chemise
une robe beaucoup trop lourde, tombant jusqu'à terre, tellement large que ce qu'elle a en trop suffirait à en faire une, et,
à partir de la ceinture, chargée de plis qui fatiguent les côtes;
puis, comme si ce n'était pas encore assez, une immense
queue qui, se repliant derrière le dos, achève d'accabler ce
pauvre petit corps. Du même genre sont les chaussures, bot-
tines à lourds talons, en cuir double, comme si elles étaient
faites en vue d'une lutte à coups de pied. Qu'en résulte-t-il?
Le corps encore tendre est écrasé par le poids ; en outre, il
est comprimé et ne peut se développer selon la nature. Enfin,
l'enfance contracte dès lors la sotte vanité de la toilette qu'elle
perdra difficilement en grandissant. Si les mères trouvent
là leur plaisir, qu'elles affublent des poupées ou des singes,
non leurs filles (2).

____

(1) *Lettre aux princes et magistrats allemands* (t. VII des Œuvres complètes
de Luther, édition de Wittemberg, 1558).

(2) Il suffit de regarder des portraits d'enfants et de femmes, dans les
estampes ou les tableaux du temps, pour comprendre toute la justesse de
cette vive satire. Les petites filles étaient condamnées aux tortures de la
mode, comme leurs mères, dont Montaigne disait: « Pour avoir un corps
bien espagnolé (à la mode espagnole), quelle gehenne ne souffrent-elles,
guindées et sanglées avec de grosses coches sur les costez, jusques à la
chair vive? Ouy quelquefois à en mourir. » (*Essais*, liv. I. ch. VIII.)

J'ai vu des mères qui, se croyant bien habiles à élever leurs enfants, gâtaient par une atroce sévérité le meilleur naturel. Le petit garçon était stupide à huit ans. La petite fille commençait à peine à parler, qu'elle était façonnée aux usages du monde. Le point de départ était qu'à chaque fois qu'elle parlait à sa mère, elle répétait *madame ma mère* ; si elle avait à répondre non, *sauf votre grâce, madame*. Si elle y manquait, on la battait jusqu'à la syncope, et elle avait à peine cinq ans ! Et comme cela se renouvelait plusieurs fois par jour, on lui commandait de réprimer ses larmes et ses sanglots, de tout concentrer en elle-même : sinon, on l'emmenait au cachot (1).

(1526) ERASME (2).

II

XVIIe siècle.

Y a-t-il rien de plus bizarre que de voir comme on agit d'ordinaire en l'éducation des femmes? On ne veut pas qu'elles soient coquettes ou galantes, et on leur permet pourtant d'apprendre soigneusement tout ce qui est propre à la galanterie, sans leur permettre de savoir rien qui puisse occuper leur esprit ni fortifier leur vertu. En effet, toutes ces grandes réprimandes qu'on leur fait, dans leur première jeunesse, de ne point s'habiller d'assez bon air, et de n'étudier pas assez les leçons que leurs maîtres a danser et à chanter leur donnent, ne prouvent-elles pas ce que je dis? Et ce qu'il y a de rare, c'est qu'une femme qui ne peut danser avec bienséance que cinq ou six ans de sa vie, en emploie dix ou douze (3) à apprendre continuellement ce qu'elle ne doit faire que cinq ou six, et à cette personne qui est obligée d'avoir du jugement jusqu'à sa mort et de parler jusqu'à son dernier soupir, on ne lui apprend rien du tout qui puisse ni la faire parler plus

---

(1) La discipline au moyen âge, et jusqu'aux débuts de notre siècle comportait les châtiments corporels les plus durs. Les filles même n'étaient pas exemptes du fouet: on voit par les lettres de Mme de Maintenon que, même à Saint-Cyr, ce terrible instrument n'était pas inconnu. Port-Royal est une des rares exceptions à cet égard, peut-être la seule.

(2) *De l'institution du mariage chrétien.* Les passages cités sont traduits de l'édition originale, Bâle, 1526, sans division de chapitres et sans pagination.

(3) La danse au XVIIe siècle, et longtemps après, était un art difficile, for compliqué, et tenu en grand honneur. Avant d'être un divertissement, c'était une étude dont on peut apprécier l'importance par la place qu'elle tenait dans l'éducation des filles.

agréablement, ni la faire agir avec plus de conduite, et vu la
la manière dont il y a des femmes qui passent leur vie; on
dirait qu'on leur a défendu d'avoir de la raison et du bon sens
et qu'elles ne sont au monde que pour dormir, pour être
grasses, pour être belles, pour ne rien faire et pour ne dire
que des sottises. Je suis persuadé que la raison du peu de
temps qu'ont toutes les femmes est sans doute que rien n'occupe
davantage qu'une longue oisiveté, joint qu'elles se font presque
toujours de grandes affaires de fort petites choses, et qu'une
boucle de cheveux mal tournée leur emporte plus de temps à
la mieux tourner que ne ferait une chose fort utile et fort
agréable tout ensemble. Il ne faut pourtant pas s'imaginer
que je veux qu'une femme ne soit point propre (1), et qu'elle
ne sache ni danser, ni chanter ; je veux qu'elle sache toutes
les choses divertissantes ; mais, à dire la vérité, je voudrais
qu'on eût autant de soins d'orner son esprit que son corps.
    (1653) Mlle de Scudéry (2), t. X, p. 675 et suiv.

Rien n'est plus négligé que l'éducation des filles. La coutume
et le caprice des mères y décident souvent de tout : on suppose qu'on doit donner à ce sexe peu d'instruction. L'éducation
des garçons passe pour une des principales affaires par rapport au bien public ; et quoiqu'on n'y fasse guère moins de fautes
que dans celle des filles, du moins on est persuadé qu'il faut
beaucoup de lumières pour y réussir. Les plus habiles gens se
sont appliqués à donner des règles dans cette matière. Combien
voit-on de maîtres et de collèges ! combien de dépenses pour
des impressions de livres, pour des recherches de sciences,
pour des méthodes d'apprendre les langues, pour le choix des
professeurs. Tous ces grands préparatifs ont souvent plus d'apparence que de solidité, mais enfin ils marquent la haute
idée qu'on a de l'éducation des garçons. Pour les filles, dit-on,
ils ne faut pas qu'elles soient savantes, la curiosité les rend
vaines et précieuses, il suffit qu'elles sachent gouverner un
jour leurs ménages, et obéir à leurs maris sans raisonner. On
ne manque pas de se servir de l'expérience qu'on a de beaucoup de femmes que la science a rendues ridicules : après quoi

---

(1) Au xviie siècle ce mot signifie élégante, soignée dans son extérieur.

(2) *Artamène ou le grand Cyrus, dédié à madame la duchesse de Longue-
ville par M. de Scudéry, gouverneur de Nostre-Dame de la Garde.* 10 vol.
in-8°. Paris, 1649 à 1653. — Les romans de Mlle de Scudéry parurent
d'abord sous le nom de son frère, mais elle en est bien réellement l'auteur.

on se croit en droit d'abandonner aveuglément les filles à la conduite des mères ignorantes et indiscrètes (1)....

Mais que s'ensuit-il de la faiblesse naturelle des femmes? Plus elles sont faibles, plus il est important de les fortifier. N'ont-elles pas des devoirs à remplir, mais des devoirs qui sont les fondements de toute la vie humaine? Ne sont-ce pas les femmes qui ruinent et qui soutiennent les maisons, qui règlent tout le travail des choses domestiques, et qui, par conséquent, décident de ce qui touche de plus près à tout le genre humain? Par là, elles ont la principale part aux bonnes et aux mauvaises mœurs de presque tout le monde. Une femme judicieuse, appliquée, et pleine de religion, est l'âme de toute une grande maison; elle y met l'ordre pour les choses temporelles et pour le salut. Les hommes, qui ont toute l'autorité en public, ne peuvent par leurs délibérations établir aucun bien effectif, si les femmes ne leur aident à l'exécuter.

Le monde n'est point un fantôme; c'est l'assemblage de toutes les familles; et qui est-ce qui peut les policer avec un soin plus exact que les femmes, qui, outre leur autorité naturelle et leur assiduité dans leur maison, ont encore l'avantage d'être nées soigneuses, attentives au détail, industrieuses, insinuantes et persuasives? Mais les hommes peuvent-ils espérer quelque douceur dans la vie, si leur plus étroite société, qui est celle du mariage, se tourne en amertume? Mais les enfants, qui feront dans la suite tout le genre humain, que deviendront-ils, si les mères les gâtent dès leurs premières années? Voilà donc les occupations des femmes, qui ne sont guère moins importantes au public que celles des hommes, puisqu'elles ont une maison à régler, un mari à rendre heureux, des enfants à élever. Ajoutez que la vertu n'est pas moins pour les femmes que pour les hommes: sans parler du bien ou du mal qu'elles peuvent faire au public, elles sont la moitié du genre humain, rachetée du sang de Jésus-Christ, et destiné à la vie éternelle (2).

Enfin, il faut considérer, outre le bien que font les femmes quand elles sont bien élevées, le mal qu'elles causent dans le monde quand elles manquent d'une éducation qui leur inspire la vertu. Il est constant que la mauvaise éducation des femmes fait plus de mal que celle des hommes, puisque les

---

(1) Qui manquent de jugement, de discernement.

(2) Fénelon est en quelque sorte obligé de s'excuser de plaider la cause des femmes, et il emprunte à la théologie un argument qui, dans sa pensée, devait servir à faire accepter les autres.

désordres des hommes viennent souvent et de la mauvaise
éducation qu'ils ont reçue de leurs mères, et des passions que
d'autres femmes leur ont inspirées dans un âge plus avancé.

Quelles intrigues se présentent à nous dans les histoires,
quel renversement des lois et des mœurs, quelles guerres
sanglantes, quelles nouveautés contre la religion, quelles révolutions d'État causées par le déréglement des femmes! Voilà ce
qui prouve l'importance de bien élever les filles.

(1687) FÉNELON (1), p. 1-3.

Il y a un grand avantage dans l'éducation que vous donne-
rez à mademoiselle votre fille auprès de vous. Je vous préfère,
pour son éducation, à tous les couvents. Si un couvent n'est
pas régulier (2), elle y verra la vanité en honneur, ce qui est
le plus subtil de tous les poisons pour une jeune personne.
Elle y entendra parler du monde comme d'une espèce d'en-
chantement ; et rien ne fait une plus pernicieuse impression que cette image trompeuse du siècle, qu'on regarde de
loin avec admiration, et qui en exagère tous les plaisirs sans
en montrer les mécomptes et les amertumes. Le monde n'é-
blouit jamais tant que quand on le voit de loin, sans l'avoir
jamais vu de près, et sans être prévenu contre sa séduction.
Aussi je craindrais un couvent mondain encore plus que le
monde même. Si, au contraire, un couvent est dans la fer-
veur et dans la régularité de son institut, une jeune fille y
croît dans une profonde ignorance du siècle : c'est sans doute
une heureuse ignorance, si elle doit durer toujours (3); mais si
cette fille sort de ce couvent, et passe à un certain âge dans la
maison paternelle, où le monde aborde, rien n'est plus à
craindre que cette surprise et que ce grand ébranlement d'une
imagination vive. Une fille qui n'a été détachée du monde
qu'à force de l'ignorer, et en qui la vertu n'a pas encore jeté
de profondes racines, est bientôt tentée de croire qu'on lui a
caché ce qu'il y a de plus merveilleux. Elle sort du couvent
comme une personne qu'on aurait nourrie (4) dans les ténèbres
d'une profonde caverne, et qu'on ferait tout d'un coup passer au

---

(1) *De l'éducation des filles*, etc. 1 vol. in-18, Paris, Didot, 1874.

(2) Si la règle n'y est pas exactement observée, si la discipline y est re-
lâchée.

(3) Si cette fille doit être religieuse, comme il arrivait au xviie siècle par
une conséquence du droit d'aînesse qui favorisait les garçons.

(4) Ce mot signifie *élevée* dans la langue du xviie siècle.

grand jour. Rien n'est plus éblouissant que ce passage imprévu
et que cet éclat auquel on n'a jamais été accoutumé. Il vaut
beaucoup mieux qu'une jeune fille s'accoutume peu à peu au
monde auprès d'une mère pieuse et discrète, qui ne lui en
montre que ce qu'il lui convient d'en voir, qui lui en découvre
les défauts dans les occasions, et qui lui donne l'exemple de
n'en user qu'avec modération, pour le seul besoin. J'estime
fort l'éducation des bons couvents ; mais je compte encore plus
sur celle d'une bonne mère, quand elle est libre de s'y appliquer. Je conclus donc que mademoiselle votre fille est mieux
auprès de vous que dans le meilleur couvent que vous pour-
riez choisir. Mais il y a peu de mères à qui il soit permis de
donner un pareil conseil.   (1687) FÉNELON (1), p. 87-88.

On veut que les femmes ne soient pas capables d'études'
comme si leur âme était d'une autre espèce que celle des
hommes, comme si elles n'avaient pas aussi bien que nous une
raison à conduire, une volonté à régler, des passions à combattre, ou s'il leur était plus facile qu'à nous de satisfaire à
tous ces devoirs sans rien apprendre..... Il est vrai que les
femmes ont pour l'ordinaire moins d'application, moins de
patience pour raisonner de suite, moins de courage et de fermeté que les hommes, et que la constitution de leur corps y
fait quelque chose, quoique sans doute la mauvaise éducation
y fasse plus ; mais en récompense, elles ont plus de vivacité
d'esprit et de pénétration, plus de douceur et de modestie
et si elles ne sont pas destinées à de si grands emplois que
les hommes, elles ont d'ailleurs beaucoup plus de loisir, qui
dégénère en une grande corruption de mœurs, s'il n'est
assaisonné de quelque étude. Au reste, nous avons une raison
particulière en France de souhaiter que les femmes soient
éclairées et raisonnables, c'est le crédit et la considération
qu'elles ont dans le monde.

            (1686) L'abbé FLEURY (2), p. 339-340.

Gardez votre fille près de vous ; ne croyez pas qu'un couvent
puisse redresser une éducation, ni sur le sujet de la religion,
que nos sœurs ne savent guère, ni sur les autres choses. Vous

(1) *Avis à une dame de qualité sur l'éducation de sa fille,* même volume.
(2) *Traité du choix et de la méthode des études.* 1 vol. petit in-18, Paris,
Blaise, 1829.

lui ferez lire de bons livres, vous causerez avec elle : je suis persuadée que cela vaudra mieux qu'un couvent.

(1689) Mme de Sévigné (1), t. VI, p. 277.

III

XVIIIe siècle.

Pour satisfaire le goût de certaines personnes, il faudrait pendant le printemps de la vie, pendant ce temps précieux où l'on sème ce que l'on doit recueillir dans la suite, il faudrait laisser une fille dans une entière ignorance de ses devoirs les plus essentiels; ne l'entretenir que des moyens de plaire; ne lui parler depuis le matin jusqu'au soir que de taille fine, que d'air noble et aisé, que d'ajustements, d'assemblées, de plaisir, d'avidité pour les honneurs et pour les richesses, de fermeté à tenir son rang, de sensibilité (2) pour les moindres offenses, de médisances, de rapports indiscrets, de vaine gloire.

(1707) Dupuy (3), p. 185.

C'est une erreur grossière, et extrêmement préjudiciable à l'État, que de négliger l'éducation des filles. On doit s'y proposer une double fin, aussi bien que dans celle des garçons, qui est de former le cœur et de cultiver l'esprit.

(1723) Rollin (4), t. XXV, p. 114.

Ceux qui ont fait quelques réflexions sur nos mœurs savent les grands avantages que les femmes douces, sages, intelligentes, laborieuses, prudentes, discrètes, complaisantes, procurent dans leurs familles, et surtout à leurs maris ; ainsi ils désireraient que le Conseil de l'éducation (5) mît en œuvre les moyens les

---

(1) *Lettres de madame de Sévigné, de sa famille et de ses amis.* 8 vol. in-18. Paris, Hachette, 1863.

(2) Nous dirions aujourd'hui, *susceptibilité.*

(3) *L'instruction d'un père à sa fille, tirée de l'écriture sainte, sur les plus importants sujets concernant la religion, les mœurs et la manière de se conduire dans le monde. Dédiée à S. A. S. Mme la Duchesse du Maine.* — 1 vol. in-12, Paris 1707.

(4) *Traité des études,* t. XXV des *Œuvres complètes* de Rollin, édit. Letronne, en 30 vol. in-8°. Paris, Didot, 1821.

(5) L'auteur, proposant tout un plan pour perfectionner l'éducation des deux sexes, demandait la création d'un conseil d'éducation, qui eût été une sorte de ministère de l'instruction publique.

plus faciles et les plus efficaces pour multiplier et pour perfectionner tellement les collèges des filles, que les jeunes écolières y prissent d'aussi fortes habitudes à ces vertus que les jeunes écoliers en prendraient de leur côté dans leurs collèges.

Nous avons, dans la plupart des villes, des collèges destinés uniquement à l'éducation des jeunes garçons. Mais je ne connais en France qu'un collège uniquement destiné à l'éducation des jeunes filles (1), ce qui me paraît un grand défaut dans notre police (2). Il est vrai que plusieurs couvents prennent des pensionnaires à élever, mais, comme ce n'est pas le but principal de ces bonnes religieuses, il ne faut pas s'étonner si les moyens de procurer une excellente éducation aux filles sont si peu connus, et si mal mis en œuvre dans ces couvents, et si au sortir de ces maisons religieuses elles sont si ignorantes des choses les plus communes et les plus importantes, si elles ont si peu d'intelligence, si peu d'usage de raisonner juste, et si peu de raison dans leur conduite, si peu d'habitude à la politesse, à la douceur, à l'indulgence, a la patience, à la discrétion, et aux manières vraies, gracieuses et prévenantes, en un mot, si peu justes et si peu bienfaisantes.

Je suppose donc que le conseil ait compris combien il serait utile à l'État que les femmes du monde fussent moins dissipées par le jeu et par les spectacles, et par conséquent plus appliquées à remplir leurs devoirs domestiques, plus occupées de lectures agréables et utiles, plus accoutumées aux ouvrage des mains, plus attentives à l'éducation de leurs enfants et de leurs domestiques, enfin, d'une conduite plus propre à s'attirer de plus en plus la confiance et l'estime de leurs maris.. Il est certain qu'une pareille éducation changerait fort les mœurs des femmes, il est certain que les vertueuses feraient alors le plus grand nombre, et que les dissipées seraient à la fin honteuses de leur petit nombre; il est certain que les maisons et les familles particulières seraient incomparablement mieux réglées et qu'il en résulterait de grands avantages pour l'État.   (1730) L'abbé DE SAINT-PIERRE, (3) p. 8-13.

En France, les filles vivent dans des couvents, et les femmes courent le monde. Chez les anciens, c'était tout le contraire :

(1) La maison de Saint-Cyr.
(2) Ici *système d'administration.*
(3; *Projet pour multiplier les collèges de filles.* 1 vol. in-32. Paris, Académie des bibliophiles, 1878.

les filles avaient beaucoup de jeux et de fêtes publiques : les femmes vivaient retirées. Cet usage était plus raisonnable et maintenait mieux les mœurs. Les couvents sont de véritables écoles de coquetterie ; non de cette coquetterie honnête dont j'ai parlé, mais de celle qui produit tous les travers des femmes, et fait les plus extravagantes petites-maîtresses...

Pour aimer la vie paisible et domestique, il faut la connaître : il faut en avoir senti les douceurs dès l'enfance. Ce n'est que dans la maison paternelle qu'on prend du goût pour sa propre maison, et toute femme que sa mère n'a point élevée n'aimera point élever ses enfans. Malheureusement il n'y a plus d'éducation privée dans les grandes villes. La société y est si générale et si mêlée qu'il ne reste plus d'asyle pour la retraite, et qu'on est en public jusques chez soi. A force de vivre avec tout le monde, on n'a plus de famille, à peine connaît-on ses parens ; on les voit en étrangers, et la simplicité des mœurs domestiques s'éteint avec la douce familiarité qui en faisait le charme. C'est ainsi qu'on suce avec le lait le goût des plaisirs du siècle et des maximes qu'on y voit régner.

(1762) J.-J. Rousseau (1), t. III, p. 389, 391, 392.

Ce que j'ai de raison (2), je le dois à l'éducation que m'a donnée ma mère. Elle ne m'a point élevée dans un couvent, parce que ce n'était pas dans un couvent que j'étais destinée à vivre. Je plains les filles dont les mères ont confié la première jeunesse à des religieuses, comme elles ont laissé le soin de leur première enfance à des nourrices étrangères. J'entends dire que dans ces couvents, comme dans la plupart des collèges où ces jeunes gens sont élevés, on n'apprend guère que ce qu'il faut oublier pour toute sa vie ; on ensevelit dans la stupidité les premiers de vos beaux jours. Vous ne sortez guère de votre prison que pour être promise à un inconnu qui vient vous épier à la grille ; quel qu'il soit, vous le regardez comme un libérateur ; et, fût-il un singe, vous vous croyez trop heureuse....

Ma mère m'a crue digne de penser de moi-même, et si j'étais née pour gagner ma vie, elle m'aurait appris à réussi

---

(1) *Émile ou de l'éducation*, 4 vol. in-8°. Geneve, 1780.

(2) Dans un dialogue intitulé *sur l'éducation des filles*, Voltaire fai ainsi parler une jeune fille qu'il appelle « Sophronie » (d'un mot grec qui signifie *sagesse*; de même que Rousseau appelle « Sophie » la jeune fille dont il trace le portrait idéal.

dans les ouvrages convenables a mon sexe ; mais née pour vivre dans la société, elle m'a fait instruire de bonne heure de tout ce qui regarde la société ; elle a formé mon esprit, en me faisant craindre les écueils du bel esprit... Enfin, ma mère m'a toujours regardée comme un être pensant dont il fallait cultiver l'âme, et non comme une poupée qu'on ajuste, qu'on montre et qu'on renferme le moment d'après.

(1765) VOLTAIRE (1), t. XL, p. 382-384.

Quelle éducation recevront-elles dans ces pieuses retraites (2)? Elles y seront formées à la vertu ; elles y recevront les meilleures leçons sur le respect et l'amour qu'elles doivent avoir pour la religion sainte dans laquelle elles ont le bonheur d'être nées : mais par quels exercices du corps les y saurat-on rendre fortes, robustes et courageuses ? par quels exercices de l'esprit leur donnera-t-on les connaissances qui doivent orner ou éclairer l'âme, développer leur intelligence, fixer leurs talens, établir leurs qualités personnelles ?.. (3)

La grande occupation est d'imaginer tout ce qui peut, selon nous, servir à leur donner la grâce du corps, et l'on a, à cet effet, grand soin de forcer, par les plus douloureuses entraves, leur taille et leurs membres de se mouler sur toutes les fausses idées que nous avons de la proportion et de l'élégance de ces parties...

Le moment vient où l'on est étonné de voir ces enfants pâles et délicats, incapables de soulever les plus légers fardeaux, gênés dans leur respiration, ne pouvant digérer la légère nourriture qu'on leur fait méthodiquement distribuer. Nous sommes étonnés; ah! soyons justes : leurs corps faibles, leurs membres délicats, comprimés par les entraves que nous leur avons mises, ont-ils pu les uns s'élargir, les autres acquérir de la nourriture et de la souplesse?.. Nous ne réfléchissons pas que nous interceptons pour jamais la liberté, la souplesse et l'action si nécessaires pour tous les mouvements, toutes les fonctions, tous les besoins du corps... Infortunées créatures! dès ces premiers instants, votre sort est décidé! Tant que vous vivrez,

---

(1) *Œuvres complètes*, publiées par M. Bouchot. 75 volumes in-8. Paris, 1830.

(2) Il s'agit de l'éducation des couvents, la seule forme d'éducation publique qui existât alors pour les filles.

(3) Permettre à leurs qualités de se développer, à leur caractère individuel e se prononcer.

vous serez des êtres faibles! les principes de la force et de la santé ont été trop essentiellement altérés dans votre éducation physique ; il ne vous reste plus qu'à souffrir.

(1779) RIBALLIER (1), p. 36, 38, 41, 45, 48.

En vain s'efforcera-t-on de réformer l'éducation des hommes, si l'on ne travaille en même temps à créer un autre plan d'éducation pour les femmes : la manière dont on semble les abandonner me persuade qu'on n'a pas encore assez senti combien leurs mœurs influeront toujours sur celles des hommes...

Au lieu de nourrir, comme l'on fait dans les femmes, des idées pusillanimes ou fausses, qui les rendent tantôt timides jusques à la faiblesse, tantôt vindicatives jusques à la cruauté, qu'on mette à profit la sensibilité de leur âme; leur cœur sera bon, humain et vertueux : loin de laisser remplir leur tête de frivolités, d'en faire de grands enfants qui vieillissent dans l'adolescence (2), qu'on cultive leur esprit, qu'on leur inspire le goût des choses solides, qu'on forme leur jugement, qu'on assure leur vertu par des principes; qu'on substitue enfin des maximes à des préjugés; bientôt leurs mœurs seront aussi épurées que leur tact sera sûr. Alors, sans beaucoup de travail, les hommes prendront naturellement une autre manière d'être...

Il serait injuste de supposer une incapacité absolue à tout ce qui habite le cloître. Il faut bien reconnaître qu'il y a des filles d'esprit et qui lisent, dans les couvents; seulement ce ne sont pas ordinairement celles-là qu'on emploie à l'éducation de la jeunesse...

Ce ne sont pas de pieuses pénitentes qu'il s'agit de placer aux pensionnaires; ce sont des filles de mérite... Il serait juste qu'elles fussent assujetties à l'obéissance; mais il le serait aussi qu'elles fussent affranchies des austérités de la règle. Une maîtresse de pensionnaires est assez fatiguée du poids de sa charge. Le jeûne, en prenant sur son tempérament, prendrait nécessairement sur son esprit, et affaiblirait ses lumières. Le moral tient de si près au physique qu'il est indispensable de ne l'en jamais séparer...

---

(1) *De l'éducation physique et morale des femmes, avec une notice alphabétique de celles qui se sont distinguées dans les différentes carrières des sciences et des beaux-arts, par des talens ou des actions mémorables.* 1 vol. in-12. Bruxelles et Paris, 1779.

(2) Qui, tout en vieillissant, gardent la légèreté et l'inexpérience de la jeunesse.

Dans presque tous les couvents, on ne connaît que la propreté extérieure; l'usage du bain, qui serait si salutaire, est comme prescrit (1), on fait une espèce de crime de tout ce qui peut en tenir lieu; et l'on ne sait pas ce que c'est que de s'opposer à ce que la sueur, séchée sur la peau, bouche les pores de la transpiration. On ignore que la malpropreté des dents (qui y est si ordinaire), a aussi d'autres dangers que celui de les gâter...

Dans les couvents, les repas se trouvent presque les uns sur les autres. L'estomac est, ou fatigué par le travail, ou tiré, ou affaibli par le besoin, deux choses également nuisibles à la bonté du tempérament : j'éloignerais toute application sérieuse du moment de la première digestion. Conserver le corps et fortifier la santé, c'est procurer ou assurer une plus grande liberté d'esprit...

Les dortoirs ne sont pas aérés, en sorte que l'odeur y est suffocante. C'est pourtant de ces vapeurs infectes que le poumon s'abreuve. Ce n'est pas tout. J'ai vu des jeunes personnes coucher presque tout habillées; les unes, pour se garantir du froid; les autres, par paresse, pour le plaisir de dormir plus tard le lendemain; en effet, on les éveille beaucoup trop tôt pour ce qu'elles ont à faire. J'en ai vu d'autres qu'on forçait inhumainement de coucher avec leurs corps (2), dans l'idée de préserver leur taille des accidents, que souvent les corps entraînent, et rien n'est plus malsain. Tout ce qui serre peut troubler l'ordre de la circulation, surtout pendant le sommeil... La plupart des pensionnaires s'enferment dans leurs rideaux, avec une vapeur grasse déjà pernicieuse elle-même.

(1779) Mme de MIREMONT (3), t. I, p. xix, xxj
61-62, 73-74, 81, 88; t. II, p. 61-63.

—————

Les femmes ont presque toutes reçu l'éducation la plus négligée; aussitôt qu'elles sont leurs maîtresses, elles ne lisent que de mauvaises brochures et des drames qui achèvent de leur gâter le goût; elles mènent la vie la plus dissipée, et elles prétendent à la science universelle... Vivent-elles plus

(1) L'auteur, qui n'est pas toujours absolument maître de la langue, veut dire qu: l'usage du bain est tombé en désuétude, qu'il y a comme une sorte de prescription; on ne le connaît plus.

(2) Corps baleinés pour soutenir la taille. Voir les costumes du temps.

(3) *Traité de l'éducation des femmes et cours complet d'instruction*, 7 vol. in 8°. Paris, 1779.

retirées que les femmes d'autrefois ? S'occupent-elles davantage
de l'éducation de leurs enfants ? Sont-elles plus essentielles,
plus sensibles, plus aimables que les Deshoulières, les Sévigné,
les Graffigny (1) ? Ont-elles moins de luxe, moins de fantaisies, depuis qu'elles sont devenues si *philosophes* et si *bienfaisantes* (2) ? On pourrait comparer ces travers à ceux des
fausses dévotes dont toute la religion ne consiste qu'en petites
pratiques extérieures ; qui ont un oratoire et des reliques, qui
prient les saints sans aimer Dieu, qui sermonnent sans se
corriger, et qui blâment avec autant d'emportement que d'aigreur ceux qui ne les imitent pas.

(1782) Mme de GENLIS (3), t. I, p. 244-245.

La plupart des jeunes personnes s'imaginent que, pour être
bien élevées, il leur suffit de savoir bien chanter, bien danser,
bien parler, bien se présenter ; et sur ce principe elles ne
s'appliquent qu'à perfectionner ces talens et à se donner ces
agrémens extérieurs. Pour ce qui est du travail, elles le
négligent presque entièrement.

(1786) L'abbé REYRE (4), t. I, p. 334-335.

IV

XIXe siècle.

Dans tout sujet qui exige un examen sérieux, notre sexe est
condamné à éprouver le double désavantage de la conformation
originelle de notre esprit et d'une éducation défectueuse ; la
promptitude de notre perception nous expose souvent, lorsque

---

(1) Trois femmes que le jugement de la postérité a placées à des rangs
fort inégaux. Qui connaît encore les ouvrages de Mme de Graffigny, quoiqu'ils
aient eu, vers le milieu du xviiie siècle, une vogue relativement justifiée ?
Quelques vers de Mme Deshoulières ont survécu. Mme de Sévigné méritait
de n'être pas confondue dans cette honnête mais obscure compagnie.

(2) Allusion à l'engouement pour la philosophie et les sciences qui
entraîna les femmes du monde, dans la seconde moitié du xviiie siècle ;
c'était une mode assez vaine, mais elle attestait le besoin des intelligences.
Quant à l'exercice de la bienfaisance, à la satisfaction de la *sensibilité*,
c'était aussi un peu une mode, dont l'origine est surtout dans le mouvement
imprimé aux esprits par J.-J. Rousseau.

(3) *Adèle et Théodore, ou Lettres sur l'éducation*, 3 vol. in-8°. Paris, 1782.

(4) *L'École des jeunes demoiselles, ou Lettres d'une mère vertueuse à sa fille
avec les réponses de la fille à sa mère, recueillies et publiées par M. l'abbé
Reyre*. 2 vol. in-12. Paris, 1786.

nous voyons un peu, à imaginer beaucoup et à sauter ainsi à la conclusion, en même temps qu'une éducation conduite sur un plan irrégulier nous empêche d'acquérir des associations d'idées régulières, un ordre exact dans nos idées, et l'habitude de l'application d'esprit. Nous avons en effet peu de raison de nous plaindre de la nature ; elle nous a suffisamment bien partagées pour la sphère dans laquelle elle a eu évidemment intention de nous faire mouvoir, et les facultés intellectuelles dont elle nous a douées prouvent clairement que cette sphère n'est ni méprisable ni bornée. J'avoue que je ne puis comprendre pourquoi ces facultés nous auraient été données comme un *livre scellé* qui ne doit point être ouvert. Je crois ne pouvoir plaider la cause de mon sexe plus efficacement qu'en expliquant l'influence de la première éducation, et en prouvant ainsi jusqu'à l'évidence, à tout esprit sans préjugé, que l'éducation des femmes dirigée vers l'accomplissement de ce devoir sacré avancerait beaucoup plus le perfectionnement progressif de l'espèce humaine que toutes les découvertes de la science et les recherches de la philosophie.....

Il semblerait d'après le plus grand nombre de ceux qui écrivent sur l'éducation, qu'elle n'est de quelque importance que pour les gens riches et pour ceux qui tiennent un rang. En effet les systèmes qu'on propose ne peuvent être adoptés que par eux, et l'on doit croire qu'ils leur sont exclusivement adressés. Il n'entre pas dans mon plan de former de *belles dames* ni des *hommes accomplis* ; son objet est de soumettre les passions, de diriger les affections, et de cultiver les facultés qui sont communes à toute la race humaine.....

Si la discipline des écoles n'a que peu d'effets pour améliorer le caractère et les dispositions des jeunes garçons, j'ai bien peur qu'elle en produise encore moins sur les jeunes filles. Il y a dans le cours d'une éducation classique une méthode, une régularité qui produit insensiblement des habitudes correspondantes dans l'esprit, et quoiqu'on ne fasse pas toujours autant d'attention à la culture de l'esprit qu'on le pourrait et qu'on le devrait, la nature des études doit rendre les associations d'idées favorables à son perfectionnement, et le perfectionnement de la raison est sûrement un pas qui conduit à acquérir de l'empire sur ses passions. Mais dans l'éducation des filles, hélas ! on essaie rarement l'influence de la raison ; les objets vers lesquels on dirige leur attention n'ont aucun rapport avec la faculté du raisonnement : dans la routine des devoirs qu'on leur donne à remplir, il n'y a que la mémoire qui soit exercée, et les objets de leur attention sont si distincts les uns des autres, si variés, si perpétuellement variables, qu'il est impossible que l'esprit se fixe assez longtemps pour acquérir l'habitude de l'ordre et de la régularité.....

Par le peu de soin qu'on a donné jusqu'ici à la culture des facultés intellectuelles de notre sexe, il n'est pas extraordinaire que les facultés d'abstraction et de généralisation se rencontrent si rarement parmi nous. Heureusement qu'elles ne sont pas si indispensables dans notre sphère qu'un jugement sain, ou ce qu'on appelle le sens commun; mais je ne puis admettre que la culture de la faculté de raisonnement ne soit pas éminemment avantageuse, puisque nous voyons tous les jours des exemples des conséquences déplorables de sa privation...

N'arrive-t-il jamais qu'une femme incapable de se former une idée juste de ses propres intérêts et de ceux de son mari, contribue sottement à la ruine de tous deux? Ne résulte-il jamais d'inconvénient de la poursuite des plaisirs que la raison désapprouve? De vives disputes pour des bagatelles ne viennent-elles jamais interrompre la félicité conjugale? Que l'expérience réponde à ces questions, et, malgré tout ce qu'on pourra dire à l'égard de la jeunesse et de la beauté, la culture de la faculté de raisonnement ne sera jamais inutile à une femme.

Comme mère de famille, comment la femme qui est incapable de se former une idée générale des causes et des effets, peut-elle arranger ses plans, et les proportionner aux dépenses de sa maison? Comment pourrait-elle diriger la conduite des autres vers l'accomplissement d'un but général, celle qui est incapable de se former une idée distincte du but proposé? Fatiguée d'une foule de détails minutieux, elle se regardera comme le modèle des bonnes ménagères, et après avoir été occupée depuis le matin jusqu'au soir, elle sera étonnée de trouver que le résultat de ses peines n'est que confusion. Je ne sais pas en effet si la généralisation des idées est plus nécessaire à un ministre d'État qu'à une maîtresse de maison. L'élégant et judicieux auteur des Éléments de la philosophie (1) de l'esprit humain a fait voir combien elle est nécessaire à l'un; prouver qu'elle n'est pas moins utile à l'autre est l'humble tâche que je m'impose.

____

(1) Dugald Stewart, philosophe écossais; professait à Édimbourg; né en 1753' mort en 1828.

Une maison considérable est une machine compliquée, composée d'un grand nombre de parties diverses et subordonnées. Pour la bien conduire, il faut d'abord avoir une idée étendue, c'est-à-dire générale de l'effet qu'on désire produire; ensuite une conception exacte des forces de chaque rouage séparé ou de chaque agent individuel, et une notion juste de la meilleure manière de les employer, enfin une idée distincte du moyen de mettre le tout en mouvement, de façon qu'il puisse produire l'effet désiré; elle doit être construite de manière que, semblable aux moulins à soie de Derby, quand quelqu'une des parties va mal, on puisse l'arrêter et la réparer sans arrêter le mouvement du reste; il est clair que la direction d'une pareille machine dépend d'un arrangement d'idées trop étendu pour qu'une attention aux objets particuliers puisse jamais y réussir : cet arrangement est l'ouvrage de la généralisation; la maîtresse de maison qui en est capable fait plus en dix minutes qu'une autre dans des heures entières. Il est bon que vous observiez que la conduite d'une maison, loin d'être un obstacle aux facultés intellectuelles, comme l'ont avancé avec si peu de jugement quelques mauvais avocats des *droits* de notre sexe, exige toutes les facultés de l'esprit : s'il y a un défaut dans quelqu'une de ces facultés, il ne sera jamais au pouvoir d'une femme, quelque bonne volonté qu'elle ait, de tenir sa maison bien ordonnée, l'une des choses auxquelles les maris sont généralement le plus sensibles. Lavater observe que le bruit est l'effet de l'indolence : lorsqu'une maîtresse de maison a les perceptions promptes, une attention vigilante, des conceptions exactes, un jugement sain et l'amour de l'ordre, il ne se fait point de bruit dans sa maison.

Si le pouvoir de généraliser ses idées est essentiel à une femme qui a le bonheur d'être aidée des conseils de ses parents ou de son mari, combien ne l'est-il pas davantage à celle qui reste veuve, et chargée d'une famille à qui elle doit appui et protection? que peuvent espérer, dans la conduite de leurs affaires, de pauvres orphelins abandonnés aux soins d'une femme qui ne peut raisonner ni entendre de raisonnement? Que ceux qui regardent l'ignorance comme l'apanage des femmes, disent comment un être qui est incapable d'étendre ses vues au delà de la satifaction des désirs du moment, peut être propre à remplir ce double devoir!...

Une mère incapable de vues grandes et générales ne peut bien diriger l'éducation d'aucun des deux sexes : elle ne peut

jamais prévoir les effets de sa conduite présente sur leur
bonheur à venir.

(1801) Miss E. HAMILTON (1) t. I, p. 10-11, 18, 180-181;
t. II, p. 287, 301-304, 307.

Notre âme en appelle à son immortalité pour réclamer son
droit à la lumière et à la raison. . . Comme créature intelligente, la femme n'est pas différente de l'homme. Elle possède
sans doute, à un moindre degré, les mêmes facultés, mais
elle les possède ; et c'est assez pour qu'elle mérite qu'on les
exerce : leur nature étant commune, leur loi doit être la même ;
pourvue des mêmes moyens pour connaître et remplir les conditions de son existence, l'éducation d'une femme ne doit pas
différer essentiellement de celle de l'homme, du moins quant
aux principes. En sa qualité d'être doué de raison, d'être
moral et libre, parce qu'il est raisonnable, son éducation, si
elle est raisonnable aussi, ne peut que vouloir se conformer
à sa nature, en assurant sa moralité, par l'empire de la raison
sur la liberté.

La femme est raisonnable, puisqu'elle a la notion du vrai
et du faux ; elle est morale, puisqu'elle a le sentiment, sinon
la connaissance du bien et du mal ; elle est libre enfin ; et que
ce mot si redouté n'excite aucune alarme, puisqu'il ne désigne
que cette liberté niée des seuls impies et définie par Bossuet
« le pouvoir de vouloir ou de ne vouloir pas ». Pourquoi donc
laisserait-on sa raison sans aliment, sa conscience sans lumière,
sa liberté sans règle ? Sur quel fondement lui refuserait-on la
vérité ? La liberté est la loi de l'âme, et jamais la suppression
des lois n'a d'autre effet que l'oppression ou la licence. En
effet, nous voyons que ceux qui ont ainsi tenté de dégrader
ou de délier la raison des femmes, ont presque réussi à en
faire tour à tour des esclaves ou des révoltées. C'est le vice
des systèmes d'éducation adoptés jusqu'à présent pour elles.
Par je ne sais quelle crainte de leur avenir, on a négligé, la
plupart du temps, de leur donner ce qu'il faut de force morale pour les circonstances difficiles ou imprévues ; une précipitation paresseuse se hâte d'inculquer aux jeunes filles

---

(1) *Lettres sur les principes élémentaires d'éducation par Élisabeth Hamilton, traduites de l'anglais sur la 2e édition par L. C. Chéron.* 2 vol. in-8°,
Paris, Demonville, an XII, 1804. — L'ouvrage avait paru en 1801. Le lecteur
sera sans doute frappé d'un changement de ton par rapport aux extraits
précédents ; il y reconnaîtra, même dans un ordre d'idées spéculatives qui
repose sur la philosophie, l'esprit net et pratique des Anglais.

quelques habitudes dont on leur cache la raison. On ne les avertit de rien, on les préserve soigneusement de toute expérience. La vanité maternelle, si délicatement ombrageuse, voudrait éviter à l'enfant toute occasion d'agir en sens opposé des qualités qu'elle lui souhaite ; et, repoussant les épreuves, elle se contente de nourrir son âme d'une morale prise généralement dans des conventions qui manquent de puissance et de vie. Presque toutes les mères préfèrent les préceptes aux principes ; en dictant à leurs filles ce qu'elles ont à faire, elles aiment mieux se servir du mot *il faut*, qui ne s'adresse point à la raison, que du mot *vous devez*, qui n'est compris que d'elle. L'emploi habituel de l'une ou de l'autre de ces expressions peut changer tout un système d'éducation.....

Je puis demander qui respecte le plus la nature, de l'éducation qui enchaîne la raison, ou de celle qui la développe, et si l'on court plus risque d'ôter aux filles leur charme moral en leur inspirant des principes qu'en leur inculquant des préjugés.

Qui a donné le premier l'exemple d'imposer silence à toutes ces voix mystérieuses qui parlent si puissamment dans un jeune cœur, d'avoir pour chaque sensation une règle, pour chaque mouvement un frein, de mettre les femmes en défiance de tout, de hérisser leur esprit de maximes futiles et pédantesques, d'étouffer sous le poids des idées reçues toute liberté d'esprit, toute originalité dans les impressions, et de changer enfin les plus vives et les plus involontaires créatures en machines guindées et factices qui servent de parure à la société, et dont les hommes font un jouet ?

Telle est la position dont il faudrait retirer les femmes : une bonne éducation leur rendrait en quelque sorte la vie avec la raison. Déjà les événements ont beaucoup fait pour elles ; il s'en faut que depuis quarante ans (1) elles aient été ce qu'étaient leurs devancières. Aujourd'hui que les choses nouvelles se disposent à devenir durables, il faut que l'éducation accomplisse méthodiquement ce que tendaient de soi-même à faire les circonstances et le temps....

On ne peut trop s'étonner de cette étrange manie d'affaiblir des caractères déjà si affaiblis. Qui donc nous a donné le droit de dépouiller l'espèce humaine de l'énergie et de l'activité qui lui sont propres ? Serait-ce par un calcul de sévérité ? Serait-ce qu'on espère, en enchaînant la raison de l'homme, en atténuant

---

(1) Mme de Rémusat écrivait ce livre en 1820.

chez lui la force de résolution, en essayant de lui enlever la liberté du choix, le préserver des égarements d'une pensée téméraire et des désordres sociaux qui en paraissent la suite? Le calcul serait bien faux. Dans l'éducation non plus que dans le gouvernement, le dernier siècle n'a point négligé l'autorité absolue, et la licence de penser n'a point connu de bornes, d'autant plus dangereuse qu'elle marchait de front avec l'amollissement des caractères... En rapetissant les hommes, on ne rapetisse pas les événements. Jamais nation plus frivole n'a eu à lutter contre de plus terribles vicissitudes, et, pour me rapprocher de mon sujet, jamais les femmes moins préparées n'ont eu à subir une révolution plus complète et plus dure dans leur situation; qu'a-t-on gagné à leur donner une éducation toute de montre, toute d'étiquette, sans sérieux et sans morale?.....

Quand on s'occupe de l'éducation, on croit n'avoir affaire qu'aux enfants, mais on s'aperçoit bientôt qu'il faudrait reprendre celle des parents. Pour élever en effet la petite fille au berceau, j'aurais besoin que la mère eût été élevée comme elle.
(1824) Mme DE RÉMUSAT (1), p. 108-111, 165-167, 202, 232-233.

Il n'y a point de pension, quelque bien tenue qu'elle soit, il n'y a point de couvent, quelle que soit sa pieuse règle, qui puissent donner une éducation comparable à celle qu'une jeune fille reçoit de sa mère, quand elle est instruite et qu'elle trouve sa plus douce occupation et sa vraie gloire dans l'éducation de sa fille.   (1828) Mme CAMPAN, t. I, p. 138.

On ne voit et on n'élève dans la jeune fille que l'épouse future. Son développement personnel est un moyen, jamais un but. La femme n'existe-t-elle donc point pour elle-même? N'est-elle fille de Dieu que si elle est la compagne de l'homme? N'a-t-elle pas une âme distincte de la nôtre, immortelle comme la nôtre, tenant comme la nôtre à l'infini par la perfectibilité? La responsabilité de ses fautes et le mérite de ses vertus ne lui appartiennent-ils pas? Au-dessus de ces titres d'épouses et de mères, titres transitoires, accidentels, que la mort brise, que l'absence suspend, qui appartiennent aux

----

(1) *Essai sur l'éducation des femmes*. 1 vol. in-8° Paris, Ladvocat, 1824.
(2) *De l'éducation*. 3 vol. in-12. Paris, Ladvocat, 1828.

unes et qui n'appartiennent pas aux autres, il est pour les
femmes un titre éternel et inaliénable qui domine et précède
tout, c'est celui de créature humaine : eh bien, comme telle,
elle a droit au développement le plus complet de son esprit et
de son cœur. Loin donc de nous ces vaines objections tirées
de nos lois d'un jour ! C'est au nom de l'éternité que vous lui
devez la lumière !   (1852) LEGOUVÉ (1), p. 58-59.

———

J'ai quelquefois entendu dire à des mères qu'elles redoute-
raient pour leurs enfants des facultés dépassant un peu la
proportion ordinaire, et qu'elles s'efforceraient de les étouffer:
« Qu'en ferait-on ? disent-elles. Comment trouver une place
à ces grandes facultés au milieu de la vie réelle, si étroite, si
mesquine, qui s'ouvre pour les femmes au bout de leurs
premières années de jeunesse ? »
Cette parole m'a toujours secrètement révolté. Quoi ! vous
voulez détruire l'épanouissement de l'œuvre divine, d'une
âme dans laquelle Dieu a déposé un germe de vie idéale !
Vous respectez ce don chez les hommes, à condition toutefois
qu'il trouvera son emploi dans la vie pratique, c'est-à-dire
qu'il servira à gagner de l'argent et à accroître une position
sociale. Mais comme l'utilité des grandes choses est moins
lucrative chez les femmes, il vaut mieux les supprimer. Cou-
pez donc les rameaux de cette plante à laquelle il faudrait
trop d'air, d'espace et de soleil, retranchez cette sève inutile.
Mais la plante était née pour devenir un grand arbre, et vous
allez en faire un arbuste amaigri. Prenez garde dans cette
mutilation de la faire d'abord cruellement souffrir et enfin
périr tout entière. Eteindre une âme que Dieu avait créée
pour être lumineuse, c'est y enfouir le germe d'une souffrance
intérieure que vous ne guérirez jamais, et qui égarera peut-
être et épuisera cette âme en aspirations vagues et exagérées.
Il n'y a pas de tourment comparable à ce sentiment du beau,
qui ne peut se faire jour, à cette douleur intime d'une âme
qui, sans peut-être le savoir, aura manqué sa vocation ; et ce
mot qui semble exprimer les appels d'en haut, les appels
sérieux et irrésistibles, s'applique aux femmes comme aux
hommes, à la vie idéale comme à la vie extérieure.
            (1866) DUPANLOUP (2), p. 168-169.

———

(1) *Histoire morale des femmes.* 5ᵉ édition. 1 vol. in-12. Paris, Didier, 1869.
L'auteur avait fait un cours sur ce sujet au Collège de France, en 1852.
(2) *La femme studieuse.* 3ᵉ édition, 1 vol. in-16. Paris, Douniol, 1875.

Les filles, même dans les pensionnats les plus élevés, reçoivent une éducation futile, incomplète, toute d'arts d'agrément, sans rien de sérieux et d'élevé. Elles que la nature a douées d'une intelligence si ouverte, d'un tact si sûr, d'une sensibilité si fine et si délicate; qui sont faites pour comprendre ce qu'il y a de plus grand dans les lettres et pour s'y plaire, qui seraient pour nous des compagnes d'études si utiles et si charmantes, nous les réduisons à n'être que des idoles parées. Il n'est personne qui puisse nier que l'éducation qu'on donne aux femmes aujourd'hui ne les prépare pas au rôle de compagnes intellectuelles de leurs maris, et qui puisse en même temps nier qu'un des grands malheurs de la société actuelle, c'est la séparation de plus en plus considérable qui s'établit entre l'homme et la femme, l'homme allant dans les clubs, se livrant aux exercices du sport, se déshabituant de la vie d'intérieur, et la femme réduite à vivre avec d'autres femmes, loin du cœur et de l'esprit de son mari. Cette situation a pour cause l'absence d'une éducation très-élevée en histoire et en littérature, qui permette à l'homme de trouver dans la conversation de sa femme non seulement un plaisir constant, mais même une excitation à bien faire et à bien comprendre...

Il y a là bien du bonheur perdu pour nous, par notre faute, bien des trésors enfouis. La France perd, à méconnaître les femmes, la fleur de sa civilisation. Il est plus que temps de ramener à l'atelier commun ces intelligences oubliées ou méconnues, de rendre aux arts et aux lettres ce puissant et ce brillant appui... Il faut que les femmes redeviennent ce qu'elles auraient toujours dû être, c'est-à-dire les véritables institutrices du genre humain, les véritables inspiratrices, sinon les auteurs des grandes œuvres. Il faut qu'elles nous apportent leur contingent d'excellent esprit, de bon jugement, de douceur morale, de grâce, de délicatesse, d'excitation incessante aux idées élevées et aux actions nobles. C'est à cette condition que l'esprit français reprendra ce qui faisait autrefois sa plus grande force, son plus grand charme, c'est-à-dire une grâce exquise unie à un bon sens infaillible.

(1867) J. SIMON (1).

Voyez la jeune mère... Il y a quelques années à peine, cette jeune femme était sur les bancs de l'école, où l'on bourrait sa

---

(1) Discours au Corps législatif, séance du 2 mars 1867

mémoire de mots, de noms, de dates, où sa faculté de réflexion n'était exercée que dans la plus faible mesure. Là, on ne lui a pas donné la moindre idée de la manière de se conduire envers un esprit naissant; là, l'éducation qu'elle a reçue, la discipline à laquelle on l'a soumise, n'étaient pas propres à la mettre en état d'en faire elle-même la découverte. Les années suivantes ont été consacrées à l'étude de la musique, aux ouvrages de broderie, à la lecture des romans et aux plaisirs du monde. On n'a jamais appelé sa pensée sur les graves responsabilités de la maternité; on ne lui a guère donné cette solide culture intellectuelle qui eût pu la préparer à porter ces responsabilités. Voyez-la donc maintenant aux prises avec un caractère qui se développe, et dont le développement lui est confié! Voyez son ignorance profonde des phénomènes auxquels elle a affaire, et comme elle intervient aveuglément dans des faits auxquels on ne saurait toucher d'une main sûre, possédât-on la science la plus haute! Elle ne sait rien de la nature des émotions, de l'ordre qui préside à leur évolution, de leurs fonctions, du point précis où elle cessent d'être salutaires pour devenir nuisibles; elle croit qu'il existe des sentiments absolument mauvais, ce qui n'est vrai d'aucun sentiment (1), elle croit qu'il existe des sentiments absolument bons, à quelque degré qu'on les porte, ce qui est encore une erreur. Ne connaissant pas l'organisme qu'elle a devant elle, elle ne connaît pas davantage l'influence que peut exercer sur cet organisme tel ou tel traitement. Quoi de plus inévitable que les résultats désastreux dont nous sommes journellement témoins? Ignorant, comme elle les ignore, les phénomènes mentaux, leurs causes et leurs effets, son intervention est souvent plus nuisible que ne l'eût été son abstention absolue. Elle gêne à tout moment le jeu régulier, bienfaisant, des facultés chez son enfant, nuisant par là à son bonheur, à son avenir, gâtant son caractère comme elle gâte le sien propre, et s'aliénant son affection... Dépourvue de toute lumière théorique, incapable de se guider elle-même par l'observation des faits de développement qui s'accomplissent chez son enfant, la jeune mère suit l'impulsion du moment d'une manière légère et funeste. (1868) Herbert SPENCER (2), p. 43, 45.

(1) Affirmation trop absolue : L'envie, par exemple, est un sentiment absolument mauvais. Ce qui est vrai, c'est qu'un sentiment naturel au cœur humain peut devenir bon ou mauvais suivant la direction qui lui est donnée et le but auquel on l'applique.

(2) *De l'éducation intellectuelle, morale et physique,* traduit de l'anglais. 4 vol. in-8° Paris, Germer-Baillière, 1878.

Mirabeau disait : — Il s'y connaissait, hélas ! — La petite morale tue la grande.

On a mis beaucoup trop de petite morale et pas assez de grande dans l'éducation ordinaire des femmes. Si j'excepte les pays de la Bible (1) que gouvernent des idées plus vraies, plus élevées et plus saines, il est impossible de ne pas voir que la femme étouffe, emprisonnée dans les mailles étroites d'un réseau de petite morale. Petits devoirs : plaire, bien tenir un salon ! Petite instruction : un peu de musique, la danse, des notions superficielles en toute chose ! Petite dévotion : des pratiques, des habitudes, de la bigoterie ; c'est tout. Le grand souffle manque.

La frivolité de beaucoup de vies de femmes leur nuit bien plus que les plus dures législations. Quand les préoccupations de la toilette, les visites, les futilités tiennent la première place, ils est impossible que les femmes ne diminuent pas leur rôle et ne s'abaissent pas dans l'opinion. On les prend pour ce qu'elles veulent être ; on les classe d'après la figure et la parure ; et Dieu sait à quel point l'âme se dégrade par cette vanité des habitudes.

Ce qui se passe dans les classes élégantes de la société se produit sous d'autres formes dans celles qui le sont moins. La bourgeoisie a ses existences mondaines et très mondaines.

Dans les ateliers, le même principe amène des conséquences peu différentes ; l'ouvrière, mise à part des idées et des intérêts d'un ordre supérieur, frivole, légère, l'esprit vide, reléguée dans la sphère mesquine qu'on lui attribue, cherche rarement à en sortir.

L'association des pensées et des vies, au sens noble et chrétien du mot, est une révolution qui reste à accomplir partout, chez les laboureurs, chez les artisans, chez les bourgeois comme dans le grand monde.

(1872) A. de Gasparin (2), p. 15-17.

V

Ce qu'il faut attendre de l'éducation.

Beaucoup de gens, qui n'approfondissent guère, concluent que c'est la nature qui fait tout, et que l'éducation n'y peut rien : au lieu qu'il faudrait seulement conclure qu'il y a des

---

(1) L'auteur est protestant.
(2) *Les Réclamations des femmes*, broch. in-8°. 2me édit. Paris, Lévy, 1872.

naturels semblables aux terres ingrates, sur qui la culture
fait peu. C'est encore bien pis quand ces éducations si difficiles
sont traversées, ou négligées, ou mal réglées dans leurs com-
mencements.   (1687) FÉNELON, p. 24.

Il ne faut point forcer l'esprit des enfants ni s'opiniâtrer à
les rendre toutes des merveilles, car il est impossible que dans
un si grand nombre il n'y en ait d'un médiocre génie; mais il
ne faut semer ni insinuer que ce qui est bon, et laisser le
succès à la Providence. Il est impossible que des filles qui ne
voient dans leur jeunesse que de bons exemples et qui n'écoutent que de bonnes paroles, ne deviennent avec le temps tout
ce qu'elles peuvent être, du plus au moins : ainsi il faut se réjouir de celles qui font des progrès, et espérer pour les autres
qu'elles en feront ou qu'elles sont capables d'en faire.

Il ne faut jamais se décourager dans l'éducation : ce qui ne
vient pas tôt peut venir tard, mais il se faut armer de beaucoup
de patience....

Ayez une grande douceur pour elles et une patience sans
bornes; semez et attendez les fruits, ils viendront dans leur
temps.   (1686) Mme de MAINTENON (1), t. I, p. 53, 55, 83.

Un plan d'éducation ne doit être fait ni pour les prodiges ni
pour les monstres : la stupidité et l'atrocité sont aussi rares que
l'héroïsme et le génie; mais c'est pour la médiocrité (2) qu'il
faut travailler, car c'est sur elle qu'il faut compter.
                         (1782) Mme de GENLIS, t. I, p. 57.

J'ai observé, pendant un long espace d'années, qu'il ne naît
pas plus d'enfants qu'une terrible fatalité dévoue à des vices
honteux, qu'il ne vient au monde de sourds et muets, d'a-
veugles, d'imbéciles. Le bien est heureusement dans une proportion plus grande : sur trois cents filles réunies, j'ai toujours
eu à noter cinq ou six sujets tout à fait ineptes, deux ou trois
inaccessibles à ce qui pouvait les dégager de leurs vices, également sourdes à l'influence de la religion, aux préceptes de
la morale, aux conseils de l'amitié, aux réprimandes, à la voix

---

(1) *Lettres et entretiens sur l'éducation des filles*, 2 vol. in-18. Paris, Charpentier, 1876.
2) Les esprits moyens.

de l'honneur, aux menaces sévères, aux prières touchantes de leurs parents. Ces sujets, malheureusement nés, ne réussiront pas mieux en éducation privée qu'en éducation publique, et seront des fléaux envoyés par la Providence. C'est une honte de famille: il faut la cacher. Sur ce même nombre d'enfants, j'ai toujours trouvé dix à douze jeunes filles intelligentes, laborieuses, soumises, susceptibles d'une grande émulation, et ne quittant jamais les premiers rangs de leur classe : à peu près cinquante les suivaient avec des dispositions moins brillantes. Si leur mérite était moins transcendant, elles avaient celui de travailler à vaincre leur étourderie, leur légèreté, la lenteur de leur caractère ou leur paresse, et parvenaient à se distinguer. Les autres enfants ne pouvaient manquer d'éprouver les effets des soins les plus persévérants, mais ils restaient dévoués à la médiocrité, ce lot du plus grand nombre. Une mère qui élève ses filles a donc à redouter peu des plus funestes chances; celles qui combleraient totalement ses vœux sont fort rares ; mais elle peut espérer un grand nombre de celles dont une sage ambition doit savoir se contenter.

(1828) Mme CAMPAN, t. II, p. 27 et suiv.

A la vérité, le développement des caractères ne dépend entièrement, ni de la volonté des instituteurs dans l'enfance, ni de celle de l'élève lui-même dans un âge plus avancé; mais s'ensuit-il de là que ces volontés n'aient aucun pouvoir? Ne dispose-t-on de rien quand on ne dispose pas de tout? Plusieurs causes agissent à notre insu et malgré nous, je l'avoue; mais il est des influences régulières et bienfaisantes dont l'emploi est à notre disposition. C'est parce qu'il y a dans tous les temps une éducation accidentelle, qu'il faut en balancer les effets par une éducation préméditée.

(1828) Mme NECKER de SAUSSURE (1), t. I, p. 3.

---

(1) *L'Éducation progressive ou Étude du cours de la vie.* 3e édit. 2 vol. in-12. Paris, Garnier, 1856.

DEUXIÈME PARTIE

LA NATURE ET LA DESTINATION DES FEMMES

Puisque l'éducation des femmes doit être réformée, il faut déterminer avant tout les principes sur lesquels elle doit reposer et le but vers lequel elle doit être dirigée. La solution du problème dépend de l'idée que l'on se fait de leur nature et de leur destination. Sont-elles inférieures, supérieures ou égales à l'homme ? Dans le cas de l'égalité, lui sont-elles identiques ? Ont-elles le même rôle à jouer, la même mission à remplir ? Quelle est leur sphère d'action ? Où et comment cette action se fait-elle sentir ?

Tel est le plan de la deuxième partie, successivement développé, sous les deux titres suivants, par des extraits nombreux :

1° La nature féminine et la comparaison des deux sexes.

2° La destination des femmes.

I

La nature féminine et la comparaison des deux sexes.

Il me semble en toutes façons, qu'il naist rarement des femmes à qui la maistrise soit deuë sur des hommes, sauf la maternelle et naturelle... C'est l'apparence de ceste considération, qui nous a fait forger et donner pied si volontiers à ceste loy, que nul ne vit onques, qui prive les femmes de la succession de ceste couronne : et n'est guère seigneurie au monde, où elle ne s'allègue, comme icy, pour une vray-semblance de raison qui l'authorise.   (1580) MONTAIGNE (1), p. 366.

Pour obliger les Filles à suivre ou à conserver l'honnesteté, je ne fais point de difficulté de raisonner, j'estime que c'est leur faire un grand tort que de croire qu'elles ne sont pas raisonnables à cause qu'elles sont Filles, et qu'on ne leur doit jamais parler dans un Livre que comme on leur parle dans la maison. C'est avoir une mauvaise opinion de l'esprit de ces

(1) *Les Essais de Michel seigneur de Montaigne*, Paris, 1636. (Livre II, ch. VIII).

Princesses dont on prise tant le corps; c'est faire comme ce
Tyran, qui ne regardait pas les yeux, mais les patins (1) d'une
belle. Certes quand je considère que la Théologie mystique
semble estre familière aux filles; que Boèce nous descrit la
Philosophie sous la forme d'une Dame que les anciens
prenaient toujours pour une Vierge, et que les Déesses du
Sçavoir ont passé autrefois chez les plus Sages pour des personnes de la mesme condition, je ne puis comprendre comment on me peut blâmer de ce que je n'estime pas toutes les
Filles ignorantes. Enfin, puisque saint Hiérosme et d'autres
Pères de l'Eglise leur ont adressé des Traittés fort relevés, je ne
vois pas que je sois en danger de faillir en suivant de si grands
exemples, veu mesme que je ne leur présente rien de plus
haut que le tableau d'elles-mêmes.

(1639) GRENAILLE (2), Préface.

Les femmes ont d'ordinaire l'esprit encore plus faible et
plus curieux que les hommes; aussi n'est-il point à propos de
les engager dans des études dont elles pourraient s'entêter.
Elles ne doivent ni gouverner l'État, ni faire la guerre, ni
entrer dans le ministère des choses sacrées; ainsi elles peuvent
se passer de certaines connaissances étendues, qui appartiennent à la politique, à l'art militaire, à la jurisprudence, à
la philosophie et à la théologie. La plupart même des arts
mécaniques ne leur conviennent pas : elles sont faites pour
des exercices modérés. Leur corps, aussi bien que leur esprit,
est moins fort et moins robuste que celui des hommes; en
revanche, la nature leur a donné en partage l'industrie (3), la
propreté et l'économie, pour les occuper tranquillement dans
leurs maisons.

(1687) FÉNELON, p. 2.

Vous devez d'abord poser pour fondement qu'il y a de l'inégalité entre les deux sexes; et que comme les hommes
devaient faire les lois et gouverner le monde, il a fallu qu'ils
eussent la raison dans un plus haut degré, d'où il arrive que
les femmes en sont plus disposées à la déférence, qualité fort

---

(1) Les pieds; on appelait patin une espèce de chaussure.

(2) *L'honneste fille, dédiée à Mademoiselle, par le sieur de Grenaille.* 1 vol.
in-4°. Paris, 1639.

(3) Signifie ici l'activité ingénieuse, appliquée aux choses ordinaires de la
vie domestique.

nécessaire pour s'acquitter exactement des devoirs qui semblent
leur être échus en partage. Ceci ne paraît pas fort obligeant à
première vuë. Mais en regardant la chose de plus près, on voit
assez que la Nature, bien loin de vous faire injustice, est
partiale à votre égard. Elles vous a donné tant d'autres privilèges pour réparer ce qu'il semble y avoir d'injuste dans cette
première inégalité, que c'est nous aujourd'hui qui sommes
plus en droit de nous plaindre. Il est en votre pouvoir, non
seulement de vous rendre libres, mais de faire des esclaves de
vos maîtres; et sans leur faire violence, il ne tient qu'à vous
de mettre à vos pieds l'autorité que les lois et la nature leur
donnent...   (1698) HALIFAX (1), p. 23-24.

Ceux qui attaquent les femmes ont prétendu que l'action de
l'esprit qui consiste à considérer un objet, était bien moins
parfaite dans les femmes, parce que le sentiment qui les
domine les distrait et les entraîne. L'attention est nécessaire :
elle fait naître la lumière, pour ainsi dire, approche les idées
de l'esprit et les met à sa portée; mais chez les femmes, les
idées s'offrent d'elles-mêmes, et s'arrangent plutôt par sentiment que par réflexion : la nature raisonne pour elles, et leur
en épargne tous les frais. Je ne crois donc pas que le sentiment
nuise à l'entendement : il fournit de nouveaux esprits qui
illuminent, de manière que les idées se présentent plus vives,
plus nettes et plus démêlées ; et pour preuve de ce que je dis,
toutes les passions sont éloquentes. Nous allons aussi sûrement à la vérité par la force et la chaleur des sentiments, que
par l'étendue et la justesse des raisonnements : et nous arrivons toujours par eux plus vite au but dont il s'agit que par
les connaissances. La persuasion du cœur est au-dessus de celle
de l'esprit (2).   (1728) Mme de LAMBERT (3), p. 157.

Toutes les facultés communes aux deux sexes ne leur sont
pas également partagées, mais prises en tout elles se com-
pensent ; la femme vaut mieux comme femme et moins comme

---

(1) *The Lady's New-Year's Gift : or, Advice to a Daughters. Conseils d'un
homme de qualité à sa fille par M. le marquis d'Halifax* (trad. par Formey).
1 vol. in-12. Berlin, 1752.

(2) Vue assez juste sur la nature féminine, mais c'est à la condition que
l'esprit soit éclairé et le jugement bien formé; alors cette sagacité du sentiment vient en aide à l'intelligence.

(3) *Réflexions sur les femmes,* dans ses *Œuvres morales,* 1 vol. in-18. Paris,
Gosselin, 1843.

4.

homme ; partout où elle fait valoir ses droits, elle a l'avantage:
partout où elle veut usurper les nôtres, elle reste au-dessous
de nous. On ne peut répondre à cette vérité générale que par
des exceptions ; constante manière d'argumenter des galants
partisans du beau sexe.

Cultiver dans les femmes les qualités de l'homme et négliger celles qui leur sont propres, c'est donc visiblement travailler à leur préjudice : les rusées le voient trop bien pour
en être les dupes ; en tâchant d'usurper nos avantages elles
n'abandonnent pas les leurs ; mais il arrive que ne pouvant
bien ménager les uns et les autres, parce qu'ils sont incompa-
tibles, elles restent au-dessous de leur portée sans se mettre
a la nôtre, et perdent la moitié de leur prix. Croyez-moi, mère
judicieuse, ne faites point de votre fille un honnête homme,
comme pour donner un démenti à la nature ; faites-en une
honnête femme, et soyez sûre qu'elle en vaudra mieux pour
elle et pour vous.

(1762) J.-J. Rousseau, t. III, p. 312-315.

Vous verrez les idées honorables que je me fais des femmes,
que je considère, non comme des servantes soumises aux
travaux domestiques ni comme des esclaves de nos plaisirs,
mais comme nos compagnes et nos égales, destinées à adoucir nos cœurs, à polir nos mœurs ; et, comme le dit élégam-
ment Thomson, à animer nos vertus, à nous aider à supporter
les peines de la vie, et à rendre notre bonheur plus vif.

(1774) Gregory (1), p. 13.

Reconnaissons les femmes pour des êtres semblables à nous (2),
et auxquels nous ne sommes supérieurs que par de vains
titres appuyés sur des lois tyranniques, qui n'ont passé qu'à
la faveur de la faiblesse et de l'ignorance. Appliquons-nous
à les rendre fortes, robustes, courageuses, instruites, et même
savantes, autant qu'il sera possible, et l'on verra, dès les premières générations qui nous succéderont, l'humanité entière
rentrer dans toute sa vigueur, dans toute sa splendeur.

(1779) Ribaillier, p. 67.

---

(1) *Legs d'un père à sa fille, traduit de l'anglais sur la 4ᵉ édition.* 1 vol.
in-12, Paris et Londres, 1774.
(2) Il faut lire *égales* mais non *identiques*.

La plupart des femmes qui jusqu'ici se sont déclarées les avocats de l'égalité des sexes, se sont servies de raisons qui me paraissent, sinon absurdes, du moins insoutenables. Ce n'est pas pour une égalité de mérite moral qu'elles disputent, ni pour une égalité de droit à la faveur divine, qui donne seule au caractère de l'homme de la dignité et de l'importance ; mais c'est pour une égalité de talent et de destination, fondée sur l'idée erronée d'une similarité parfaite de facultés. Infectées des préjugés qui associent des idées d'honneur et d'estime avec la connaissance et la science, indépendamment de la vertu morale, et jalouses de la gloire éphémère de l'ambition, elles veulent que leur sexe soit admis sur le théâtre de la vie publique, et désirent qu'il y soit préparé par une éducation semblable en tout point à celle des hommes. Ceux-ci se moquent de leurs prétentions, et ont leur présomption en horreur ; mais les hommes ne font pas attention que les fausses notions d'importance qu'ils ont eux-mêmes attachées à leur distinction particulière ont fait naître ces prétentions et cette présomption. Accoutumés, dès leur enfance, à s'arroger un droit de supériorité inhérente à leur sexe, cette idée s'attache à toutes les études et à tous les travaux que la coutume leur a exclusivement assignés. Ces préjugés agissant également sur l'esprit des femmes, il n'est pas surprenant que celles qui se sentent capables d'atteindre à un degré d'éminence intellectuelle aussi élevé que le leur, aspirent au partage des honneurs que l'orgueil des hommes leur a appris à regarder comme une distinction suprême. Si l'on mettait les deux sexes en garde contre ce préjugé, et si on leur apprenait à ne s'estimer que par la supériorité de vertu, ces vaines jalousies cesseraient, les hommes auraient plus de mérite et les femmes deviendraient plus respectables.

(1801) Elisabeth HAMILTON, t. I, p. 221, 222.

Rarement on nous a mises à notre véritable place ; rarement on a songé à ne voir dans une femmme qu'un être sensible, raisonnable et borné, la compagne de l'homme et l'ouvrage de Dieu.

La femme est sur la terre la compagne de l'homme, mais cependant elle existe pour son propre compte ; elle est inférieure, mais non subordonnée. Le souffle divin qui l'anime et qui, par son immortalité, l'appelle à la progression, la connaissance du mal, le sentiment du devoir, le besoin d'un avenir, tous ces dons accordés aux femmes aussi bien qu'aux hommes leur permettent de revendiquer une certaine égalité, et peuvent expliquer en partie cette sorte de supériorité relative tant prônée par quelques déclamateurs Mais, pour toutes les choses de cette vie, l'homme a été doué d'une portion de force et dévoué à une sorte d'activité refusées à sa compagne. Tout indique que dans nos rapports avec ce monde, notre destinée nous place sans appel au second rang. Une constitution physique plus délicate et plus fragile, un continuel besoin de secours matériel et de bien moral, nos qualités comme nos défauts, notre faiblesse comme notre force, tout indique que la solitude qui n'est *point bonne pour l'homme* serait mortelle pour la femme. Cette dépendance est un signe certain d'infériorité.

Dans ce qui concerne les intérêts essentiels de la société, dès que nous prétendons donner le mouvement, tout dégénère. La suite et la profondeur nous manquent, quand nous voulons nous appliquer à des questions générales. Douées d'une intelligence vive, nous entendons sur-le-champ, devinons mieux, et voyons souvent aussi bien que les hommes. Mais trop facilement émues pour devenir impartiales, trop mobiles pour nous appesantir, apercevoir nous va mieux qu'observer. L'attention prolongée nous fatigue; nous sommes enfin plus douces que patientes; la privation nous est plus supportable que l'attente d'une espérance retardée.

Les hommes ont reproché aux femmes d'ignorer en tout ce que c'est que la méthode ; ils ont eu raison. Par exemple, on voit aujourd'hui grand nombre de femmes capables de prendre part aux discussions sérieuses qu'excite la situation politique des gouvernements ; elles savent y jeter quelquefois une réflexion juste et lumineuse, une vue fine et vraie ; et pourtant, si l'on pouvait sans sourire se représenter l'une d'elles aux prises avec le positif de la plus petite administration, (1) on la verrait toute déconcertée, toute empêchée par ces difficultés qui, dans une pratique prolongée, demandent une continuité d'attention au-dessus de presque toutes les femmes. L'inspiration leur révèle parfois des vérités dont l'application leur échappe, et s'il fallait à toute force qu'elles prissent part aux affaires publiques, elles vaudraient encore mieux pour le conseil que pour l'exécution. Mais revenons au vrai...

---

(1) Mme de Rémusat voit généralement juste, mais ici elle paraît ne pas assez accorder à la capacité pratique des femmes; elle ne parle, il est vrai, que de leur participation à la vie politique.

De deux êtres semblables, mais non pareils, le plus faible aura dû être ordonné plutôt pour la conservation de son existence que pour une activité en quelque sorte superflue, et qui pourrait la compromettre... Il nous a fallu le courage qui supporte plutôt que celui qui surmonte. Toutes les ressources qui aident la faiblesse nous devaient être familières ; il fallait que notre intelligence se trouvât plus prompte à deviner que fertile en aperçus, et qu'elle sût aisément saisir les chances qui nous sont offertes, pour en tirer parti, les fixer et les embellir. Rousseau dit que les femmes sont naturellement coquettes et rusées ; c'est qu'il leur est de première importance de plaire, d'absolue nécessité de réussir. Ne serait-il donc pas possible de tourner à bien ces besoins de leur faiblesse? La société, en ne les prenant pas assez sérieusement, en exploitant leurs défauts au profit de son amusement, ne peut-elle pas se reprocher de les avoir souvent égarées? N'est-ce pas la société qui a développé en elles le goût de l'éclat, le désir de la domination? N'est-ce pas elle qui, par l'excès de ses éloges et quelquefois par la frivolité de son dédain, a exalté leurs prétentions ou encouragé leur inconséquence? Si l'on s'entendait une fois pour leur interdire d'ambitieuses espérances, sans les condamner à la futilité ; si l'on cessait de les traiter ou comme des idoles ou comme des jouets, on les verrait reprendre leur place et ne chercher l'évidence (1) que dans les occasions où le devoir fait une loi de s'y exposer. Tenir les femmes à leur véritable rang est vraiment dans l'intérêt des hommes : relever et contenir leur nature par la morale, voilà quel doit être le but de leur éducation.

En nous rappelant à cette infériorité, notre condition sur la terre, hommage doit être rendu en nous aux dons spirituels que Dieu fait à ses créatures. Car, à moins de refuser aux femmes tout sentiment moral, à moins de prétendre qu'elles n'ont ni raison, ni volonté, ni liberté ; enfin, à moins de leur refuser la nature humaine, je ne vois aucun motif de les traiter moins sérieusement que les hommes, de leur dénaturer la vérité sous la forme d'un préjugé, le devoir sous l'apparence d'une superstition, pour qu'elles acceptent et le devoir et la vérité. Elles ont droit au devoir, elles ont droit à la vérité, puisqu'elles sont capables de l'un et de l'autre. Nul n'est fondé à leur ravir le privilège d'obéir à la loi divine révélée par la raison. Je ne crains pas d'ajouter que les temps qui auront le

---

(1) Le fait d'être en vue, d'attirer l'attention.

mieux servi les femmes pour l'accomplissement de leur mission, auront été tout à la fois les meilleurs pour la société entière...   (1824) Mme de RÉMUSAT, p. 2-4, 8-14.

Existe-t-il vraiment des facultés d'une nature particulière chez les femmes ? Non, sans doute, dans un sens absolu. Les dons de l'âme et de l'esprit sont essentiellement les mêmes dans les deux sexes, et il n'y a de différence que dans les proportions (1)...

La nature des femmes a souvent été analysée. On sait qu'en elles le principe passif ou sensitif, au moyen duquel nous recevons involontairement les impressions, l'emporte sur le principe actif qui nous sert à diriger notre attention et nos pensées. Il suit de là que dans tout ce qui demande des efforts puissants et continus, les femmes ont évidemment du désavantage : leur organisation est trop mobile pour que la sensibilité ne prenne pas souvent les devants sur la volonté. Néanmoins certains privilèges semblent leur avoir été accordés en compensation, et quoi qu'ils aient aussi leurs inconvénients, nous les envisagerons d'abord sous l'aspect le plus favorable.

Il nous convient peu de célébrer la figure si vantée des femmes. Mais n'est-ce pas toujours une œuvre merveilleuse que cette enveloppe si habilement construite pour tenir l'âme au fait de ce qui peut l'intéresser dans le monde extérieur ? L'instrument le plus parfait n'est-il pas aussi le plus sensible, le plus prompt à accuser la moindre variation dans l'objet qu'on veut observer ? Aussi que d'avertissements l'âme ne reçoit-elle pas de cette enveloppe que tout affecte, sur qui tout agit !

Grâce à une organisation si délicate, quoi de plus rapide, de plus fin que les aperçus de la femme ? Elle l'emporte sur l'homme par cela même qui rend l'homme supérieur aux animaux et les a soumis à son empire ; plusieurs sont au-dessus de lui par la force matérielle ; mais, renfermés dans le cercle de leur instinct, ils ne voient rien au delà de cette étroite enceinte. L'homme seul contemple toutes choses dans l'univers, mais la femme a plus de pénétration encore. Cette sagacité en elle est si grande qu'elle l'exerce toujours sur ce qu'il y a de plus subtil, et se plaît à saisir les signes légers qui indiquent l'état des âmes. Cela seul l'intéresse même véritable-

---

(1) Idée très juste et nettement formulée.

ment ; le monde matériel est peu de chose pour elle. Spiritualiste sans le savoir, les pensées intimes, les affections secrètes
l'occupent toujours. Il semble que le domaine de l'invisible
lui soit accessible. Un admirable instinct lui révèle les impressions des autres et les lui fait aussitôt partager. Son imagination la transporte rapidement dans l'existence la plus étrangère ;
elle comprend le petit enfant qui ne parle pas et qui pense à
peine, et devine le secret que gardent les infortunés. On dirait
que le ciel lui-même ait eu pitié des maux ignorés, quand il
lui a donné cette pénétration et cette sympathie si tendres (1).

Telles on retrouve les femmes dans tous les climats quand
elles sont fidèles à leur vraie nature. Hors un penchant trop
général pour la mollesse, la sensualité les domine peu. Assez
portées à la gourmandise dans leur enfance, elles ont bientôt
surmonté de vulgaires désirs ; être admirées, être aimées, est
tout à leurs yeux ; et lors même que la vanité les a gâtées, on
reconnaît encore leur spiritualisme d'instinct. C'est toujours
ce qui se passe dans les âmes qui les intéresse, la sensualité
de l'amour-propre efface l'autre. Occupées à découvrir ce qu'on
pense d'elles, ce qu'on ressent pour elles, le but de cette
recherche est bien égoïste, et néanmoins leur vie est dans
autrui...

Avec une pareille constitution, on conçoit que le sentiment
du beau a dû être très-vif chez les femmes. L'aspect de la
nature les enchante, et agit parfois religieusement sur leurs
cœurs. Les arts aussi les trouvent sensibles, mais ce sont là
chez elles des dons marquants plutôt que distinctifs pour leur
sexe. Elles n'ont pas de privilège à réclamer sous ce rapport.
Ce qui les caractériserait plus particulièrement, c'est une
sorte de bon sens inné, c'est une certaine justesse de vues
qui, dans l'état d'impartialité, les fait tomber droit sur le
meilleur parti à prendre. Elles paraissent indiquer par inspiration la chose nécessaire et la chose pressée, sans trop réfléchir, et sans que les raisonnements réussissent à les dérouter.
Est-ce un instinct moral, un goût naturel pour l'ordre, une
connaissance anticipée de ce qu'exige le moment? On l'ignore.
Elles-mêmes ne motivent guère leur avis. « Nous ne savons pas
toujours la raison de notre bon sens », dit l'une d'elles. On ne
peut mieux désigner et ce que les femmes ont et ce qui leur
manque (2).

____

(1) Analyse très fine et très délicate.
(2) C'est le développement de l'idée exprimée plus haut par Mme de Lambert, p. 63

Oui, ce qui leur manque. Nous avons assez relevé le prix de leurs avantages pour oser dire que tous ces dons d'instinct ont grand besoin de contre-poids. On commet une grande erreur si l'on s'imagine que les qualités différentes, et même en apparence opposées, se détruisent réciproquement. Ce sont leurs effets qui peuvent se balancer, et c'est fort heureux; les qualités restent entières, et on les dirige alors à son gré. Ainsi, quand nous avons désiré qu'on s'occupât plus sérieusement à cultiver les sentiments dans l'éducation des hommes, nous étions persuadée que les facultés intellectuelles y gagneraient. De même, en donnant à présent un conseil inverse, et en formant le vœu que la réflexion, le raisonnement soient encouragés, exigés même chez les femmes, nous avons la conviction que leurs aperçus n'en seraient pas moins rapides, et leur discernement moins fin. Comment des inspirations qui devancent la pensée seraient-elles jamais arrêtées par la marche lente de facultés qui demandent du temps pour s'exercer? Les femmes verront toujours vite et souvent juste; mais on peut désirer que leurs jugements soient confirmés par la réflexion avant d'être convertis en actes, en paroles même. Une partie de leur esprit doit s'accoutumer à attendre l'autre (1). L'habitude constante de comparer leurs premières idées avec leurs dernières, augmentera encore leur sagacité.

Quels effets salutaires ne produirait pas l'éminente faculté de divination accordée aux femmes, si leurs vues se portaient au delà du moment présent, si elles pénétraient les esprits divers, non pour partager leurs fluctuations éternelles, mais pour tirer parti de leurs dispositions passagères, afin de les diriger vers le bien ! Des principes fixes, élevés, réfléchis, joints aux dons naturels des femmes, peuvent seuls les amener à la hauteur de cette vocation d'institutrices qui paraît leur être adressée ici-bas. Quoi de mieux pour la remplir que leur instinct bien souvent heureux, si la raison l'accompagnait dans une proportion égale !

(1828) Mme Necker de Saussure, t. II, p. 271-276.

Le dix-neuvième siècle doit, selon nous, définir la femme : un être égal à l'homme, mais différent de l'homme.

(1852) E. Legouvé, p. 11.

---

(1) Pensée juste et fine, heureusement exprimée.

On ne laisse pas d'être embarrassé pour établir que les filles ont autant de droits et de capacité que les garçons. D'où vient cet embarras? Ce n'est pas de l'absence de preuves, c'est de leur multiplicité et de leur peu de nouveauté. Dans l'histoire, nous voyons toujours que les femmes sont traitées en inférieures par les sociétés à demi barbares; elles reprennent leur rang peu à peu, et arrivent à l'égalité quand la civilisation est complète. Cette égalité de droit entre l'homme et la femme, bien admise, bien reconnue, est le signe même d'une civilisation achevée. Mais il arrive à cette égalité, comme à l'égalité civile et à l'égalité politique, de se concilier très-bien avec beaucoup d'inégalités. Chez les peuples les plus polis et les plus raffinés, les femmes obéissent à leurs maris, dont elles sont les égales. En Angleterre, une sœur, qui est l'égale de son frère, n'a point de part à l'héritage paternel. Dans deux ou trois pays, elles héritent de la couronne; excepté la fonction de régner, qui a pourtant son importance, on ne leur confie nulle part aucune fonction politique.

Il est remarquable qu'elles exerçaient plusieurs sacerdoces chez les peuples de l'antiquité, qui les traitaient en créatures inférieures, et qu'elles n'en sauraient plus être revêtues depuis l'avènement du christianisme qui les a émancipées. Tout n'est pas bien réglé sans doute, même dans la société la mieux réglée; mais c'est surtout quand il s'agit des femmes et de leurs droits, qu'il faut bien se rappeler que l'égalité n'est pas l'identité. Ceux qui de temps en temps entreprennent si maladroitement de les faire hommes, les abaissent en croyant les élever; car si, comme femmes, elles sont nos égales, elles ne sauraient jamais être que des hommes très-inférieurs (1). L'égalité est un respect égal pour des besoins et des droits différents. L'homme et la femme ont entre eux beaucoup d'analogie et de dissemblance. En ce qu'ils ont de commun, ils sont égaux; en ce qu'ils ont de différent, ils ne sont point comparables. Cela est vrai des esprits comme des corps, et des facultés comme des droits.   (1865) Jules SIMON (2), p. 175-176.

On dit *petite fille*; je dirais plus volontiers *petite femme*, et j'ai mes raisons pour cela. La différence des deux sexes est, en effet, dans ce qu'elle a de plus général, accentuée dès les pre-

---

(1) Comparer la même idée dans Rousseau ; ci-dessus, p. 65-66.
(2) *L'École*, 6e édit. un vol. in-18. Paris, Hachette, 1865.

miers temps de la vie. La femme, en effet, n'est pas *femme*
seulement par les attributions fonctionnelles qui lui sont spéciales et qui concourent au grand œuvre de la perpétuation de
de l'espèce ; elle l'est par tout l'ensemble de son être, et
de son être intellectuel et moral au moins autant que de
son être physique. Qu'on fasse abstraction de sa sexua-
lité, la femme lui survit et je la trouve aussi complète, aussi
bien elle-même, aussi harmonieuse dans la petite fille que dans
la mère, et dans l'aïeule que dans celle-ci. Il n'y a pas un seul
trait de son organisation physique, une seule de ses formes,
une seule de ses manières de croire et de sentir, un seul caractère de son esprit, un seul mouvement de son cœur, qui ne
soient, si je puis m'exprimer ainsi, tout imprégnés de *féminisme*.
Eh bien ! l'observateur attentif trouve chez la petite fille,
inconsciente encore de la maternité qui l'attend et n'en ayant
d'ailleurs que les aptitudes ébauchées, une analyse toute faite,
qui sépare ce qui appartient à la mère de ce qui appartient à la
femme, et il peut l'interroger avec un fruit réel.

(1868) Le Dr FONSSAGRIVES (1), p. 2-3.

Il y a dans le désir d'échapper au cercle étroit que nous
avons tracé autour des femmes un sentiment dont il ne faut
pas méconnaître la grandeur. Les âmes aspirent à quelque
chose de meilleur ; de là, ce jet vers d'autres carrières, vers
d'autres horizons, vers d'autres droits. Le tort est de mettre
de bonnes intentions au service de chimères funestes...

L'égalité n'est pas l'identité ; la femme, égale de l'homme,
peut avoir une mission différente. Ceux qui oublient ce point,
ceux qui prétendent qu'en attribuant aux femmes un rôle politique on achèverait de les mettre à notre niveau, ceux-là ont
à prouver que la femme gagnera quelque chose à devenir un
homme, et, ne nous le dissimulons pas, un homme fort
incomplet.

La vieille tradition qui pèse encore sur les femmes et qui
rétrécit plus ou moins leur rôle dans toutes les classes, comme
dans tous les pays, n'est au fait qu'un principe vrai, faussé par
l'esprit mondain... La femme ne devant pas être un homme,
ce qui est vrai, on s'est hâté d'en conclure qu'elle ne devait
s'associer ni à l'instruction, ni aux travaux, ni aux intérêts de

---

(1) *L'éducation physique des jeunes filles, avis aux mères sur l'art de diriger leur santé et leur développement.* 3e édit. un vol. in-12. Paris, Delagrave, 1870.

l'homme, ce qui est faux. Le principe n'en reste pas moins debout, essentiel, fondamental, et toute réclamation qui y porte atteinte, peu ou beaucoup, introduit un élément de désordre dans l'âme, et de désorganisation dans la société.

Nul ne désire plus que nous l'élévation de tous les niveaux. Nous sympathisons avec le mouvement féminin lorsqu'il proteste contre l'abaissement et la dépendance systématique des femmes; seulement il importe d'établir une distinction entre les questions fort diverses que l'on confond dans le même programme. Nous tenons à ne pas rejeter le bien, nous tenons à ne pas accepter le mal. Droit à l'instruction, droit au travail, droit au vote, de ces trois articles nous pouvons accepter les deux premiers, à la condition de les maintenir en deçà de la limite où commence l'altération du caractère féminin et de la vie féminine; quant au troisième, il contient si clairement cette double atteinte que nous le rejetons net...

Les facultés sont égales, dit-on, et les parts ne le sont pas ! Ne parlez ni d'inégalité, ni d'injustice, mais de fonctions diverses dans l'unité de l'être humain.

Les capacités sont ici hors de cause. Nul assurément n'aura l'impertinence de supposer une infériorité intellectuelle des femmes. Quand elles ont écrit, elles n'ont été inférieures à qui que ce soit : Voyez Mme de Sévigné et tant d'autres; quand elle sont gouverné, elles n'ont été inférieures à qui que ce soit: Voyez nos régentes à partir de Blanche de Castille, (1) voyez la reine Elisabeth d'Angleterre; voyez les sœurs et les tantes de Charles-Quint, qui s'y entendait, et qui leur confiait les missions les plus délicates (2); quand elles dirigent les affaires domestiques, elles s'en tirent mieux que nous: voyez les femmes du commerce parisien (3); quand elles étudient, elles réussissent comme nous: voyez les jeunes filles de nos écoles, voyez les jeunes filles qui tiennent tête aux jeunes garçons des collèges et des universités d'Amérique ; rappelez-vous les femmes qui professaient lors de la Renaissance, rappelez-vous les femmes du xvie siècle, aussi cultivées que les hommes, sans rien perdre de leur charme. Si vous relisez l'histoire des martyrs, vous trouverez un type de chrétiennes dont la vigueur est

---

(1) Il y aurait quelques restrictions à faire, à propos de Marie de Médicis, par exemple, et d'Anne d'Autriche

(2) Marie d'Autriche, sœur de Charles-Quint, Gouvernante des Pays-Bas de 1551 à 1556 ; Marguerite d'Autriche, sa tante, également Gouvernante des Pays-Bas, des 1506 à 1530.

(3) Voilà précisément ce que Mme de Rémusat semble n'avoir pas vu (p. 68).

admirable; celles-là n'ont pas besoin d'un remaniement des lois pour marcher les égales des plus grands hommes. Et celles de la Réforme ! Austères, vaillantes, pleines de grâce et d'humilité, épouses et mères incomparables. Et celles des Dragonnades ! ces protestantes qu'on torturait dans les prisons du Dauphiné, qui vieillissaient dans la tour de Constance, qu'on persécutait à coups d'épingle dans les couvents, qui fuyaient à travers les montagnes, sacrifiant tout, famille, fortune, acceptant les amères douleurs de l'exil plutôt que de trahir la foi.

S'il y a chez les femmes une grande mobilité d'impressions, il y a souvent aussi chez elles une invincible persévérance; ce qu'elles ont commencé, elles l'achèvent. Le tempérament nerveux capable à un moment donné d'opérer une énergique concentration de force, celui qui fait les héros et les martyrs, celui qui fait les grands orateurs et les hommes de puissante impulsion, est précisément le tempérament féminin (1). Sa prépondérance ne serait pas sans danger dans la vie publique; mais il aurait ses côtés brillants que nous ne pouvons certes dédaigner.

Loin de nier les qualités de gouvernement chez les femmes, je pense qu'elles ont plus que nous le sens pratique. Les abstractions, les règles absolues, sont rarement leur fait; elles s'en tiennent, on le prétend, — bien que des exceptions très marquées démentent, dans les pays de la Bible surtout, (2) l'observation, — elles s'en tiennent à la réalité, à l'effet prochain. Si tout cela présente des inconvénients au point de vue des principes, la politique s'en arrangerait assez bien, trop bien peut-être. Chacun le remarque encore: cette femme sans cesse dérangée, dont l'existence est coupée en petits morceaux trouve une vive attention pour chaque détail, une décision nette pour chaque question, une solution claire pour chaque problème. C'est quelque chose, en matière de discussion ou de gouvernement, que cette promptitude tout intuitive, qui fait rencontrer sur-le-champ le parti à prendre ou la réplique à fournir.

Cela dit, et sans appuyer sur le caractère variable, facilement ému, volontiers imprudent, parfois pusillanime que pourrait

---

(1) Le tempérament nerveux n'est pas celui qui porte à la *persévérance invincible* ; il a là une sorte de contradiction. En général, les femmes manquent de l'esprit de persévérance, elles ont plutôt l'élan et le premier mouvement; Mmes de Rémusat et Necker de Saussure l'ont dit avec raison.

(2) L'auteur est protestant.

rovêtir une politique soumise a l'action directe des femmes ;
leurs capacités très-réelles, très-féminines et très-différentes des
nôtres, ne sauraient justifier la communauté des carrières. La
diversité des natures subsiste. Ceux qui la nient, ceux qui
attribuent cette diversité au fait d'une éducation spéciale n'ont
qu'à comparer le petit garçon et la petite fille en nourrice ; ni
l'un ni l'autre n'ont reçu l'empreinte d'une éducation particulière;
cependant les goûts, les instincts, les manières, tout se dessine
et tout se sépare (1).

Ce n'est pas l'incapacité des femmes qui est proclamée de la
sorte, c'est leur individualité qui n'est pas la nôtre, pas plus
que leur nature, pas plus que leur mission.

(1872) A. de GASPARIN, p. 20-23, 28-30.

II

La destination des femmes.

La première éducation regarde principalement la mère ; car
l'enfant se colle sans cesse à son sein et à son visage; et c'est
d'elle qu'il apprend à parler et à marcher. C'est pourquoi elle
devra elle-même le conduire et le porter aux églises, aux
diverses cérémonies, à ses entretiens, à ses entrevues avec les
dames de sa famille, afin que l'enfant apprenne à connaître et
à aimer ses parents et ses alliés, et qu'il puisse les distinguer
non seulement à leurs visages, mais même à leurs noms. Et
cependant elle ne doit l'introduire dans aucune maison où ne
règne pas une chaste et grave discipline; car de même que
l'air est sain qui vient des lieux salubres de toutes parts, de
même des mœurs, sous tous les rapports intègres et saintes,
devra s'insinuer dans l'esprit de l'enfant le souffle d'une bonne
discipline.   (1533) SADOLET (2), p. 106-107.

Au demeurant, pour bien former les mœurs et l'esprit d'une
jeune fille, il faut reconnoistre parfaitement le fond de son
âme et de sa capacité; il faut ajuster ses soins à sa constitution naturelle, et employer du temps autant qu'il en faut à
une occupation pour laquelle toute la vie est trop courte. Un

---

(1) Voir plus haut le Dr Foussagrives. p. 73-74.
(2) *Traité d'éducation du cardinal Sadolet, traduit pour la première fois par
P. Charpenne.* 1 vol. in-8° Paris, Plon, 1855. — Sadolet, né en 1477, mort en
1547; évêque de Carpentras. Son traité est dédié à Guillaume du Bellay.

ouvrage qui mérite l'éternité ne se fait pas en un moment.
Or est-il que les mères, ayant les mêmes humeurs et inclinations qu'on remarque dans les filles, connoissent parfaitement
leur naturel en se connoissant elles mêmes ; elles s'efforcent
de lever toutes les taches d'une glace qui doit les représenter...

A qui peut-on mieux attribuer l'instruction de l'honneste fille
qu'à l'industrie (1) de l'honneste femme? Ne composera-t-elle
pas les mœurs de celle dont elle a moulé le corps? Les pères
ne songent pas quelquefois à des objets qui devroient faire
tous leurs soins, et occuper toutes leurs pensées. Ils vivent
trop hors de la maison pour avoir l'œil sur des personnes
qui y demeurent presque toujours ; ils sont dans un si grand
embarras d'affaires qu'ils oublient leur famille pour se mieux
souvenir de leurs autres biens...

Mais une mère peut bien aisément avoir grand soin de sa
fille... Voyant son image et son trésor dans celle qu'elle a
produite, elle conserve l'un avecque soin et tasche de polir
l'autre. Elle prend garde que pour avoir soin du corps de sa
fille elle ne néglige pas son âme, et que les opérations de l'esprit
ne l'empêchent pas d'avoir un extérieur agréable. Elle lui commande d'estre dévote, mais elle lui défend d'estre superstitieuse ; elle l'occupe sans lui donner trop d'empressement, et
lui donne du relasche sans la laisser jamais dans l'oisiveté.
Comme elle lui permet de se resjouir, sans aller jusqu'à la
dissolution (2), elle la rend sérieuse sans tenir rien de l'austérité ou d'un dédain vicieux. Tant s'en faut que les mauvaises compagnies lui soient comme indifférentes, que les
bonnes mesmes ne lui sont pas familières. Pour estre plus
assurée en s'éloignant du péril, il faut qu'elle ait de la réserve
pour les choses qui ne sont pas dangereuses. En un mot, elle
est doublement l'ouvrage de l'honneste femme, et par sa naissance et par son instruction, elle est son image et son chef-
d'œuvre...

L'honneste femme encore agit plus sur l'esprit de l'honneste fille
par ses exemples que par ses enseignements. Tous les naturels
peuvent recevoir de bonnes et de mauvaises impressions, mais
ceux qui sont délicats en sont bien plus susceptibles. Ce qu'un
poëte a dit des jeunes hommes, que tout ainsi que la cire est
indifférente d'elle mesme à prendre toutes les formes que la
main lui peut donner, ils sont aussi capables de prendre d'hon-

---

(1) A l'expérience, au savoir faire.
(2) Ne signifie pas ici, dérèglement des mœurs, mais absence excessive de
sérieux.

nestes ou de vicieuses inclinations suivant la posture qu'on
leur donne, se peut dire à mon advis plus véritablement des
filles. Comme elles ont une plus grande tendresse de cœur, on
les fléchit avec moins de peine. Et comme les actions des autres
semblent aux esprits qui ne sont pas encore faits, de légi-
times règles des leurs, ils suivent souvent le mal parce qu'ils
croyent bien faire en faisant comme les autres... Que devons-
nous penser des excès de quelques femmes dissolües, qui ne
font pas seulement à leurs filles des leçons de vanité, mais
encore qui leur apprennent le vice?... Au contraire, quand
une femme est aussi sage que belle, et qu'une fille voyant les
actions de sa mère voit un miroir de perfection, on aperçoit
en une maison deux soleils au lieu d'un seul, la vertu
semble produire une autre vertu....

(1639) Grenaille, p. 86, 99-105.

Quels sont les emplois d'une femme? Elle est chargée (1)
de l'éducation de ses enfants; des garçons jusqu'à un certain
âge, des filles jusqu'à ce qu'elles se marient, ou se fassent
religieuses ; de la conduite des domestiques, de leurs mœurs,
de leur service : du détail de la dépense, des moyens de faire
tout avec économie et honorablement ; d'ordinaire même, de
faire les fermes et de recevoir les revenus.

(1683) Fénelon, p. 65.

De la bonne constitution des mères dépend d'abord celle des
enfants ; du soin des femmes dépend la première éducation des
hommes ; des femmes dépendent encore leurs mœurs, leurs
passions, leurs goûts, leurs plaisirs, leur bonheur même.
Ainsi toute l'éducation des femmes doit être relative aux
hommes (2). Leur plaire, leur être utile, se faire aimer et
honorer d'eux, les élever jeunes, les soigner grands, les conseiller, les consoler, leur rendre la vie agréable et douce, voilà
les devoirs des femmes dans tous les temps, et ce qu'on doit
leur apprendre dès leur enfance.

(1762) J.-J. Rousseau, p. 316.

(1) Idéal vrai, un peu étroit.

(2) On a beaucoup reproché à Rousseau cette définition de la destinée
féminine. Il a eu le tort de ne pas tenir compte dans la femme de l'individualité d'un être moral, intelligent et libre, dont la destinée est sans doute
étroitement associée à celle de l'homme, mais qui n'en a pas moins une destinée personnelle

Les femmes ne tiennent à la vie que par les liens du cœur....
Leur personnalité est toujours à deux, tandis que celle de
l'homme n'a que lui-même pour but. La plus belle des vertus,
le dévouement, est leur jouissance et leur destinée : nul bonheur ne peut exister pour elles que par le reflet de la gloire et
des prospérités d'un autre ; vivre hors de soi-même, soit par
les idées, soit par les sentiments, soit surtout par les vertus,
donne à l'âme un sentiment habituel d'élévation... La destinée
des femmes reste toujours la même, c'est leur âme seule qui
la fait, les circonstances politiques n'y influent en rien (1) ....

Or a raison d'exclure les femmes des affaires publiques et
civiles (2) ; rien n'est plus opposé à leur vocation naturelle que
tout ce qui leur donnerait des rapports de rivalité avec les
hommes, et la gloire elle-même ne saurait être pour une
femme qu'un deuil éclatant du bonheur.

(1810) Mme de STAËL (3), p. 27-28 ; 497.

L'homme doit être formé pour les institutions de son pays ;
la femme pour l'homme, tel qu'il est devenu... On doit regarder la qualité de *citoyen* comme le vrai mobile de l'existence
sociale de l'homme. La destinée d'une femme est à son tour
comprise dans ces deux titres non moins nobles, *épouse et
mère d'un citoyen.*

Tous les mérites des femmes sont en valeur, dès qu'elles
éprouvent de l'intérêt ; comme en général il leur manque la
force qui fait agir dans un but éloigné, ou pour un succès
douteux, il faut qu'un sentiment prédominant, qu'elles portent même facilement jusqu'à l'enthousiasme, leur procure
d'avance le prix dont elles ont besoin pour ne pas se décourager. Cette disposition de leur nature montre à quel point elles
sont faites pour la vie intérieure qui leur présente des occasions faciles et des récompenses prochaines. Créatures faibles
et toujours un peu agitées, ce qui dépend d'un avenir lointain,
ce qui ne peut réussir qu'à de grandes distances, effarouche
et désespère leur pressante imagination. Mais qu'on les place
là où elles deviendront le conseiller soumis de celui qui agit,

---

(1) Mme de Staël avait été enthousiaste de J.-J. Rousseau, dans sa première
jeunesse ; on voit ici que longtems après elle ne l'avait pas encore oublié. Elle
ne tient pas assez compte de l'action du milieu social ; mais ce qu'elle dit de
la vie de l'âme n'est pas faux. Mme de Rémusat développe une idée analogue dans l'extrait suivant : « Tous les mérites des femmes, etc.. ».

(2) Excessif, au moins en ce qui concerne les affaires civiles.

(3) *De l'Allemagne.* Nouvelle édition, 1 vol, in-18. Paris, Charpentier, 1840.)

on verra de quel développement et de quelle sagesse leur intelligence est capable. En un mot, pour que les femmes soient moralement utiles à la société, il faut qu'elles y trouvent une situation où leurs mouvements demeurent en proportion avec leurs forces.

D'un tel ordre ressortirait encore un avantage : c'est que toute évidence personnelle à la femme lui serait interdite. L'influence du conseil lui resterait seule ; elle est naturelle, et peut souvent être utile... Supposons la vie politique (1), une grande partie de jeu dont les règles auraient été déterminées d'avance, et dont le gain serait employé pour l'utilité du plus grand nombre ; eh bien, la femme n'y devrait jamais *tenir les cartes* ; sa place serait auprès du joueur pour l'avertir, lui montrer une chance inaperçue, partager son succès, le consoler surtout si la fortune lui manquait. Ainsi tout ce qu'elle aurait de bon serait occupé, tout ce qu'elle aurait de faible ne compromettrait aucun enjeu....

Serait-il si mal conçu, le plan d'éducation qui, sans nous déposséder de l'amour, nous assurerait les moyens de connaître et d'inspirer un sentiment moins orageux, naturel à tous les âges, honorable dans toutes les circonstances, parce qu'il s'appuierait sur un fondement moral, sur un dévouement que la vertu ne désavouerait pas ? Ce sentiment admet, il exige que les femmes ne soient pas tout à fait étrangères par l'esprit aux intérêts sérieux dont se compose l'existence d'un homme. Une épouse doit se complaire dans la conversation d'un mari occupé des affaires publiques. Elle peut avoir d'elle à lui un avis sur son opinion s'il est membre d'une assemblée, sur son livre s'il est écrivain, sur son vote s'il n'est que citoyen ; elle doit entrer dans ses projets relativement aux progrès de la science, de l'art ou du métier qu'il exerce. Éclairée et sensible, dévouée et prudente à la fois, presque toujours la raison s'applaudira de l'avoir consultée, et l'amour lui reportera une part du succès. Son affectueuse approbation affaiblira l'impression des jugements légers ou sévères, et devancera quelquefois aussi par l'enthousiasme, cette estime nécessaire que le plus juste n'obtient jamais des hommes aussitôt qu'il l'a méritée...

Une femme qui a su découvrir le secret des qualités ou des faiblesses de son mari, parviendra sans le blesser à l'avertir

____

(1) C'est-à-dire, supposons que la vie politique soit une grande partie...

5.

pour le bien de tous deux. Dans l'occasion, elle calmera son impétuosité, ou pressera son indolence ; s'il le faut, elle lui inspirera les vertus mêmes qui ne lui manquent qu'à cause d'elle ; elle saura par l'exemple le préserver du repentir, en consacrant d'avance par un généreux consentement le sacrifice d'une situation brillante dont la perte n'afflige souvent un mari que pour sa femme ou ses enfants. Un père, placé entre son devoir et le bien-être de sa famille, pourrait être tenté de transiger ; sa conscience et sa tendresse doivent être en repos, si l'amour maternel a accepté son sacrifice.

Mais, pour avoir ce droit, il faudra que la vie entière d'une femme ait répondu d'avance au souci d'une affection qui s'alarmait pour elle, que son jugement se soit montré habituellement sage, qu'elle ait su résister à des goûts dangereux, à l'entraînement de l'imagination ; que, par l'habitude de l'ordre, l'intelligence de l'économie, ayant prévu les privations fortuites, elle se soit montrée capable de réparer la perte de la fortune, de régler les réformes qui doivent la suivre. Je ne sais pas de spectacle plus touchant, qui découvre mieux ce qu'il y a de beau dans le cœur humain, que celui d'un citoyen placé entre le sentiment patriotique et les intérêts d'une famille digne d'être chérie : prêt à braver le malheur ou le danger, il hésite quelquefois, mais non à cause de lui. C'est alors que les paroles courageuses de sa compagne viendront terminer ses incertitudes. Ou le pouvoir de la vertu n'est qu'un rêve, ou dans un pareil moment elle donnera à deux êtres qui s'entendent des émotions si supérieures, si pénétrantes, qu'elle les placera dans une région où le malheur ne porte pas.

C'est ainsi qu'une femme peut avoir sans inconvénient sa part d'action dans les chances sérieuses de la vie sociale... On objectera peut-être que les intérêts dont je viens de composer la vie d'une femme, ne sauraient se rencontrer que rarement. Mais, outre que les nouveaux systèmes de gouvernement doivent multiplier, plus que nous n'en avons encore l'idée, les occasions favorables à ces intérêts, les femmes qu'un hasard particulier aurait appelées à donner de tels exemples attireraient sur tout leur sexe une considération dont les plus obscures ressentiraient l'influence. Et puis, quelle que soit la destinée de chacun, qu'un homme ait à vivre désormais ou dans la capitale ou dans le fond d'une province, s'il est capable d'une industrie, il faudra qu'il se persuade qu'il est de quelque chose pour son pays, qu'il contribue à l'association par les bénéfices qu'il en recueille et les charges qu'il en supporte, et sa compagne aura toujours des devoirs graves ou touchants à remplir.   (1824) Mme de RÉMUSAT, p. 24, 87, 89, 90-96.

Si la sujétion et la dépendance sont devenues notre état ordinaire, c'est qu'apparemment elles conviennent à notre nature. Je désirerais bien savoir autrement quel droit et quel moyen on aurait eus de nous y réduire ; et si c'est là notre état naturel, comment serait-il nécessaire pour nous y rendre propres de nous ôter la liberté de notre esprit et de nos sentiments, et de nous empêcher d'être ce que nous sommes ?

Je n'ai jamais d'ailleurs été frappée de ce grand asservissement des femmes dans les pays où on les élève pour autre chose que pour être les meubles d'un harem, ou la bête de somme d'un sauvage. Notre condition suit assez celle des hommes, et je n'ai guère entendu parler d'un pays où les femmes fussent esclaves et les hommes libres, les hommes heureux et les femmes maltraitées, où un homme fût en situation d'atteindre le développement d'esprit dont il est capable, et la femme obligée de renoncer au sien. La pensée d'asservir une autre intelligence n'arrive guère à l'intelligence qui connaît le prix de sa propre liberté et sent le besoin d'en user. Le droit d'examen en France a passé jusqu'à nous, et l'on y connaît peu de maris, je crois, qui refusassent d'entrer en discussion avec leur femme sur les volontés qu'ils lui imposent.

Qu'exigent donc de nous les nécessités de notre condition ? D'apprendre, en premier lieu, à nous accommoder de la compagnie d'un mari ; car, la compagnie acceptée, ce n'est pas de l'autorité que je m'inquiète beaucoup : l'autorité en une pareille union se fait beaucoup moins sentir que la présence. Des intérêts communs déterminent généralement des volontés semblables, ce n'est pas pour lui seul que le mari exigera une économie d'accord avec l'état de sa fortune, et sa femme est tout aussi intéressée que lui dans les précautions ou les partis qu'il croira devoir prendre pour l'avantage de ses enfants ou la tranquillité de son avenir. Pour agir de concert en pareil cas, il leur suffit de juger de même, et il me semble alors tout aussi utile pour une femme de savoir faire prévaloir sa raison que de la soumettre... Dans l'état ordinaire des choses, les grands intérêts du ménage se décident par une influence assez égale, ou mesurée du moins sur la force ou la faiblesse morale de chaque individu, et les détails de la vie se partagent en deux domaines, de part et d'autre rarement envahis. Le mari, d'ordinaire, n'est guère plus tenté de revoir les mémoires de la cuisinière ou des fournisseurs, que la femme de s'enquérir des affaires du palais... La femme n'apporte guère dans la communauté que ce que ses qualités personnelles peuvent donner de douceur et d'agrément dans la vie; l'homme y apporte son activité, sa capacité, ses travaux au dehors, son existence dans le monde. Quand il rentre chez lui, il a d'ordinaire payé la plus grande partie de son contingent, c'est à sa femme alors à fournir le sien.

Mais la complaisance nous est-elle donc si difficile qu'il faille nous y préparer par l'abnégation de notre nature ? Cette nature nous dispose à recevoir des impressions de tout. Une singulière susceptibilité d'organes nous met en communication perpétuelle avec ce qui nous entoure, donne à tout quelque prise sur nous. En nous est la dépendance, car en nous sont les besoins. Nous cherchons à complaire, parce que nous ne saurions nous passer d'être approuvées ; la vue d'un visage content nous est nécessaire pour respirer à l'aise, comme le soleil à l'oiseau pour chanter. Notre opinion se rangera volontiers du parti de notre affection, car notre jugement trouverait difficilement un point d'appui suffisant pour résister à la vivacité de nos sentiments...

Nulle position spéciale, pourvu qu'elle soit conforme à la morale et à l'ordre naturel des choses, ne peut exiger l'annihilation d'aucune de nos facultés. Nous sommes appelées à user de tout ce que nous sommes dans tout ce que nous faisons, et la situation qui nous défendrait l'usage de notre raison, de notre fermeté, l'attachement à certains principes, serait certainement fausse et répréhensible. Cela ne peut arriver à une femme, à moins que son mari ne se trouve être un malhonnête homme ; et, dans ce cas, il faudra bien qu'elle sache résister à ce qu'il voudra exiger d'elle. Mais quand il ne s'agira que de renoncer à des goûts, à des plaisirs, où même à quelque portion de bonheur, la raison, le caractère ne lui serviront qu'à céder sans souffrance comme sans faiblesse...

Il est, je crois, très peu de nos facultés actives qu'on ne puisse employer au service de la raison et du devoir, quel qu'il soit. Je ne prétends pas cependant que le développement de toutes soit également avantageux dans toutes les situations. Il faut choisir... Celles de nos aïeules les Gauloises qui faisaient tomber sur les Romains des poings *lourds comme des catapultes*,

avaient certainement cultivé par l'usage une sorte de mérite
dont je crois que mes filles peuvent fort bien se passer; et quoique persuadée qu'en les exerçant à lutter, à sauter, à nager, je
pourrais leur donner en ce genre une supériorité assez remarquable, je n'en suis pas tentée le moins du monde. De même,
parmi leurs facultés morales ou intellectuelles, il peut s'en trouver dont je ne m'attacherai pas à favoriser le développement : je
découvrirais en Sophie le plus beau germe des talents politiques,
ou des dispositions à l'éloquence de la tribune, qu'assurément
je ne travaillerais pas à les faire prospérer; et dans le nombre
des sentiments élevés que je puis lui inspirer, je ne choisirai
pas l'amour de la gloire. Je n'échaufferai pas non plus dans
l'âme tendre de Louise les sentiments qui pourraient produire
le dévouement à la passion ou l'héroïsme de l'amour. Je ne
m'attacherai même pas à exciter le plus grand développement
des facultés les mieux assorties à leur destination en ce
monde, avec cette ardeur que je mettrais certainement à former les talents d'un fils. Je crois que, sans rien comprimer,
il est bon de garder dans l'éducation des femmes une certaine
modération, et de ne pas se laisser aller à l'ambition d'élever
en elles une de ces puissances prédominantes qui maîtrisent
toute la destinée. Qu'un homme cultive une faculté aux dé-
pens de toutes les autres, elle peut le conduire à la gloire, ou
même dans un degré inférieur à la fortune ; elle aurait surtout, pour une femme, le danger de l'écarter des routes du
bonheur. Il est sans doute des dispositions pour lesquelles ou
contre lesquelles l'éducation ne peut rien. Rien probablement
n'eût pu empêcher Sapho de faire des vers et Mme de Staël
d'écrire en belle prose. Un grand talent marque à celui qui en
est possédé une destinée particulière à laquelle il serait vain
de vouloir le dérober, qu'il n'est pas permis de chercher à lui
ravir. Mais cette tyrannie du talent est pour nous singulièrement
rare; et les facultés d'une femme même distinguée peuvent
être, je crois, maintenues sans peine dans un parfait équilibre, dont l'effet ne sera point de la réduire à une médiocrité
que ne commanderait pas la nature, mais d'empêcher que les
supériorités naturelles dont elle peut se trouver douées ne
prennent une trop grande place dans sa vie. Je ne crois pas,
quand je le pourrais, que je voulússe donner à mes filles, en
aucun genre, un talent d'artiste, et placer ainsi dans leur vie
un intérêt capable de les absorber et de nuire à d'autres occupations plus propres à y mettre l'ordre et le bonheur. La culture de l'esprit est sans doute infiniment favorable à l'un et à

l'autre ; cependant je ne m'appliquerais pas volontiers à exciter même la passion de l'étude : à moins pourtant qu'il ne m'arrivât de penser que ces sortes de passions, chez les jeunes filles, ne sont jamais qu'en attendant mieux, et qu'après y avoir fait tout ce que nous savons, notre dernier soin pour l'éducation des nôtres doit être de leur chercher un maître plus habile que nous à la perfectionner. Aimer est bien certainement ce que nous savons le mieux faire ; qu'on commence par nous l'apprendre, et le reste ne sera pas difficile.

(1826) Mme Guizot (1), t. I, p. 332-343.

La femme a une destination propre dans l'ordre naturel aussi bien que dans l'ordre social, destination déterminée en elle par son organisation, conséquemment par la nature des fonctions qu'elle a à remplir dans le cours de sa vie, et par la place qu'elle occupe dans la société domestique et civile. Tout ceci n'est point arbitraire, ni un résultat de la suprématie protectrice que la force corporelle et intellectuelle de l'homme lui donne naturellement et par les lois sur la femme, c'est un résultat nécessaire de sa nature, aussi bien qu'une loi impérieuse du bon sens. Naturellement faible, presque continuellement obligée de veiller sur elle-même pour se maintenir en santé, plus faite pour sentir que pour imaginer, pour surveiller que pour entreprendre, plus propre à conserver qu'à créer, à la vie sédentaire qu'aux grands mouvements, au courage de patience et à l'héroïsme de constance et de résignation qu'aux entreprises hardies et périlleuses, la destination de la femme est ainsi toute casanière, et ses devoirs sont tous de l'intérieur de la maison. Aussi la nature l'a douée des qualités propres au rôle qu'elle lui imposait ; mais, comme l'homme, elle a ses droits personnels, et de ses droits découlent des devoirs qui lui sont également personnels : ces devoirs ne sont autres que les fonctions qu'elle a à remplir dans le cours de sa vie, et que l'âge, selon sa qualité de fille, d'épouse ou de mère, détermine seul pendant son existence.

(1825) Bonnin, p. 10-11.

Jeunes ou vieilles, les femmes ne voient jamais un maillot sans ressentir une émotion que les hommes ne peuvent connaître.
(1828) Mme Campan, p. 23.

---

(1) *Éducation domestique ou lettres de famille sur l'éducation*, 2 vol. in-12, 6e édit. 1881.

Quel est le rôle particulier des femmes dans ce monde ? Selon nous, elles sont appelées à perfectionner la vie privée dans les limites imposées par la loi de Dieu. Ceci s'applique à tous les états. Pauvres ou riches, mariées ou libres, les femmes ont de l'influence sur la vie privée, le bonheur des familles dépend d'elles en grande partie ; nous disons la vie privée par opposition à la vie *politique*, aux fonctions publiques ; car nous n'entendons nullement que l'action des femmes doive se renfermer dans l'enceinte de leur domicile, nous les croyons au contraire destinées à produire un bien fort étendu ; mais toujours leur influence est du même genre. C'est aux âmes considérées séparément qu'elles s'adressent ; leurs conseils regardent l'individu et les relations qu'il soutient avec ses proches. Sans rapport direct avec le public, elles sont libres aussi de tout engagement à l'égard des masses. Leur sort est toujours de n'être soumises ici-bas qu'à un chef unique : leur père ou leur époux, voilà leur maître ; ainsi l'ont voulu leurs affections et la société.

Cette vocation est belle néanmoins. Perfectionner la vie privée, l'animer, l'embellir, la sanctifier, c'est là une grande et noble carrière. Les femmes, selon nous, sont institutrices-nées, car, tandis qu'elles ont immédiatement entre leurs mains la moralité des enfants, ces futurs souverains de la terre, l'exemple qu'elles peuvent donner, le charme qu'elles peuvent répandre sur la destinée des autres âges, leur fournissent des moyens d'amélioration de tous les moments. Sous le toit domestique se forment ces opinions et ces mœurs qui soutiennent les institutions ou qui en préparent la chute. Tout ce qui, dans l'organisation politique, ne se fonde pas sur les vrais intérêts de la famille, dépérit bientôt ou ne produit que du mal. Et comme ces intérêts sont pour la plupart confiés aux femmes ; comme il le sont d'autant plus que l'attention des hommes s'est portée ailleurs ; comme dans l'ordre matériel c'est aux femmes que sont dévolus les soins de la santé et les soins de la conservation des fortunes, et que dans l'ordre spirituel, ce sont elles qui communiquent et raniment les sentiments, vie de l'âme, mobiles éternels des actions, il leur est assigné un rôle obscur peut-être, mais immense dans les vicissitudes de la destinée qui se déploient sous nos yeux.

Il y a donc action et réaction continuelle entre la vie publique et la vie privée, et de là peut résulter un double avantage dans la civilisation : car tandis que le mouvement du dehors fait sans cesse pénétrer de nouvelles lumières au sein des familles, ces familles peuvent offrir l'exemple d'une ordonnance plus parfaite, moins sujette à être troublée par le vice sous toutes les formes, en sorte qu'une administration domestique généralement mieux entendue verserait par mille canaux un élément plus pur dans la société. La femme qui remplira le mieux sa destination sera celle qui exercera l'influence la plus heureuse dans la sphère d'activité que les circonstances lui ont assignée.

Les mères qui donneraient pour motif à l'instruction de leurs filles l'espoir d'instruire elles-mêmes un jour de pauvres enfants, feraient mouvoir un puissant levier, qu'autrement il ne leur est guère possible de mettre en jeu. Le métier d'institutrice est fait pour les femmes ; et sans l'immense inconvénient d'exciter une attente qu'on n'est pas certain de pouvoir remplir, ce serait en élevant les jeunes filles pour être mères qu'on réussirait le mieux à former leur caractère et leur esprit. La moralité, l'intelligence, la sensibilité, toutes les facultés se développeraient sous les auspices de cette espérance. Mais qui oserait braver le chagrin affreux que cause le sentiment d'une destination manquée? ce chagrin qui chez les femmes mariées privées d'enfants est porté souvent à un excès déplorable. Ce serait donc une découverte heureuse que celle qui permettrait de proposer la carrière d'institutrice aux jeunes filles, sans leur présenter trop directement l'idée de maternité.

(1828) Mme NECKER de SAUSSURE, t. II, p. 263-264, 302.

Les femmes ne sont ni guerriers, ni magistrats, ni législateurs; elles sont épouses et mères, elles sont ce que le Créateur a voulu qu'elles fussent. C'est une moitié entière du genre humain échappée par sa faiblesse même aux corruptions de nos puissances et de nos gloires. Oh! qu'elles cessent de regretter leur part dans ces passions fatales! qu'elles nous laissent la tribune, la législation, les armées, la guerre : si elles partageaient nos fureurs, qui donc ici-bas pourrait les adoucir? Voilà leur influence, voilà leur royauté. Comme elles portent dans leur sein les passions à venir, elles portent dans leur âme les destinées de ces nations. Qu'elles fassent entendre sur toute la terre les mêmes paroles d'humanité et de liberté; qu'elles y fassent naître un seul sentiment d'amour de Dieu et des hommes, et leurs destinées seront accomplies. Il faut des armées pour conquérir le monde; il ne faut qu'un sentiment moral pour le civiliser et le sauver....

Pour bien entendre la science de l'âme, il faut en étudier l'alphabet près d'un berceau : qui n'en a pas le commencement ne saurait en deviner la fin.

Hâtez-vous donc d'interroger les mères de famille : elles vous diront comment, à six mois, l'enfant commence à vivre en dehors, comme il voit, il juge, il jouit ; comment un visage riant lui donne de la joie ; comment un visage sévère l'effraye et l'assombrit. Son intelligence est encore muette que déjà son âme sympathise avec la nôtre. Ses impressions répondent aux impressions, et forment une langue touchante dont peu d'hommes ont le secret.

Bien plus, pendant que les animaux restent dans le cercle étroit des intérêts matériels, l'enfant s'affectionne à des objets qu'il admire. Il ne connaît point ce qui peut lui être utile et déjà il s'attache à ce qui lui est agréable. Avant l'intérêt matériel, les plaisirs de l'imagination ; avant les révélations de l'intelligence, les sympathies de l'amour ; avant les merveilles de la parole, les relations mystérieuses de l'âme qui reçoit et communique la pensée. Il y a dans cette marche quelque chose de supérieur. Du fond de la vie sensitive l'âme s'échappe par éclairs, et dans un enfant qui s'ignore nous révèle le futur contemplateur du beau, le méditateur de l'infini.

Voilà les premiers faits qui signalent l'apparition de l'âme ; mais il en est un plus décisif et plus vif : c'est l'apparition de la conscience. L'enfant ne connaît pas le devoir que déjà il s'irrite contre l'injustice. C'est sa première émotion forte. Vous l'avez puni injustement, il s'irrite, il pleure ; il se passe en lui quelque chose de sublime. un soulèvement général contre l'injuste, qui se manifeste au dehors par la colère ou la douleur. Dès lors la ligne de démarcation est tirée ; l'être spirituel se sépare de l'être animal : un sentiment inconnu du reste de la création le fait homme.

Plus tard l'enfant, blessé dans sa conscience en appelle a Dieu (1) du jugement des hommes. Ah! si vous pouviez lire dans cette âme oppressée ! si vous pouviez comprendre ses élans vers le ciel ! elle y aspire comme au jour de la justice... L'apparition du sentiment moral et de la conscience est le grand événement de l'histoire de l'homme.

---

(1) Il y a un peu d'exagération poétique dans cette manière de présenter l'éveil de la conscience morale chez le petit enfant, mais on ne peut nier que l'idée du bien moral ne soit inhérente à la nature humaine ; l'éducation la développe et la dirige, elle ne la crée pas. V. Hugo va bien plus loin qu'Aimé Martin dans le même sens ; on lit dans un de ses ouvrages

En effet, suivant que vous développerez (1) plus ou moins ces deux facultés, votre enfant sera plus ou moins libre, plus ou moins heureux; ses vertus tiennent à ce premier essai de votre puissance. Vous avez entre les mains le mobile moral de l'humanité, deux facultés qui révèlent l'homme, deux facultés qui conduisent à Dieu; mais aussi deux facultés d'une délicatesse exquise, toujours prêtes à s'exalter, et, comme une cire molle, recevant et conservant toutes les empreintes. Si vous les blessez, plus d'amour du prochain; si vous les étouffez, plus de vie morale; si vous les trompez, plus de repos, plus de liberté, plus de vérité. Les inspirations maternelles peuvent donner le vice ou la vertu, comme la parole de Dieu donne la vie.

Un tel pouvoir mérite qu'on s'y arrête et qu'on le médite. En s'exerçant sur l'enfance, il réagit sur la mère, il ennoblit ses premiers offices, il change jusqu'à la nature de sa tendresse. Avant de réfléchir sur ces vérités, sa prévoyance inquiète veillait sur son enfant, elle l'environnait de soins et de caresses; c'était son sang, sa vie, un être aimant et souffrant; maintenant c'est une conscience qui lui parle, c'est une âme qui lui répond...

Pour changer les destinées du monde, pour réunir les familles, pour ressouder les nations, pour renouveler toutes les législations, que faut-il? Il faut qu'une génération entière nous arrive avec l'intelligence de ces vérités; il faut qu'un grand peuple les reçoive sur son berceau.

O femmes! Si vous pouviez seulement entrevoir quelques-unes des merveilles promises à l'influence maternelle, avec quel noble orgueil vous entreriez dans cette carrière que la nature vous ouvre généreusement depuis tant de siècles. Ce qui n'est au pouvoir d'aucun monarque, d'aucune nation, il vous suffit de le vouloir pour l'exécuter. Seules sur la terre, vous disposez de la génération qui vient de naître, et seules vous pouvez en réunir les membres dispersés et leur imprimer le même mouvement. Ce que je n'ai pu mettre que sur ce froid papier, vous pouvez le graver dans le cœur de tout un peuple.

(*Quatre-vingt-treize*, 3° partie, liv. III, p. 375) ces lignes, auxquelles on ne saurait refuser une intention philosophique : « Le bégaiement de l'âme humaine sur les lèvres de l'enfance, ce chuchotement confus d'une pensée qui n'est encore qu'un instinct contient on ne sait quel appel inconscient à la justice éternelle; peut-être est-ce une protestation sur le seuil avant d'entrer; protestation humble et poignante; cette ignorance souriant à l'infini compromet toute la création dans le sort qui sera fait à l'être faible et désarmé.... »

(1) L'auteur s'adresse aux mères.

Je vous offre une faible image de la vérité, et la vérité elle-même vous pouvez la léguer au monde. Oh! lorsque, dans nos promenades et dans nos jardins publics, je vois accourir de toutes parts cette foule bruyante de petits enfants qui se livrent aux jeux de leur âge, mon cœur tressaille de joie en songeant qu'ils vous appartiennent encore. Que chacune de vous tressaille seulement au bonheur de son enfant ; dans chaque bonheur particulier, Dieu a placé la promesse du bonheur général. Jeunes filles, jeunes épouses, tendres mères, le sceptre vous appartient, c'est dans votre âme bien plus que dans les lois du législateur que reposent aujourd'hui l'avenir de l'Europe et les destinées du genre humain.

(1834) Aimé MARTIN (1), p. 116-117, 200-202, 476-477.

La vieille fille est souvent restée fille par confiance en une promesse qui l'a trompée, par fidélité à un amour qu'a suivi l'oubli, ou par dévouement pour ses parents; son isolement nous représente une vertu ou un malheur. Quelquefois aigre, parce qu'elle est aigrie; prude, parce qu'on se fait un jeu de sa pudeur, elle rachète en plus d'une circonstance ces défauts, qui sont ceux de sa position, par mille preuves de dévouement et d'affection. Il faut une famille à son cœur : orpheline, elle s'attache à ses grands-parents; privée d'ascendants, elle cherche quelque sœur, quelque jeune parente à aimer, et dans cette famille qu'elle a choisie, elle prend un rôle qui tient de l'aïeule et de la gouvernante, et que les Allemands ont exprimé par un mot charmant, le rôle de *tante berceuse*. La vieille fille se charge de ce que personne ne veut faire; seule assez patiente pour apprendre aux enfants leurs lettres et leurs notes de musique, elle les habille, les conduit à la promenade, les garde à la maison, et sa mémoire a toujours dans quelque case un conte qui les amuse, comme son tiroir une friandise qui les attire. Dans son besoin d'aimer et dans son indigence d'objets d'affection, elle s'attache aux animaux domestiques, aux fleurs, aux petits pauvres du village qu'elle instruit, aux orphelins qu'elle habille; elle se sent la mère de ceux qui n'en ont pas.   (1852) E. LEGOUVÉ, p. 21.

J'ai vu cent fois, dans le cours de ma vie, des hommes faibles montrer de véritables vertus publiques parce qu'il

(1) *De l'éducation des mères de famille, ou de la civilisation du genre humain par les femmes.* Nouvelle édit. 1 vol. in-18. Paris, Charpentier, 1850.

s'était rencontré à côté d'eux une femme qui les avait soutenus dans cette voie, non en leur conseillant tels ou tels actes en particulier, mais en exerçant une influence fortifiante sur la manière dont ils devaient considérer en général le devoir ou même l'ambition. Bien plus souvent encore, il faut l'avouer, j'ai vu le travail intérieur et domestique qui transformait peu à peu un homme auquel la nature avait donné de la générosité, du désintéressement et de la grandeur, en un ambitieux lâche, vulgaire et égoïste, qui, dans les affaires de son pays, finissait par ne plus envisager que les moyens de rendre sa condition particulière commode et aisée. Et comment cela arrivait-il ? Par le contact journalier d'une femme honnête, épouse fidèle, bonne mère de famille, mais chez laquelle la grande notion du devoir en matière politique, dans son sens le plus énergique et le plus élevé, avait toujours été, je ne dirai pas combattue, mais ignorée.

(1861) A. de TOCQUEVILLE (1).

La mère est dans la famille comme la source vive de la morale. Elle est l'institutrice dont les leçons ne s'oublient plus, même quand la mort a fermé la bouche qui les donnait. C'est elle qui enseigne la tendresse sans en parler, en la prodiguant; elle aussi qui enseigne le devoir. Avant même que l'enfant sache bégayer, elle lui donne les premières leçons de l'honneur; elle l'y destine, elle l'y prépare. Elle lui inspire l'horreur de la lâcheté et de l'injustice. Elle développe dans sa jeune âme tout ce que la nature humaine peut porter de généreux instincts. Dans ces conversations pour nous inintelligibles qu'elle ne cesse d'avoir avec lui, elle jette à profusion les préjugés, les ignorances, les niaiseries, les folies, et au milieu de tout, les grands préceptes humains, que l'humanité transmet par toutes les mères à tous les enfants au berceau. Il aura beau grandir; elle reste la dépositaire de ses secrets, elle est sa conscience visible. Les pleurs mêmes qu'elle verse sur lui au jour du péril sont fortifiants, car il sent qu'elle l'aimerait mieux mort que déshonoré. Voilà la mère.

(1865) Jules SIMON, p. 204.

---

(1) Œuvres et correspondance inédites. Paris, 1861.

Je vais dire un lieu commun, mais un lieu commun qu'on ne saurait trop répéter : les femmes ont reçu de Dieu une mission de charité dans l'accomplissement de laquelle nul ne les égalera.

Voici des malades, des pauvres, des tristes ; voici des âmes corrompues et des familles que le vice entoure ; voici des enfants abandonnés. d'autres élevés indignement ; quel royaume pour la charité féminine !

Certes elles méconnaissent leur véritable grandeur, les femmes qui cherchent ailleurs le progrès à réaliser. Elles veulent faire un pas décisif ; la charité le mot devant elles. Cette émancipation ne coûtera rien à leur caractère, à leur devoir ; la femme charitable est plus femme, plus épouse, plus mère que jamais ; l'humilité l'accompagne, le respect l'environne, son influence devient, dans le sens le meilleur du mot, de l'autorité ; toutefois, ce n'est pas ce qui la séduit, Dieu a mis en elle quelque chose de plus excellent : l'abnégation, le besoin de se dévouer, de se donner par pitié et par générosité.

L'exercice d'un tel privilège se passe parfaitement du droit de vote. Sur ce terrain la femme est supérieure à l'homme ; non que l'homme n'y rencontre aussi le devoir ; malheur à lui, s'il désertait son poste ! mais la femme seule peut dire certains mots, témoigner certaines sympathies, provoquer certaines confidences. Riche ou pauvre, peu importe, elle a le secret des consolations ; les mains affaiblies se tendent vers elle. Quand la femme est bien femme, elle éprouve pour les malheureux des attendrissements que nos âmes plus dures ne connaissent pas ; elle soulage en réalité ceux qui souffrent parce qu'elle pleure véritablement avec ceux qui pleurent ; c'est ainsi que l'on touche les cœurs, que l'on gagne la confiance, que l'on prie de manière à être exaucé.... Je ne sais que les femmes pour résoudre les difficultés de la charité pratique, pour vaincre ces dégoûts qui sans elles menaceraient de nous arrêter au début. Nous autres hommes le découragement nous prend vite.   A. de GASPARIN, p. 66-67.

TROISIÈME PARTIE

L'ÉDUCATION PHYSIQUE

Les bases de l'éducation, ainsi que son but, étant déterminés, il s'agit de développer dans le même sens le corps, l'esprit, le cœur et le caractère; en d'autres termes, d'appliquer les principes posés à l'éducation physique, à l'éducation intellectuelle et à l'éducation morale des femmes.

Nous rangerons les extraits relatifs à l'éducation physique sous les titres suivants :

1° La propreté;

2° La nourriture;

3° La nécessité de l'activité physique.

I

La propreté.

La propreté la plus recherchée, la liberté des membres, la régularité la plus ponctuelle pour les heures de sommeil et des repas, sont la base de la santé des enfants. Il faut rejeter parmi les préjugés de village l'idée qu'il peut exister des malpropretés salutaires. Nettoyez la tête de l'enfant dès qu'il vient au monde, mais n'employez jamais de répercussifs pour obtenir cette propreté...

L'usage de bains journaliers est très-utile au développement du premier âge, mais, dans notre climat, il faut commencer par les donner d'eau tiède, et par degré on amène les enfants à les supporter presque froids: ils y puisent une grande force.

(1828) Mme CAMPAN, t. I, p. 29, 31.

Les petites filles ont peut-être une impression frigorifique moindre que les petits garçons : c'est un fait d'observation, et cette prérogative les accompagne quand elles seront femmes. Qui ne sait la facilité extrême avec laquelle les personnes du sexe se plient aux pratiques rigoureuses de l'hydrothérapie?..

Les pratiques de l'hydrothérapie, en même temps qu'elles émoussent la sensibilité frigorifique, ont pour résultat d'exciter fortement les fonctions de réparation plastique ; elles augmentent l'appétit et les aptitudes digestives ; elles harmonisent la circulation : d'où la disparition de ces congestions mobiles qui se portent d'un organe à l'autre et mettent si habituellement la santé des femmes dans un état d'équilibre instable. Elles harmonisent l'action nerveuse et préviennent le développement des spasmes ; elles harmonisent la chaleur organique et combattent cette sensation de froid aux pieds si pénible et si persistante chez les jeunes filles, et qui, chez elles, est cause et effet en même temps des congestions qui s'établissent si aisément vers les organes supérieurs.

(1868) Le Dr Fonssagrives, p. 70-71.

II

La nourriture.

L'enfant étant né, le père doit veiller a ce qu'il soit allaité par la mère, tant à cause des liens du sang, que de la vive affection qui en est le résultat ; car plus elle souffre en commençant, plus, quand la chose est faite, elle l'aime. Mais si, par quelque accident, on a besoin d'une nourrice, il faut n'en prendre qu'une qui soit de mœurs chastes et prévoyante par caractère. Car, de même que nous voyons non seulement notre corps, mais encore notre esprit subir l'influence de la nourriture que nous prenons chaque jour, de même le lait puisé à un corps que gouverne un esprit modéré, apporte dans le naturel de l'enfant les qualités mêmes de cet esprit.

(1533) Sadolet, p. 103-104.

Qui doit jouir, si ce n'est toi (1), du premier sourire de ton enfant, de ses premiers mots, du premier murmure de sa voix balbutiante ? Est-tu assez insensée pour laisser ce bonheur à une nourrice étrangère ? Et penses-tu qu'il faille payer si cher le soin de conserver intacte la fleur de ta beauté ?

(1587) Scévole de Sainte-Marthe (2).

---

(1) L'auteur s'adresse à la mère.

Éducation des enfants, poème latin publié en 1587, in-8°.

L'extrême délicatesse des organes de l'enfant lui rend agréables au goût les aliments qui paraissent insipides aux grandes personnes. Si l'on faisait attention à cet ordre de la nature, on verrait qu'il indique un régime simple comme le plus sain et le plus agréable. (1801) Élisabeth HAMILTON, t. I, p. 240.

Les enfants mangent beaucoup : il ne faut ni réprimer ni exciter leur appétit. Si dans l'intervalle des repas ils demandent à manger, on ne doit leur donner que du pain.
(1828) Mme CAMPAN, t. I, p. 39.

Une nourriture simple, substantielle, et d'une digestion à la fois facile et forte... rien d'épicé, de salé, de délicat ou de recherché... rien qui agisse sur le système nerveux, qu'il est toujours dangereux d'exciter dans les enfants et pendant la jeunesse, et surtout chez les jeunes filles. C'est ainsi qu'on ôte à l'estomac cette virginité des systèmes organiques si précieuse au développement des organes et à leurs fonctions, qui influe tant sur le tempérament dans tout le cours de la vie, et qu'en développant l'irritabilité dans le système nerveux tout en affaiblissant le système musculaire, on prépare et provoque les plus grands désordre dans la vie animale et dans la vie morale.

Ainsi il est une haute considération morale qui se rattache à ces raisons d'hygiène, c'est que la nature de nos aliments et de nos boissons non seulement modifie notre tempérament primiif, mais ils agissent au point de déterminer nos penchants, nos goûts, nos habitudes...

Tout se tient ici comme en tous les phénomènes naturels, et c'est pour cela qu'il y a homogénéité dans le mal ainsi qu'harmonie dans le bien. C'est notre ignorance ou notre inattention qui nous empêche de reconnaître la loi générale de la sympathie dans les faits moraux qui naissent des faits physiques, ou ce sont nos passions qui nous font rejeter les propriétés de cette loi universelle de la nature. Combien de désordres moraux dans la société proviennent d'un sang échauffé dès l'enfance, d'humeurs âcres qui ont vicié la constitution physique, d'appétits et de penchants déterminés, de passions allumées par le régime alimentaire ! De là ces goûts et ces habitudes qui influent si puissamment sur le reste de la vie, ces caractères durs ou énervés, sombres, sauvages ou débonnaires, indomp-

tables ou apathiques, qu'on voit si. communément... C'est le
régime alimentaire qui, outre le développement des forces et
de la croissance, procure cette fraîcheur, coloris si admirable
dans l'enfance et la jeunesse, qui en est la fleur et qui brille
avec plus d'éclat dans les filles que dans les garçons , et c'est ce
régime qui facilite l'éducation morale.

(1825) BONNIN, p. 128-132.

III

La nécessité de l'activité physique.

Pour le corps, il n'y a guère d'exercices qui leur (1) conviennent que de marcher; mais tous les préceptes de santé que j'ai
donnés leur conviennent, et ce-sont elles qui en ont le plus
besoin, puisqu'elles sont les plus sujettes à se flatter en cette
matière, et à se faire honneur de leurs maladies et de leurs faiblesses. La santé et la vigueur des femmes est importante à
tout le monde, puisqu'elles sont les mères des garçons aussi
bien que des filles. (1686) FLEURY, p. 341.

Elles (2) ne devraient pas être un moment assises (en ré
création); il est bon de sauter, danser, courir, jouer aux barres,
aux quilles et autres jeux d'exercice; cela les fait croître (3).

Il faut bien qu'elles jouent, et qu'elles se divertissent à tous
les jeux d'usage parmi les enfants : mais l'on ne doit permettre
à la classe que des jeux paisibles, et réserver pour le jardin
tous les jeux de mouvement, ceux où il faut sauter, courir, etc.
et ne jamais souffrir qu'elles se pressent, se poussent, se tirail-
lent, qu'elles se jettent par terre, qu'elles jouent à des jeux de
mains, qu'elles marchent et sautent sur les bancs et sur les
tables, et encore moins sur des tabourets, qu'elles se fassent
porter, qu'elles se traînent dans une chaise, qu'elles se coiffent
de leur ouvrage, et d'autres jeux semblables qui causent une
grande ruine.

(1702) Mᵐᵉ da MAINTENON, T. I, p. 394; t. II, p. 259.

---

(1) Aux femmes,
(2) Les demoiselles de Saint-Cyr
(3) Grandir.

Le meilleur moyen, pour donner à un enfant l'usage graduel de ses membres, est de le coucher souvent sur un tapis, ou sur du gazon ; là, il commence par se tourner de lui-même, bientôt il s'exerce à marcher comme les petits quadrupèdes ; plus tard, il se soulève, s'appuie sur quelques objets, et vient ensuite à faire quelques pas sans autre secours que les mains de sa mère.   (1828) Mᵐᵉ CAMPAN, t. I, p. 30.

Nous ne voulons pas former des Clorindes, de fières amazones, non, assurément ; mais l'extrême opposé, dans lequel les femmes de nos jours sont tombées, prouve que la race féminine a dégénéré. C'est de quoi on se plaint partout, en Angleterre, en Suisse, et en Amérique même plus qu'ailleurs. Les victimes de la maternité se multiplient ; des veufs, jeunes encore, attristent souvent nos regards ; les médecins ne conseillent plus l'allaitement aux mères, tant elles-mêmes et leurs nourrissons resteraient faibles. De nombreux établissements orthopédiques, tristes et incertains correctifs d'une éducation défectueuse, en attestent les funestes suites. Comment se fait-il que dans un siècle où les sciences médicales ont fait d'étonnants progrès, l'hygiène soit si retardée à l'égard des femmes, de cette moitié du genre humain de qui dépend surtout la santé de l'espèce entière ? A elle sera due l'existence d'une génération saine, active, vigoureuse, ou molle, vacillante, énervée, soumise à l'empire de nerfs trop mobiles, comme les femmes les ont si souvent.

Dans les villes surtout, l'inaction, l'immobilité physiques ont des effets bien déplorables ; on croit avoir beaucoup fait quand on mène les jeunes filles à la promenade, si le temps est beau. Mais quel essor, je le demande, peut leur donner une marche compassée où il est de rigueur de se tenir bien droite, de veiller sur sa contenance, sur ses vêtements, de parler très-bas ? A peine la circulation du sang est-elle accélérée pour répandre dans les membres quelque chaleur. Les muscles des bras, des épaules, des reins, restent inactifs ; ces muscles si nécessaires qui unissent les os ensemble et les empêchent de fléchir, qui contiennent par leur jeu l'épine dorsale et la maintiennent dans une bonne position, ces muscles ne prennent aucune force ; l'épine, restée molle et flexible, succombe sous le poids de la tête et des bras, et se courbe bientôt dans l'endroit le plus faible...

Nous ne saurions trop exhorter les parents à destiner au

moins une heure et demie de chaque journée aux moyens de
développer les forces physiques des jeunes filles. La moitié de
ce temps serait employée à des exercices réguliers, tels que la
gymnastique ou la danse, arts qui apprendraient à exécuter
des mouvements plus variés ou plus gracieux que ceux auxquels on se livre de soi-même; l'autre moitié se passerait en
plein air, autant que possible, et serait employée à divers jeux,
à sauter à la corde, à lancer des ballons, à porter de légers
fardeaux sur la tête sans y toucher, ou enfin à se promener.
Un tel régime exactement observé donnerait bientôt aux jeunes
personnes une élasticité, un élan qui se reporterait sur leurs
études, sur leurs affections, sur l'ensemble de leur être moral;
et l'être physique y gagnerait non seulement une santé plus
ferme, mais encore cette beauté de formes, de proportions, de
coloris, dont nos malheureux raffinements privent la jeunesse
en dépit de la nature, plus habile que nous à prendre soin de
la beauté.

(1828) Mme NECKER de SAUSSURE, t. II, p. 370-373.

L'attention a été éveillée chez presque tout le monde sur
l'importance de l'exercice corporel... du moins pour ce qui est
des garçons. Malheureusement il en est tout autrement en ce
qui concerne les filles. Pourquoi cette étonnante différence?
Est-ce que la constitution d'une fille diffère si essentiellement
de celle d'un garçon, qu'elle n'ait pas besoin de ces exercices
actifs? Est-ce qu'une fille n'a aucun de ces goûts qui poussent
les garçons aux jeux bruyants? Ou bien doit-on penser que,
pendant que la nature a donné ces goûts aux jeunes gens,
comme des stimulants à une activité sans laquelle ils ne
peuvent atteindre à un développement suffisant, elle ne les a
donnés à leurs sœurs que pour vexer les maitresses d'école?
Peut-être cependant nous méprenons-nous sur la pensée des
personnes chargées de l'éducation du sexe doux. Nous soup-
çonnons vaguement qu'elles sont sous l'empire de cette idée,
qu'il n'est point désirable de produire chez les filles un robuste
développement physique; qu'une rude santé et une grande
vigueur sont des qualités plébéiennes; qu'une certaine délicatesse, une force calculée sur des promenades d'un mille (1) ou
deux; qu'un petit appétit aisément satisfait, joint à cette timi-

---

(1) Mesure itinéraire de longueur variable suivant les pays, usitée en Angleterre, en Allemagne, en Italie, etc. Le mille anglais vaut 1609 mètres. Ne pas
confondre avec le mille marin, mesure fixe, qui vaut 1852 mètres.

dité qui accompagne la faiblesse, sont jugés choses plus convenables à des femmes du monde...

« Ainsi il faut permettre à des petites filles de courir comme des petites folles, et les faire grandir dans les gambades et les horions »? s'écriera quelque zélateur des convenances. Ceci est, pensons-nous, la crainte toujours présente à l'esprit des maîtresses de pension... Cette crainte est, cependant, tout à fait sans fondements. Car, si les jeux actifs permis aux garçons ne les empêchent point d'avoir plus tard des manières de gentilshommes, pourquoi ces mêmes jeux empêcheraient-ils les filles d'avoir plus tard des manières de dames? Si rudes qu'aient pu être leurs caprices dans la salle de récréation à l'école, des jeunes personnes ne s'amuseront pas à faire des culbutes dans la rue, ou à sauter à cloche-pied dans un salon. En quittant leurs raquettes, elles quittent du même coup les jeux de garçons, et elles montrent un soin extrême — souvent même un soin risible — à éviter toute apparence masculine. Si, en arrivant à un certain âge, le sentiment de la dignité de l'homme met fin aux jeux des jeunes garçons, le sentiment de la modestie féminine ne mettra-t-il pas fin, de même, lorsqu'il se fortifiera par degrés, à l'approche de la maturité, aux jeux des petites filles? Les femmes n'ont-elles pas plus que les hommes encore le respect des apparences? Et par conséquent, ne seront-elles pas plus portées qu'eux encore à éviter les manières rudes et bruyantes? Combien il est absurde de supposer que les intérêts de la jeunesse ne s'affirmeraient pas d'eux-mêmes, et sans qu'il fût besoin de recourir à la discipline rigoureuse des maîtresses d'école!...

Pour les filles, comme pour les garçons, les jeux auxquels les poussent leurs intérêts naturels, sont essentiels à leur bien-être corporel. Quiconque les défend, défend d'user des moyens divinement institués pour le développement physique...

Plus occupés que nos pères des lois de l'hygiène, nous semblons être plus faibles qu'eux. Et si l'on en juge par l'aspect extérieur et les indispositions fréquentes de la génération qui vient, il est probable qu'ils seront encore moins robustes que nous.

Quelle est la signification de cela?.. Il y a eu encore là une autre influence nuisible, plus puissante peut-être qu'aucune autre : Nous voulons parler de l'excès d'application mentale...

Des découvertes récentes en physiologie ont montré combien immense est l'influence du cerveau sur les fonctions des organes du corps. La digestion, la circulation, et par suite toutes

les fonctions organiques sont profondément modifiées par l'excitation cérébrale... Les effets expliqués physiologiquement
sont encore prouvés par l'expérience ordinaire. Il n'est personne qui n'ait senti les palpitations qui accompagnent l'espoir,
la peur, la colère, la joie; personne qui n'ait remarqué combien
l'action du cœur devient pénible quand ces sentiments sont
violents. Et quoiqu'il y ait beaucoup de personnes qui n'ont
jamais éprouvé cette excitation émotionnelle, au point où elle
produit la suspension des mouvements du cœur et l'évanouis-
sement, cependant tout le monde sait que l'une est la cause
de l'autre. C'est également un fait qui nous est familier, que
des troubles digestifs résultent de l'excitation cérébrale, quand
elle dépasse un certain degré. La perte de l'appétit accompagne
l'extrême joie et l'extrême douleur. Quand l'un de ces deux
états d'esprit survient après le repas, il arrive souvent que
l'estomac rejette les aliments qu'il a reçus ou ne les digère
qu'avec une grande difficulté. Et ainsi que l'attestera quiconque
fait beaucoup travailler son cerveau, il suffit même, quelquefois, de l'activité intellectuelle, quand elle est excessive, pour
produire de semblables effets. Or, la relation entre le cerveau
et le corps, si évidente dans ces cas extrêmes, n'est pas moins
vraie dans des cas moins marqués. De même que les excitations
cérébrales, violentes et passagères, produisent des troubles viscéraux violents et passagers, les excitations cérébrales, faibles
mais continues, produisent des troubles viscéraux moins forts
mais chroniques. Ce n'est pas là une simple déduction : c'est
une vérité dont tout médecin peut rendre témoignage, et l'une
de celles dont une triste expérience nous permet de rendre
personnellement témoignage aussi. Il faut souvent des années
de repos forcé pour faire disparaître les maladies qui ont été
produites, sous des formes et à des degrés divers, par cet abus
prolongé du travail cérébral. Quelquefois c'est le cœur qui est
principalement affecté : palpitations habituelles, pouls faible;
diminution du nombre des battements de soixante-douze à cinquante, et même moins. Quelquefois c'est l'estomac qui souffre
davantage : une dyspepsie survient, qui fait de la vie un fardeau
et ne peut se guérir qu'à la longue. Dans beaucoup de cas, le
cœur et l'estomac sont atteints tous deux. Presque toujours le
sommeil est court et interrompu, et généralement il y a plus
ou moins de dépression (1) mentale.

Qu'on considère donc combien grand doit être le mal fait aux

____

(1) Diminution de l'intelligence

enfants et aux jeunes gens par une excitation exagérée des
facultés de l'intelligence. Un trouble constitutionnel, plus ou
moins grand, succèdera inévitablement à tout exercice cérébral
qui dépassera la mesure voulue par la nature; et quand cela
n'ira pas jusqu'à produire positivement la maladie, cela causera sûrement une lente dégénérescence physique...

Les effets de ce système de culture forcée sont peut-être plus
mauvais encore chez les femmes que chez les hommes. Comme les
petites filles sont presque entièrement privées de ces vigoureux
et agréables exercices corporels qui, chez les garçons, mitigent
les inconvénients du trop d'étude, elles éprouvent ces effets
dans toute leur intensité. De là vient que si peu d'entre elles
deviennent robustes et bien faites. Dans ces jeunes personnes
pâles, anguleuses, à poitrines aplaties, qui peuplent les salons
de Londres, (1) nous voyons les effets de cette application rigoureuse que ne viennent point interrompre les jeux de la jeunesse;
et cette dégénérescence physique nuit plus à leurs succès que
leurs talents ne peuvent y aider... N'est-il pas insensé de per-
sister dans un système qui détruit la santé d'une fille pour
le plaisir de surcharger sa mémoire? Élevez-la d'une façon
aussi distinguée que possible, la plus haute éducation sera la
meilleure, pourvu qu'il n'en résulte aucune altération de la
santé (et ici, nous remarquerons qu'on pourrait atteindre à un
niveau suffisamment élevé, si l'on cultivait moins la mémoire
de perroquet, si l'on faisait davantage appel aux véritables
facultés humaines, et si l'éducation se continuait pendant cette
période de temps perdu qui s'étend de la sortie de l'école au
mariage). Mais cultiver les facultés intellectuelles de la manière
et au point où on le fait en amenant la dégénérescence physique, c'est aller contre le but même de tous les soins, de
toutes les dépenses, de tous les soucis de l'éducation. En
soumettant leurs filles à ce système à haute pression, les
parents détruisent souvent leur avenir. Outre qu'ils leur infli-
gent les tristesses, les incapacités, qui accompagnent la mauvaise
santé, ils les condamment souvent au célibat (2).

(1868) H. SPENCER, p. 267-271, 274-276,
289-292, 296-299.

---

(1) L'auteur est anglais.

(2) La question de l'affaiblissement physique, abordée si résolument par
M. H. Spencer, s'impose à l'attention des pédagogues. On s'en préoccupe aux
Etats-Unis, qui sont peut-être le pays où l'instruction des filles a le moins
à envier à celle des garçons. Il faut qu'une éducation physique bien entendue
soit donnée parallèlement à l'éducation intellectuelle. M. H. Spencer a raison
de signaler le danger, mais il fait fi de la gymnastique : les jeux qu'il veut

Bien diriger l'activité physique des filles est un art qui ne
se sait guère, mais qui s'apprend quand on le veut. La santé,
la vigueur et, dans une certaine mesure, la beauté, sont à ce
prix. Cela importe beaucoup, sans doute, pour les jeunes garçons; mais l'incurie en cette matière est peut-être encore plus
grave pour les filles. Plus disposées, en effet, à la vie sédentaire par leurs mœurs et leur éducation, elles ne trouvent pas,
dans ces exercices d'agilité où se complaisent les enfants de
l'autre sexe, une occasion d'accroître leurs forces et de développer leurs membres. Les attitudes vicieuses ont de plus,
chez elles, des conséquences plus sérieuses, puisqu'elles les
conduisent souvent à ces grandes altérations des formes de la
poitrine, de la colonne vertébrale et du bassin, auxquelles
elles sont plus particulièrement prédisposées. La marche, les
promenades et les jeux pendant le travail appellent chez les
filles une surveillance particulière...

La moitié de la médecine est dans l'exercice méthodique et
persévérant des muscles. Le sentiment de l'importance de la
gymnastique dans l'éducation tend heureusement à se réveil-
ler, et nous autres médecins, qui avons charge de corps, nous
devons nous imposer de restaurer, dans une mesure raisonnable, ces pratiques auxquelles l'éducation antique attachait,
et non sans raison, un si haut prix...

Les anciens associaient les deux sexes dans ces exercices
méthodiques des muscles, qui concouraient si puissamment à
maintenir la pureté des formes et l'harmonie des proportions;
mais cet *entraînement* de la jeune fille par les pratiques du
gymnase avait moins en vue la *femme* elle-même que la
mère future: c'était une préparation à une maternité féconde
et vigoureuse. Sans doute, l'éducation moderne de la femme
répugne à ces pratiques viriles, et nos mœurs ne veulent plus
de la promiscuité qu'elles établissaient entre les sexes (1); mais
une gymnastique, réglée d'une certaine façon, est, quoi qu'on
en pense, tout aussi indispensable aux filles qu'aux garçons,
car il n'y a sans elle, que les mères le sachent bien, ni santé,
ni vigueur, ni beauté. J'insisterai plus particulièrement sur ce
dernier point de vue, parce que je suis sûr que la coquetterie
maternelle, si touchante même dans ses exagérations, servira
les intérêts de la cause que je défends...

---

mettre à la place sont loin de suffire, et M. Fonssagrives me paraît être dans
le vrai plus que lui sur ce point.

(1) Encore n'était-ce qu'à Lacédémone; les Athéniens ni les Romains n'ad-
mettaient les filles aux jeux du gymnase.

Les exercices gymnastiques ont d'ailleurs l'immense avantage, en même temps qu'ils activent les grandes fonctions (vitales), de *calmer* le système nerveux et de lui permettre d'écouler peu à peu, dans cette pointe de paratonnerre, un fluide prompt à s'accumuler et à se condenser en mille orages.

(1868) Fonssagrives, p. 77, 107-108, 113.

QUATRIÈME PARTIE

L'ÉDUCATION INTELLECTUELLE

La culture de l'intelligence est une partie essentielle de l'éducation des femmes, et la culture de l'intelligence ne va pas sans l'instruction. Une femme ignorante est nécessairement inférieure à sa tâche, comme épouse, comme mère, comme membre de la société civile ; elle ne peut ni remplir ses devoirs ni exercer ses droits en pleine connaissance de cause. On peut même dire au point de vue de la simple moralité, que pour être honnête, encore faut-il savoir ce que c'est que le bien et le mal, par conséquent le vrai et le faux. Mais si la femme doit être éclairé, elle ne doit pas faire parade de science ni avoir enseigne de femme savante ; rien de plus opposé à la culture de l'esprit, chez une femme, que le pédantisme.

Maintenant quelles sont les études qui conviennent aux femmes? Prenant pour point de départ le programme de Fénelon et celui de l'abbé Fleury, nous verrons comment il s'est, avec le temps, agrandi et développé jusqu'à l'heure actuelle.

Enfin nos auteurs ne se sont pas tous ni toujours bornés soit à établir la nécessité de l'instruction pour les femmes, soit à indiquer ce qu'elles doivent apprendre ; plusieurs se sont inquiétés de la question des méthodes et des procédés d'enseignement. Nous leur emprunterons quelques exemples.

De là, les trois divisions de cette quatrième partie :

1. La nécessité de l'instruction pour les femmes. Dangers de l'ignorance.

2. Les études des femmes.

3. Procédés pédagogiques.

I

La nécessité de l'instruction pour les femmes. Dangers de l'ignorance.

La jeune fille qui a appris dans la maison paternelle le gouvernement des choses domestiques, a appris un art qui n'est pas méprisable, et propre à éviter les dangers de l'oisiveté. L'oisiveté, pernicieuse à tout le monde, l'est surtout aux jeunes gens et aux femmes. Si l'esprit d'une fille est inoccupé, il tombe immédiatement dans le travers... Le meilleur préservatif, c'est l'étude. Le travail des mains, utile et nécessaire, n'empêche pas d'entendre les propos flatteurs des jeunes gens et d'y répondre. L'étude occupe l'âme tout entière; dès qu'on a commencé de s'y plaire, on y prend plus de goût qu'à toute autre occupation; plus on y persévère, plus on y trouve de charme, et ce charme ne périt jamais. C'est non seulement une arme contre l'oisiveté, mais encore un moyen de faire pénétrer dans l'esprit d'une fille les meilleurs préceptes et de la former à la vertu.

(1520) ÉRASME.

Il faut que les dames apprennent dans les livres la règle de leur devoir, afin que les mauvais exemples ne les corrompent jamais; qu'elles puissent discerner le mensonge d'avec la vérité, et qu'elles ayent des armes pour se deffendre contre ceux qui ne songent qu'à les séduire et font vanité de les surprendre, et de leur en faire accroire...

Je ne puis m'empescher de rire quand je pense à l'erreur de François, duc de Bretagne, qui témoigna une passion extrême pour Isabelle, fille d'Écosse, quand il apprit qu'elle n'avait jamais estudié : s'imaginant qu'une femme est assez sçavante quand elle peut mettre différence entre la chemise et le pourpoint de son mari (1)... L'estime qu'il faisait des ignorants et des simples, m'oblige de croire qu'il avait fait vœu de n'aymer que ses semblables...

Ceux qui se deffient d'une femme quand elle sçait quelque chose, sont véritablement de foibles esprits qui méritent ce qu'ils craignent, et qui fondent leurs soupçons sur les raisons mesmes qui leur devraient donner de l'assurance.

Davantage, les dames qui ont quelque science ou quelque lecture, donnent beaucoup de plaisir dans la conversation et n'en reçoivent pas moins dans la solitude, lorsqu'elles s'entretiennent toutes seules. Leur idée (2) a de quoi se contenter, pendant que les ignorantes sont sujettes aux mauvaises pensées, parce que, ne sçachant rien de louable pour occuper leur esprit, comme leur entretien est ennuyeux, aussi leur resverie ne peut être qu'extravagante.

(1635) Du Boscq (3), *Préface*, et p. 208 à 260.

---

(1) Est-ce ce passage qui a fourni à Molière l'idée du mot si souvent cité de Chrysale, et qu'on va retrouver dans un des extraits suivants? Ce serait possible, car Molière disait lui-même qu'il prenait son bien partout où il le trouvait.

(2) Leur imagination. On trouvera plus loin la même pensée développée par Fénelon.

(3) *L'honneste Femme, troisième édition, revue, corrigée et augmentée par*

CHRYSALDE

Une femme stupide est donc votre marotte?

ARNOLPHE

Tant, que j'aimerais mieux une laide bien sotte
Qu'une femme fort belle avec beaucoup d'esprit.

CHRYSALDE

L'esprit et la beauté...

ARNOLPHE

L'honnêteté suffit.

CHRYSALDE

Mais comment voulez-vous, après tout, qu'une bête
Puisse jamais savoir ce que c'est d'être honnête?
   (1662) Molière, *L'École des femmes*, acte I, scène I.

———

... Les femmes docteurs ne sont point de mon goût.
Je consens qu'une femme ait des clartés de tout :
Mais je ne lui veux point la passion choquante
De se rendre savante afin d'être savante ;
Et j'aime que souvent, aux questions qu'on fait,
Elle sache ignorer les choses qu'elle sait (1);
De son étude enfin je veux qu'elle se cache,
Et qu'elle ait du savoir sans vouloir qu'on le sache,
Sans citer les auteurs, sans dire de grands mots,
Et clouer de l'esprit à ses moindres propos.
(1672), Molière, *Les Femmes savantes*, acte I, scène III.

———

... C'est à vous que je parle, ma sœur.
Le moindre solécisme en parlant vous irrite;
Mais vous en faites, vous, d'étranges en conduite.
Vos livres éternels ne me contentent pas;
Et hors un gros Plutarque à mettre mes rabats,
Vous devriez brûler tout ce meuble inutile,
M'ôter, pour faire bien, du grenier de céans
Cette longue lunette à faire peur aux gens,

———

l'auteur. 1 vol. in-4°, Paris, 1635. — Je rappelle que le mot *honnête* au
xviiᵉ siècle désigne non seulement la probité et la moralité de la vie, mais la
politesse de l'esprit et des manières, la bonne éducation.
(1) C'est ce que Fénelon appelle « une pudeur sur la science ».

Et cent brimborions dont l'aspect m'importune ;
Ne point aller chercher ce qu'on fait dans la lune,
Et vous mêler un peu de ce qu'on fait chez vous,
Où nous voyons aller tout sens dessus dessous.
Il n'est pas bien honnête, et pour beaucoup de causes,
Qu'une femme étudie et sache tant de choses.
Former aux bonnes mœurs l'esprit de ses enfants,
Faire aller son ménage, avoir l'œil sur ses gens,
Et régler la dépense avec économie,
Doit être son étude et sa philosophie.
Nos pères, sur ce point, étaient gens bien sensés,
Qui disaient qu'une femme en sait toujours assez,
Quand la capacité de son esprit se hausse
A connaître un pourpoint d'avec un haut-de-chausse.
Les leurs ne lisaient point, mais elles vivaient bien,
Leurs ménages étaient tout leur docte entretien ;
Et leurs livres, un dé, du fil et des aiguilles,
Dont elles travaillaient au trousseau de leurs filles.
Les femmes d'à présent sont bien loin de ces mœurs :
Elles veulent écrire et devenir auteurs ;
Nulle science n'est pour elles trop profonde,
Et céans beaucoup plus qu'en aucun lieu du monde ;
Les secrets les plus hauts s'y laissent concevoir,
Et l'on sait tout chez moi, hors ce qu'il faut savoir.
On y sait comment vont lune, étoile polaire,
Vénus, Saturne et Mars, dont je n'ai point affaire ;
Et dans ce vain savoir, qu'on va chercher si loin,
On ne sait comme va mon pot, dont j'ai besoin.
Mes gens à la science aspirent pour vous plaire,
Et tous ne font rien moins que ce qu'ils ont à faire.
Raisonner est l'emploi de toute ma maison,
Et le raisonnement en bannit la raison (1).

(1672) MOLIÈRE, *Les Femmes savantes*, acte II, scène VII.

---

(1) On a coutume de dire, pour excuser Molière, qu'il n'exprime pas ici son opinion personnelle, et qu'il fait parler un personnage comique, un bon père de famille, honnête bourgeois, furieux de voir son ménage aller tout de travers par la faute de sa femme, de sa sœur et de sa fille adonnées à tous les travers des femmes savantes. Cela est vrai, mais ce que l'on ne saurait trop faire remarquer, c'est que Molière n'a pas eu l'intention de peindre la femme instruite, éclairée, sous les traits de Philaminte, de Bélise ou d'Armande ; elles ne représentent et il n'a voulu leur faire représenter que la caricature de la femme instruite, c'est-à-dire la pédante, dont les études mêmes n'ont aucun but utile, ne sont qu'une vaine recherche de curiosité, et ne contribuent ni à la culture réelle de l'esprit ni au progrès moral. Il faut d'ailleurs rapprocher de la véhémente sortie de Chrysale ce que dit, quelques scènes auparavant, Clitandre des *clartés* qu'une femme doit avoir, etc.

L'ignorance d'une fille est cause qu'elle s'ennuie, et qu'elle ne sait à quoi s'occuper innocemment; quand elle est venue jusqu'à un certain âge sans s'appliquer aux choses solides, elle n'en peut avoir ni le goût ni l'estime; tout ce qui est sérieux lui paraît triste, tout ce qui demande une attention suivie la fatigue; la pente aux plaisirs qui est forte pendant la jeunesse, l'exemple des personnes du même âge qui sont plongées dans l'amusement, tout sert à lui faire craindre une vie réglée et laborieuse, elle ne s'accoutumera pas à un travail suivi... A quoi donc s'occupera-t-elle? A rien d'utile. Cette inapplication se tourne même en habitude incurable.

Cependant voilà un grand vide, qu'on ne peut espérer de remplir de choses solides; il faut donc que les frivoles prennent la place. Dans cette oisiveté, une fille s'abandonne à la paresse; et la paresse, qui est une langueur de l'âme, est une source inépuisable d'ennuis...

Les filles mal instruites et inappliquées ont une imagination toujours errante. Faute d'aliments solides, leur curiosité se tourne en ardeur vers les objets vains et dangereux. Celles qui ont de l'esprit s'érigent souvent en précieuses, et lisent tous les livres qui peuvent nourrir leur vanité; elles se passionnent pour des romans, pour des comédies, pour des récits d'aventures chimériques, où l'amour profane est mêlé. Elle se rendent l'esprit visionnaire en s'accoutumant au langage magnifique des héros de romans: elles se gâtent même par là pour le monde; car tous ces beaux sentiments en l'air, toutes ces passions généreuses, toutes ces aventures que l'auteur du roman a inventées pour le plaisir, n'ont aucun rapport avec les vrais motifs qui font agir dans le monde, et qui décident des affaires, ni avec les mécomptes qu'on trouve dans tout ce qu'on entreprend.

Une pauvre fille, pleine du tendre et du merveilleux qui l'ont charmée dans ses lectures, est étonnée de ne trouver point dans le monde de vrais personnages qui ressemblent à ces héros: quel dégoût pour elle de descendre jusqu'au plus bas détail du ménage! Elle voudrait vivre comme ces princesses imaginaires, qui sont, dans les romans, toujours charmantes, toujours adorées, toujours au-dessus de tous les besoins. (1).

Celles qui n'ont point assez d'ouverture d'esprit pour ces curiosités en ont d'autres qui leur sont proportionnées: elles

(1) Fénelon a en vue dans ce passage les romans qui étaient en grande vogue au XVIIe siècle, ceux de Mlle de Scudéry, de La Calprenède, etc.

veulent ardemment savoir ce qui se dit, ce qui se fait, une chanson, une nouvelle, une intrigue ; recevoir des lettres, lire celles que les autres reçoivent ; elles veulent qu'on leur dise tout, et elles veulent aussi tout dire ; elles sont vaines, et la vanité fait parler beaucoup ; elles sont légères, et la légèreté empêche les réflexions qui feraient souvent garder le silence.

(1687) FÉNELON, p. 3-6.

On regarde une femme savante comme on fait une belle arme, elle est ciselée artistement, d'une polissure admirable, et d'un travail fort recherché : c'est une pièce de cabinet, que l'on montre aux curieux, qui n'est point d'usage, qui ne sert ni à la guerre, ni à la chasse, non plus qu'un cheval de manège, quoique le mieux instruit du monde.

(1688) LA BRUYÈRE (1), t. I, p. 167.

Pourquoi refuserait-on de leur orner l'esprit de ces connaissances, qui certainement ne sont point au-dessus de leur portée ni contraires à leur état ? L'affectation de science et de bel-esprit ne convient à personne, et encore moins aux dames : mais s'ensuit-il qu'elle doivent être condamnées à une grossière ignorance ? L'étude que je conseille aux jeunes demoiselles ne les empêchera point de s'acquitter exactement de tous leurs devoirs, d'apprendre à travailler utilement des mains, d'entrer déjà dans tous les soins du ménage, de s'instruire de tout ce qui regarde une sage économie, et qui a rapport au gouvernement domestique, connaissances absolument essentielles à leur état, et dont le défaut cause ordinairement la ruine des grandes maisons. L'étude dont je parle, loin d'être un obstacle à ces devoirs, les y conduira naturellement, et leur en rendra la pratique plus facile, en leur donnant un esprit plus sérieux, plus exact, plus solide, plus capable d'ordre, d'attention, de travail, en leur faisant aimer davantage leurs maisons, et en leur apprenant à se passer de compagnies. Elles ne feront jamais parade de ce qu'elles auront appris, et ne se feront distinguer des autres que par une plus grande modestie. L'avan-

---

(1) *Les caractères de Monsieur de la Bruyère.* 2 vol. in-12. Paris, 1759. — La Bruyère ne refusait pas aux femmes le droit ni la capacité d'étudier, car il dit aussi qu'elles « se sont établies elles-mêmes dans l'usage de ne rien savoir », et que les hommes « sont heureux qu'elles aient sur eux un avantage de moins. » Il a en vue ici la femme *savante*, qui est et ne peut être qu'une exception, et non la femme instruite qui devrait être une généralité. — La Bruyère était né en 1646 ; mort en 1696.

tage qu'elles tireront de leurs connaissances sera de ne pas être obligées, pour éviter l'ennui et le dégoût d'une vie désoccupée, d'en remplir le vide par le jeu, (1) par les spectacles, par des visites inutiles, par des conversations frivoles ; et d'être en état, après qu'elles auront satisfait aux bienséances de leur condition, de se réserver des moments précieux où, libres et retirées, elles puissent s'occuper de lectures capables de nourrir agréablement leur esprit et de remplir leur cœur d'une joie solide et durable en lui montrant le seul bien qui peut le rendre heureux.   (1723) ROLLIN, p. 164-165.

Si vous pouvez régler votre imagination, et la rendre soumise à la vérité et à la raison, ce sera une grande avance pour votre perfection et pour votre bonheur. Les femmes sont ordinairement gouvernées par leur imagination ; comme on ne les occupe à rien de solide, et qu'elles ne sont, dans la suite de leur vie, chargées ni du soin de leur fortune ni de la conduite de leurs affaires, elles ne sont livrées qu'à leurs plaisirs. Spectacles, habits, romans et sentiments, tout cela est de l'empire de l'imagination. Je sais qu'en la réglant vous prenez sur les plaisirs ; c'est elle qui en est la source, et qui met dans les choses qui plaisent, le charme et l'illusion qui en font tout l'agrément ; mais pour un plaisir de sa façon, quels maux ne vous fait-elle point ! Elle est toujours entre la vérité et vous : la raison n'ose se montrer où règne l'imagination. Nous ne croyons que comme il lui plaît : les gens qu'elle gouverne savent ce qu'elle fait souffrir. . Enfin rien n'est plus opposé au bonheur qu'une imagination délicate, vive et trop allumée (2).
                    (1728) Mme DE LAMBERT, p. 86.

---

(1) La passion du jeu était sans limites au xviie et au xviiie siècle, même parmi les femmes. On jouait des sommes énormes à la cour de Louis XIV ; sous Louis XV, une fille du régent, Mlle de Valois, traversant la France pour aller rejoindre le duc de Modène qu'elle venait d'épouser, se faisait préparer des relais de jeu : à chaque station de son voyage, elle trouvait des partenaires qui l'attendaient. On se souvient des vers de Boileau (*Satyre* X) :

Le doux charme pour toi de voir, chaque journée,
De nobles champions ta femme environnée,
Sur une table longue et façonnée exprès,
D'un tournoi de bassette ordonner les apprêts ?..
Chez elle en ces emplois, l'aube du lendemain
Souvent la trouve encor les cartes à la main :
Alors, pour se coucher, les quittant, non sans peine,
Elle plaint le malheur de la nature humaine,
Qui veut qu'en un sommeil où tout s'ensevelit
Tant d'heures sans jouer se consument au lit.

(2) Plus l'esprit est nourri d'études solides, plus le jugement est mûri, et plus décroissent le pouvoir et les dangers de l'imagination.

J'aimerais encore cent fois mieux une fille simple et grossièrement élevée (1), qu'une fille savante et bel-esprit qui viendrait établir dans ma maison un tribunal de littérature dont elle se ferait la présidente. Une femme bel-esprit est le fléau de son mari, de ses enfants, de ses amis, de ses valets, de tout le monde. De la sublime élévation de son beau génie, elle dédaigne tous ses devoirs de femme... Au dehors elle est toujours ridicule et très-justement critiquée, parce qu'on ne peut manquer de l'être aussitôt qu'on sort de son état, et qu'on n'est point fait pour celui qu'on veut prendre. Toutes ces femmes à grands talents n'en imposent jamais qu'aux sots.

(1762) J.-J. ROUSSEAU, p. 10-11.

———

Si vous avez quelques connaissances, gardez-en le secret, surtout aux hommes, qui, généralement partout, voient, avec une sorte de jalousie et de malignité, les femmes qui ont de grands talents et un esprit cultivé. Un homme qui a véritablement du génie et de la simplicité, est bien éloigné de cette petitesse; mais les gens de cette sorte sont rares; et si par hasard vous en rencontrez quelqu'un en votre chemin, ne vous empressez pas de lui montrer toute l'étendue de vos connaissances, il s'en apercevra bien vite et de lui-même, pour peu qu'il vous fréquente; et si vous avez quelque mérite, et que vous gardiez bien votre secret, il vous en supposera plus encore que vous n'en possédez réellement.

(1774) GRÉGORY, p. 40-41.

———

Une femme ne doit paraître ni savante, ni politique, ni bel esprit, ce serait un ridicule : cependant elle doit en savoir assez pour tout entendre, n'être ennuyée de rien, placer une observation à propos et s'amuser du savoir des autres, sans en être dupe admiratrice.   (1779) Mme de MIREMONT, t. I, p. 145 :

———

Je pense que les sciences, loin d'être utiles aux femmes, leur nuiraient; qu'elles nous laissent les connaissances vastes et profondes, les vertus fortes et actives, leur partage est encore assez beau... J'ai connu des physiciennes et des naturalistes; j'ai respecté leurs lumières sans en être ébloui, et sans en pro-

———

(1) Ne croirait-on pas entendre Chrysale, des *Femmes savantes?*

filer; j'ai connu des femmes instruites, aimables, simples et modestes, et j'ai trouvé dans leur société des charmes, un intérêt, que la société des savantes n'avait pas.... (1).

Comme la figure, l'esprit languit, se fane, s'éteint, s'il n'est pas nourri. Mais ce n'est pas assez de lui donner des aliments, il faut qu'ils soient agréables et préparés de manière à ne point amener le dégoût. Les dames ne le sentent pas assez; et cependant elles ont encore plus besoin de l'instruction des livres que les hommes du monde, qui ont des moyens beaucoup plus abondants de s'éclairer...

La femme qui, de bonne heure, s'occupe du soin de cultiver son esprit et d'éclairer sa raison, se prépare pour tout le temps de sa vie des ressources contre l'ennui, et ne tombe point dans la multitude d'écarts auxquels il entraîne : elle ne perd pas tout avec la fraîcheur, les amusements et les grâces de la jeunesse, comme les femmes qui n'ont jamais pensé, qui n'ont rien prévu, et dont le plaisir a été l'unique et trompeur objet. Quand l'âge lui donnera le goût, ou lui imposera la nécessité d'une vie plus retirée, elle ne sera point forcée, pour remplir le vide immense de son cœur, de se jeter dans une dévotion sans lumières, qui ne la satisferait point et ne lui ferait point acquérir l'estime des personnes raisonnables, parce qu'au lieu d'être un sentiment, cette dévotion ne serait qu'un état. Elle se livrera moins encore à l'esprit d'intrigues, qui rend si importunes, si dangereuses et mêmes si viles celles qui s'y abandonnent. Le jeu, cette âpre et triste passion des vieilles, en qui augmente le besoin de se fuir, sera tout au plus pour elle un amusement. Jamais chez elle on n'éprouvera la langueur et l'ennui de ces conversations décousues, dénuées de sens et d'idées que la médisance seule empêche d'être toujours d'une assommante insipidité. Pour conserver quelque considération, et pour conserver quelque ressort, elle ne s'entourera pas même de beaux-esprits, qui brûleraient un fade encens à ses pieds, et verseraient à grands flots le ridicule sur sa tête. Ses amis lui suffiront. Sensés, instruits, aimables comme elle, ils seront le charme de toutes ses journées... elle régnera par l'esprit, par la raison et par l'amitié.

(1784) LEZAY MARNÉSIA (2), Préface, p. 9-10, p. 1-2, 72-74.

---

(1) Toujours la distinction entre le pédantisme et l'instruction.
(2) *Plan de lecture pour une jeune dame*, 1 vol. in 16, Paris, 1784.

Toute femme qui veut élever ses enfants avec succès doit commencer par s'instruire elle-même. Elle doit soigneusement examiner ses propres opinions, et s'attacher à distinguer celles qui ont reçu la sanction de la raison et du jugement, de celles que les préjugés ont fait implicitement adopter ; elle doit réfléchir sur les motifs de sa conduite et sur la trempe et les dispositions de son esprit ; si elle se regarde comme un agent comptable, et si elle fait attention que des êtres formés pour l'immortalité ont droit à ses soins, elle remplira ce devoir préliminaire avec autant de satisfaction que de zèle ; assurée que ses succès seront en proportion exacte avec les soins qu'elle aura pris, elle ne doit point se laisser séduire par l'indolence, sous prétexte que la tâche est au-dessus de ses forces, mais écouter la voix de sa conscience et celle du sens commun, qui ne manqueront pas de la convaincre que la raison et la réflexion sont au pouvoir de toute créature raisonnable. (1801) Elisabeth HAMILTON, t. I, p. 26.

MERVILLE

Eh ! oui, laisse l'étude à ces tristes pédans.

EUPHRASIE

Voilà votre grand mot. Mais dites, je vous prie,
Ce que vous entendez par la pédanterie,
Et comment on peut fuir, messieurs, ce grand défaut.
Vous raillez votre sœur ; conseillez-la plutôt.
On me croirait vraiment, à vous entendre dire,
Femme savante ! moi ! parce que j'aime à lire,
Parce que je commence à dessiner un peu,
Et qu'enfin mon piano me plaît mieux que le jeu :
Mais sont-ce là des torts à m'ôter votre estime ?
S'instruire, s'occuper, serait-ce un si grand crime ?
Faut-il absolument qu'une femme, aujourd'hui,
Ne soit qu'une ignorante, et périsse d'ennui ?
(1803) COLLIN D'HARLEVILLE (1), *Le vieillard et les jeunes gens,*
acte I, scène v.

Qu'on ne se presse pas de poser si vite et si sévèrement la ligne de démarcation pour ce qu'il convient d'enseigner à notre

---

(1) Auteur dramatique (1755-1806). — Une jeune fille défend ses goûts studieux contre ses frères, jeunes étourdis.

sexe. Quelque étendue que soit l'éducation de vos filles, si
vous avez élevé leur jugement à la hauteur de leur savoir, il
n'y a rien de mal.   (1828) Mme CAMPAN, t. I, p. 238.

Les femmes, selon nous, doivent avoir du goût et de la
facilité pour l'étude, plutôt que beaucoup de savoir : il n'est
pas du tout fâcheux que le désir de s'instruire l'emporte chez
elles sur l'instruction. Tâchons de leur donner l'habitude de
l'application, l'envie de saisir les idées nouvelles : inspirons-
leur même un certain goût pour lutter avec les difficultés, et
faisons leur grâce de la science (1).

Ainsi le but que nous avons assigné à l'instruction, le développement des facultés diverses, nous paraît surtout essentiel
à se proposer dans l'éducation des femmes.

Un jeune homme, souvent appelé à remplir une destination
fixée d'avance, peut recevoir une instruction dirigée dans un
sens particulier avec quelque chance de succès. S'agit-il en
revanche d'une jeune fille qu'on pense pouvoir marier, il est
impossible de rien prévoir. Il importe qu'elle soit prête à tout ;
que dans chaque situation, elle puisse s'occuper utilement
pour elle et les autres ; et si l'esprit n'est pas généralement
développé, on ne saurait avoir cette aptitude universelle. Avec
le genre de capacité que je lui veux, une femme sera tour à
tour administrateur de fermes, teneur de livres, rédacteur de
mémoires, critique éclairé pour choisir dans divers écrits
ce qui peut convenir à ceux qu'elle aime. Enfin, dans l'absence
d'autres leçons, elle dirigera l'instruction de ses enfants avec
de bons livres. *Qu'on me donne quinze jours d'avance sur mon
élève*, disait un homme peu instruit qui sentait sa force, *et
j'enseignerai tout ce qu'on voudra*. Ce sentiment, s'il existait
intérieurement chez une femme, vaudrait mieux qu'un dépôt
mort de connaissances tout acquises (2)....

(1) On verra par ce qui suit que l'auteur entend par là *la science* en elle-
même, la recherche approfondie de la vérité, la connaissance portée à son
plus haut degré, et non pas *les sciences* prises isolément, et dont il fait
entrer plusieurs dans le programme des études féminines. Mme Necker de
Saussure est loin de rétrécir l'horizon des femmes.

(2) Si Mme Necker de Saussure veut simplement montrer que les connaissances acquises pendant les années de classe sont de peu d'utilité pratique,
lorsque les jeunes filles devenues grandes ou mariées ne continuent pas à
s'instruire, elle a raison. Mais la maxime qu'avec quinze jours d'avance on
peut tout enseigner serait dangereuse, prise dans un sens absolu. Sans
doute le maître le plus instruit et le plus expérimenté ne doit jamais se
dispenser de préparer ses leçons ; mais la préparation a pour but de ras-
sembler les notions déjà acquises, de les mettre à portée, si l'on peut

L'instruction élémentaire a été nommée à juste titre instrumentale, parce qu'elle se borne à fournir des instruments pour la véritable instruction. Savoir lire, écrire correctement, un peu calculer, ne sont encore que des moyens d'acquérir des connaissances. A cela s'ajoutent quelques aperçus sur la configuration de la terre, sur ses productions, sur l'histoire des peuples qui l'ont habitée. Les portes de la science vous sont ouvertes... Notre tâche à présent c'est de vous mettre en état de vous élever un jour vous-même (1), c'est d'en exciter le pouvoir et le désir. Ainsi, vos leçons consisteront en exercices fortifiants, plus qu'en instruction proprement dite. Parfois vous ne comprendrez pas trop le rapport qu'aura une étude particulière avec votre destination dans l'avenir; mais votre destination véritable, c'est d'être utile, la nôtre, c'est de vous former à le devenir. Vous êtes appelée à faire le bien dans plusieurs sens, à le faire pour l'âme et l'esprit de ceux auxquels vos secours matériels seront nécessaires. Il faut dès lors que votre âme à vous, que votre esprit grandissent, que toutes vos facultés s'exercent, qu'elles soient déjà capables d'efforts. Vos études, nous l'espérons, vous procureront souvent du plaisir, mais en exigeant parfois que vous vous donniez de la peine. Si vous ne prenez pas d'abord l'habitude d'étudier vigoureusement, l'indolence si contagieuse dans votre sexe vous gagnera; vous serez alors éternellement médiocre, et votre influence la plus salutaire s'annulera.

(1828) Mme NECKER de SAUSSURE, t. II, p. 329-332.

C'est au nom de la famille, au nom du salut de la famille, au nom de la maternité, du mariage, du ménage, qu'il faut réclamer pour les filles une forte et sérieuse éducation. Définissons donc enfin, une fois pour toutes, ces titres vénérés dont on a fait tant d'instruments de sujétion, les titres d'épouse et de mère! Certes nul ne s'incline plus que moi avec respect devant ces fonctions ménagères, subalternes en apparence, sublimes en réalité, car elles se résument en ces mots : penser aux autres. Mais ces fonctions comprennent-elles tous les devoirs de la femme? Etre épouse et mère, est-ce seulement commander un dîner, gouverner les domestiques, veiller au bien-être matériel et à

---

s'exprimer ainsi, et non de les acquérir pour la première fois. La fonction de l'enseignement exige que l'on sache beaucoup d'avance.

(1) C'est une mère qui parle à sa fille.

la santé de tous, que dis-je ? est-ce seulement prier, aimer, consoler ? Non ! c'est tout cela, mais c'est plus encore : c'est guider et
élever, par conséquent c'est savoir. Sans savoir, pas de mère
complètement mère ; sans savoir, pas d'épouse vraiment
épouse ! Il ne s'agit pas, en découvrant à l'intelligence féminine les lois de la nature, de faire de toutes nos filles des astro-
nomes et des physiciens. (Voit-on que les hommes deviennent
des latinistes pour avoir employé dix ans de leur vie à l'étude
du latin ?) Il s'agit de tremper vigoureusement leur pensée par
une instruction forte pour les préparer à entrer en partage de
toutes les idées de leurs maris, de toutes les études de leurs
enfants. On énumère tous les inconvénients de l'instruction, et
l'on met en oubli tous les périls mortels de l'ignorance. L'instruction est un lien entre les époux, l'ignorance est une barrière. L'instruction est une consolation, l'ignorance est un sup-
plice. L'ignorance amène mille défauts, mille égarements pour
l'épouse. Pourquoi telle femme est-elle dévorée d'ennui ? Parce
qu'elle ne sait rien. Pourquoi telle autre est-elle coquette, capri-
cieuse, vaine ? Parce qu'elle ne sait rien. Pourquoi dépense-t-
elle, afin d'acheter un bijou, le prix d'un mois de travail de
son mari ? Pourquoi se ruine-t-elle par les dettes qu'elle lui
cache ? pourquoi le soir l'entraîne-t-elle, fatigué ou malade,
dans des fêtes qui lui pèsent ? Parce qu'elle ne sait rien, parce
qu'on ne lui a donné aucune idée sérieuse qui pût la nourrir,
parce que le monde de l'intelligence est fermé devant ses pas...
A elle donc le monde de la vanité et du désordre ! Tel mari qui
se moque de la science eût été sauvé par elle du déshonneur.

(1832) E. LEGOUVÉ, p. 57-58.

L'instruction, qui semble de premier abord réservée à certaines classes de la société, est, en réalité, nécessaire et utile
à toutes. Non pas assurément dans le même sens absolu et au
même degré, mais dans une proportion relative, réservant au
petit nombre, c'est-à-dire aux intelligences d'élite, les hauteurs
de la science, à un nombre plus grand, des connaissances
générales et variées, enfin, aux autres, des notions purement
élémentaires, mais exactes et clairement démontrées.

Cette instruction doit être inséparablement unie à ce que
nous appellerons l'éducation, ou, pour mieux exprimer notre
pensée, au développement de tous les germes de vertu et de
bonté que le ciel a déposés au fond de chaque cœur. C'est dire
qu'elle doit commencer au berceau, et que c'est à la mère

7.

surtout qu'il appartient d'en jeter avec fruit les premières
semences.

C'est cette mission d'enseignement qui fait surtout la
grandeur et la force de la femme, et qui sert de point de
départ à l'influence qu'elle doit posséder à un degré si émi-
nent, pour la gloire et le bonheur de la société.

La femme est la grande institutrice du genre humain,
puisque l'homme enfant reçoit sur ses genoux les premières
impressions qui frappent son intelligence, les principes qui
régleront plus tard chacun des actes de sa vie...

Reconnaître chez la femme la puissance et la dignité du titre
de mère, c'est désirer qu'elles secoue l'ignorance qui l'empêche
elle-même d'en comprendre les devoirs et qui amoindrit son
autorité aux yeux de ses enfants. C'est, en un mot, l'inviter à
monter à la hauteur des espérances que la société a fondées
sur elle.

(1834) La comtesse DROHOJOWSKA (1), p. 5-6, 91.

Les droits des femmes à la culture intellectuelle, ce ne
sont pas seulement des droits, ce sont en même temps des
devoirs. Voilà ce qui les rend inaliénables. Si ce n'étaient que
des droits, les femmes pourraient les sacrifier, mais ce sont
des devoirs. Le sacrifice n'est pas possible, ou ce serait la
ruine.

Voilà le point de départ de tout ce que j'ai à dire ici. Et
c'est ce que je déclare sans aucun détour.

Oui, c'est pour les femmes un devoir d'étudier et de s'instruire ; et le travail intellectuel doit avoir sa place réservée
parmi les occupations qui leur sont spéciales, et parmi les
obligations les plus importantes...

La nature des choses elles-mêmes parle d'ailleurs assez
haut. La nature humaine demande à être instruite, agrandie,
éclairée, élevée dans toutes ses facultés ; et, je dois le dire
pour ma part, je n'ai jamais rien rencontré de plus dangereux
que des facultés étouffées, des besoins inassouvis, une faim
et une soif sans pâture ! De là ce tourment de savoir, qui,
à défaut du bien et du vrai, se jette sur le mal et le faux;
de là ces passions, nées bonnes et généreuses, qui se re-
tournent contre la vérité et la vertu; de là ces voies détour-

----

(1) *De l'éducation des jeunes filles et de l'influence possible des femmes.* Nouvelle édit. in-12, Paris, Périsse fr^{es}, 1873.

nées, mauvaises et perverses, où entraîne une ignorance qui ne sait ni choisir, ni juger, ni se contenir. De là enfin le secret de tant de chutes, de tant de scandales, ou du moins de tant et de si misérables frivolités parmi les femmes! Si ces facultés riches et ardentes avaient été mieux dirigées, on n'aurait pas eu à en déplorer la ruine; on ne gémirait pas sur ce triste et injuste niveau d'esprit, sur cette faiblesse d'intelligence de tant de femmes d'une nature distinguée, appelées à être l'ornement du monde, l'honneur d'une famille, et dont l'éducation arrêtée dans ses développements a fait des femmes élégantes peut-être jusqu'à trente ans, mais à jamais frivoles, médiocres et inutiles (1).....

Si les femmes savent régler leur journée, bien du temps leur restera pour de belles et graves lectures, pour un vrai et convenable travail d'esprit, sans que rien en souffre dans leur maison.

Je vais plus loin : tout, dans la maison et dans l'intérieur du ménage, s'en trouvera mieux. Car la force acquise par de telles habitudes profitera même aux autres devoirs. Oui, quand vous travaillez courageusement à élever votre âme tout entière, pour être digne de toute votre mission maternelle, c'est alors que vous êtes vraiment dévouée à la famille dont, selon la belle parole de Fénelon, Dieu vous a fait l'âme, dont il veut que, pour votre part, vous soyez la bénédiction et la lumière, et dont il vous demandera compte un jour.

Il ne faut pas d'ailleurs l'oublier, partout, même dans les intérieurs les plus unis et les plus heureux, il y a des difficultés, des peines, des souffrances, qui prennent quelquefois bien du temps dans la vie. Eh bien! je ne crains pas de le dire, et toutes les personnes qui en font l'expérience le diront avec moi, le travail, un travail modéré, mais habituel et régulier auquel on revient chaque jour, et autant que possible aux mêmes heures, c'est l'une des choses qui aident le mieux à supporter ou à éviter les peines de la vie, en apprenant à ne pas se faire de chagrins pour des riens, mais à sentir et à penser sainement, et à agir prudemment. Les gens qui n'ont rien à faire se font sans cesse des chagrins à plaisir.

Le travail recueille, apaise et calme; il élève le niveau habi-

____

(1) L'évêque d'Orléans écrit exclusivement pour les femmes du monde; ses goûts de lettré, ses tendances littéraires et sociales ne pouvaient trouver satisfaction que dans un milieu particulier. Mais les femmes de toutes les classes ont une âme, un cœur, une intelligence, des devoirs à remplir, des écueils à éviter. Les réflexions de Mgr Dupanloup, en se généralisant, peuvent s'adapter à toutes les situations.

tuel de la pensée; il donne une plus entière possession de soi, plus de gravité et d'autorité par conséquent pour commander, plus de force pour se soumettre et obéir, plus de patience pour supporter et attendre; je le dirai même, le travail fait diversion aux mille petits tracas qui absorbent trop souvent l'existence des femmes; sans les faire sortir de la maison, il les fait sortir d'elles-mêmes et de leurs soucis domestiques auxquels, sans ce contrepoids, elles seraient portées fréquemment à donner dans leurs préoccupations plus de place qu'il ne convient; car si on s'occupe trop uniquement d'une même chose, sans trêve ni repos, on s'en frappe l'esprit, l'humeur s'aigrit, le découragement gagne, l'impatience prend... Après des heures de lectures intéressantes et de travail utile, quelles que soient les préoccupations qu'on y ait apportées, on se sent de meilleure humeur (1), le cœur reposé, le jugement plus net. Et le corps lui-même, si souvent fatigué par l'agitation nerveuse et les émotions excessives auxquelles les femmes se laissent si facilement aller, reprend par le travail intellectuel, lorsqu'il n'a rien d'excessif, les forces qu'il chercherait vainement ailleurs...

Il y a des moments de vide, et quelquefois de grand vide, dans l'existence d'une mère de famille... Une femme peut très bien se trouver, à vingt-huit ou trente ans, tout à fait isolée, et dans un isolement qui augmentera avec les années. C'est l'âge des grands dangers. Plus que jamais alors, il faut que le travail, des études convenables, des lectures utiles, remplissent le vide de l'âme et conjurent les périls.

Qu'on veuille bien excuser ici l'austérité de mon langage, il m'est inspiré par les motifs les plus sacrés. Avant tout, je suis pasteur, et ma charge est celle des âmes. Eh bien! j'ai vu des âmes splendides tomber du ciel, et la chute avait com-

---

(1) Montesquieu disait : « Il n'y a pas de chagrin dont une heure de lecture ne m'ait consolé ». Cette facilité de consolation, qui dénote un facile égoïsme, n'est pas à la portée de tout le monde; mais, toute exagération à part, il y a dans l'étude, même sous sa forme la plus aisée, la lecture, une vertu d'apaisement et à la fois de force, très réelle. C'est ce que Mme Guizot a exprimé plus heureusement que Montesquieu dans le passage suivant : « On peut acquérir par la lecture des connaissances et des habitudes d'esprit capables d'augmenter infiniment la liberté de son jugement, et en même temps l'élévation de son caractère. Le goût de la lecture préservera aussi du vide et de la langueur de l'âme, si dangereux dans la jeunesse. C'est un précieux avantage que de trouver hors de nous un intérêt innocent et facile auquel nous puissions recourir dans un moment où, sans intérêt pour nous-mêmes, nous traînons péniblement le poids de l'existence, et pourrions nous jeter trop avidement sur la première distraction capable de nous aider à le soutenir. La lecture rétablit l'équilibre entre nos facultés et nos besoins. En rendant le mouvement à notre esprit, elle allège le poids de la vie, qui n'est jamais lourde que parce que nous ne savons pas la porter, et il est rare que l'imagination ne sorte pas, active et calme, d'une lecture commencée dans la paresse ».

mencé, dans l'isolement du cœur, par l'engourdissement de l'esprit...

Qu'on l'entende bien: ce que je désire avant tout, ce ne sont pas des femmes savantes, mais — ce qui est nécessaire et a leurs maris et à leurs enfants et à leur ménage — des femmes intelligentes, judicieuses, attentives, instruites de tout ce qu'il leur est utile de savoir, comme mères, maitresses de maison et femmes du monde : ne dédaignant jamais le travail des mains, et toutefois sachant occuper, non seulement leurs doigts, mais aussi leur esprit, et cultiver leur âme tout entière. Et j'ajoute que ce qu'il faut craindre à l'égal des plus grands maux, ce sont ces femmes frivoles, légères, molles, désœuvrées, ignorantes, dissipées, amies du plaisir et de l'amusement, et par suite ennemies de tout travail et presque de tout devoir, incapables de toute étude, de toute attention suivie, et par là même hors d'état de prendre aucune part réelle à l'éducation de leurs enfants et aux affaires de leur maison et de leur mari....

Dans une position même restreinte, il serait très-bon que les femmes tâchent de savoir tout ce qu'elles peuvent savoir dans les professions auxquelles elles ont part. Il faudrait qu'une fille destinée à vivre à la campagne apprît bien tout ce qui intéresse l'agriculture: on en voit qui labourent, qui battent le blé, font des travaux d'homme, mais qui savent à peine quand il faut semer ou faucher. Une marchande sait bien écrire, calculer, c'est elle qui tient le comptoir, et pourtant elle est hors d'état de répondre aux questions d'un acheteur qui a besoin, pour se décider, de quelques renseignements sur la matière, ou la qualité des matières, ou le genre de travail qu'exige l'objet dont il est question : *Mon mari vous dira cela quand il viendra*, répondent-elles, et l'acheteur s'en va ailleurs. C'est qu'en général on n'attache aucun prix, dans notre société, à ce qui peut développer l'intelligence des femmes, à quelque rang qu'elles appartiennent (1).

(1866) Dupanloup, p. 25-29, 31-32, 131-132,
283-284 (en note).

La jeune fille, en grandissant, a besoin de trouver des aliments intellectuels qui n'étaient pas nécessaires à son enfance, ni même à son adolescence. Il faut que sa seconde éducation

---

(1) C'est le seul passage que je rencontre dans les œuvres de l'évêque d'Orléans, qui soit relatif à l'éducation des femmes du peuple

soit tout à la fois plus étendue et plus profonde que la re-
mière.

Cette seconde éducation, qui commence où l'autre finit, est
un des moyens les plus puissants qu'on puisse employer pour
prévenir l'incurable ennui et les dangers de l'oisiveté, cette
mauvaise conseillère.   (1867) A. Nettement (1), p. 13.

Deux opinions absolument opposées l'une à l'autre, mais
qui, toutes deux, ont encore aujourd'hui de nombreux partisans, peuvent se traduire ainsi :

1° L'instruction des filles doit être extrêmement bornée. Il
suffit qu'elles sachent conduire leur maison, puisqu'elles sont
destinées à vivre dans une ombre modeste, sous l'autorité du
chef de famille. Elles n'ont point de carrière à choisir: elles
n'ont pas besoin de la science. La femme n'étant pas l'égale de
l'homme, la science ne serait pour elle qu'une dangereuse
inutilité.

2° L'instruction des filles peut et doit être aussi complète que
possible. La femme est l'égale de l'homme. Le préjugé seul lui
ferme des carrières qu'elle est capable de fournir. Nous avons
des souveraines qui entendent la politique, des jeunes filles de
la bourgeoisie qui prennent leurs grades en médecine, des
femmes-auteurs qui figurent parmi les illustrations scientifiques et littéraires !

La première opinion, celle qui réduit la jeune fille à la
simple étude du ménage, perd chaque jour du terrain. Cette
infériorité extrême, ce rôle de servante de l'homme, dispa-
raissent de nos mœurs ; et il n'y a plus que les esprits attar-
dés, nombreux encore, mais impuissants, qui veuillent
condamner la moitié de l'espèce humaine à une sorte de
domesticité ignorante.

Les partisans de la seconde opinion se font une illusion
généreuse. Ils prennent pour la règle ce qui ne sera jamais
que l'exception... La jeune fille doit être *instruite*, elle ne
doit pas être *savante*.   (1869) Théry (2), p. 13-14.

(1) *La seconde éducation des filles*, 1 vol. in-12. Paris, Lecoffre, 1867.
(2) *Lettres sur la profession d'institutrice.* 1 vol. in-12 Paris, Delagrave.

II

Les études des femmes.

Apprenez à une fille à lire et à écrire correctement... Elles manquent encore plus grossièrement pour l'orthographe (1)... Il faudrait aussi qu'une fille sût la grammaire...

Elles devraient aussi savoir les quatre règles de l'arithmétique...

Il serait bon aussi qu'elle sussent quelque chose des principales règles de la justice ; par exemple la différence qu'il y a entre un testament et une donation ; ce que c'est qu'un contrat, une substitution, un partage de cohéritiers ; les principales règles du droit ou des coutumes du pays où l'on est, pour rendre ces actes valides ; ce que c'est que propres, ce que c'est que communauté ; ce que c'est que biens meubles et immeubles. Si elles se marient, toutes leurs principales affaires rouleront là-dessus (2)...

Après ces instructions, qui doivent tenir la première place. je crois qu'il n'est pas inutile de laisser aux filles, selon leur loisir et la portée de leur esprit, la lecture des livres profanes qui n'ont rien de dangereux pour les passions ; c'est même le moyen de les dégoûter des comédies et des romans. Donnez-leur donc des histoires grecque et romaine ; elles y verront des prodiges de courage et de désintéressement. Ne leur laissez pas ignorer l'histoire de France qui a aussi ses beautés ; mêlez celle des pays voisins, et les relations des pays éloignés judicieusement écrites. Tout cela sert à agrandir l'esprit et à élever l'âme à de grands sentiments, pourvu qu'on évite la vanité et l'affectation.

On croit d'ordinaire qu'il faut qu'une fille de qualité qu'on veut bien élever apprenne l'italien et l'espagnol ; mais je ne vois rien de moins utile que cette étude... Ces deux langues ne servent guère qu'à lire des livres dangereux, et capables d'augmenter les défauts des femmes : il y a beaucoup plus à perdre qu'à gagner dans cette étude (3). Celle du latin (4) serait

(1) Mme de Maintenon corrigeait les fautes d'orthographe dans les lettres des institutrices de Saint-Cyr.

(2) Fénelon veut aussi que les filles de qualité soient instruites des devoirs et des droits des seigneurs dans leurs terres.

(3) Tous les pédagogues du xviie siècle proscrivent les langues étrangères vivantes. On ne pensait alors qu'à l'italien et l'espagnol qui s'étaient introduits en France par suite des rapports entre les deux pays, et surtout par suite

bien plus raisonnable, car c'est la langue de l'Église... Mais je ne voudrais faire apprendre le latin qu'aux filles d'un jugement ferme, d'une conduite modeste, qui sauraient ne prendre cette étude que pour ce qu'elle vaut, qui renonceraient à la vaine curiosité, qui cacheraient ce qu'elles auraient appris et qui l' chercheraient que leur édification.

Je leur permettrais aussi, mais avec un grand choix, la lecture des ouvrages d'éloquence et de poésie, si je voyais qu'elles en eussent le goût, et que leur jugement fût assez solide pour se borner au véritable usage de ces choses ; mais je craindrais d'ébranler trop les imaginations vives, et je voudrais en tout une exacte sobriété...

La musique et la peinture ont besoin des mêmes précautions, tous ces arts sont du même génie et du même goût (1).

(1687) Fénelon, p. 72-76.

Premièrement, les femmes ne doivent ni ignorer la religion, ni y être trop savantes... Il faut se contenter de leur apprendre les dogmes communs, sans entrer dans la théologie, et travailler surtout à la morale, leur inspirer les vertus qui leur conviennent le plus, comme la douceur et la modestie, la soumission, l'amour de la retraite, l'humilité, et celles dont leur tempérament les éloigne le plus, comme la force, la fermeté, la patience.

Pour l'esprit, il faut les exercer de bonne heure à penser de suite (avec suite), et à raisonner solidement sur les sujets ordinaires qui peuvent être à leur usage ; leur apprenant le plus essentiel de la logique, sans les charger de grands mots qui puissent donner matière à la vanité...

La grammaire ne consistera pour elles qu'à lire et écrire et composer correctement en français une lettre, un mémoire ou quelque autre pièce à leur usage.

---

des mariages royaux. La littérature italienne et la littérature espagnole avaient tenu le premier rang, avant notre grand siècle, mais leurs productions étaient souvent licencieuses. L'Allemagne et l'Angleterre ne comptaient pas encore au point de vue littéraire. D'un autre côté, on n'avait pas la notion toute contemporaine de l'utilité des langues pour les relations internationales. Vers la fin du xviiie siècle seulement, l'anglais fut en grande faveur.

(4) Mme de Sévigné, Mme de Lafayette, Mme de Maintenon savaient le latin ; Mlle de Rochechouard savait même le grec. Bossuet, directeur d'une des demoiselles de Luynes, lui permettait la composition en latin, mais pas en grec. C'était là des exceptions.

(1) On sent que Fénelon, ce lettré, ce délicat, enthousiaste des chefs-d'œuvre de l'antiquité profane, est retenu par des scrupules de conscience religieuse, et qu'il résiste à un charme dont il redoute l'entraînement.

L'arithmétique pratique leur suffit, mais elle ne leur est pas moins nécessaire qu'aux hommes, et elles ont encore plus besoin de l'économique (1) puisqu'elles sont destinées à s'y appliquer davantage, au moins à entrer plus dans le détail. Aussi a-t-on assez de soin de les instruire du ménage ; mais il serait à souhaiter qu'il y entrât un peu plus de raison et de réflexion, pour remédier à deux maux très-communs, la petitesse d'esprit et l'avarice dans les jeunes ménagères, et d'un autre côté la fainéantise et le dédain dans celles qui prétendent au bel esprit.

Il est bon qu'elles sachent les remèdes les plus faciles aux maux ordinaires car elles sont fort propres à les préparer dans les maisons, et à prendre soin des malades.

Quoique les affaires du dehors regardent principalement les hommes, il est impossible que les femmes n'y aient souvent part, et quelquefois elles s'en trouvent entièrement chargées, comme quand elles sont veuves. Il est donc encore nécessaire de leur apprendre la jurisprudence, c'est-à-dire qu'elles entendent les termes communs des affaires, et qu'elles sachent les grandes maximes, en un mot qu'elles soient capables de prendre conseil.

Elles se peuvent passer de tout le reste des études, du latin et des autres langues, de l'histoire, des mathématiques, de la poésie et de toutes les autres curiosités (2). Elles ne sont pas destinées aux emplois qui rendent ces études nécessaires ou utiles, et plusieurs en tireraient de la vanité. Il vaudrait mieux toutefois qu'elles y employassent les heures de leur loisir qu'à lire des romans, à médire, jouer, ou parler de leurs jupes et de leurs rubans.   (1686) L'abbé FLEURY, p. 340-344.

Je la ferais travailler (3), lire de bonnes choses, mais point

---

(1) Fleury désigne ainsi non seulement la science de l'économie domestique, mais encore la connaissance des choses de la vie réelle. « Les enfants, disait-il, ne vivront ni en l'air, ni parmi les astres, au pays des êtres de raison ; ils vivront sur la terre, dans ce bas monde, tel qu'il est aujourd'hui... » (p. 250). Dans le même esprit, Fénelon disait que « ce monde n'est pas un fantôme. » Il faut donc que les femmes soient initiées à la vie réelle.

(2) On comprend difficilement que Fleury, ce défenseur de l'éducation des femmes, et l'un des esprits les plus libéraux de son siècle, proscrive la littérature et surtout l'histoire. Fénelon n'était pas si sévère, mais Fénelon annonce déjà le xviiie siècle ; du moins est-il sur la frontière des deux.

(3) Il s'agit de Pauline de Grignan, petite-fille de Mme de Sévigné. Les citations qui suivent ont trait à son éducation, pour laquelle Mme de Sévigné donnait des conseils à Mme de Grignan, à bâtons rompus, au cours de sa correspondance, mais toujours avec infiniment de bon sens et d'ouverture d'esprit.

trop simples; je raisonnerais avec elle, je verrais de quoi elle est capable, et je lui parlerais avec amitié et avec confiance...

Donnez, donnez-lui hardiment les *Essais de morale* (1). On voit à ses réponses qu'elle a beaucoup d'esprit et de vivacité...

Je ne pense pas que vous ayez le courage d'obéir à votre père *Lanterne*. Voudriez-vous ne pas donner le plaisir à Pauline, qui a bien de l'esprit, d'en faire quelque usage, en lisant les belles comédies de Corneille, et *Polyeucte*, et *Cinna*, et les autres? (2) N'avoir de la dévotion que ce retranchement sans y être portée par la grâce de Dieu, me paraît être bottée à cru : il n'y a point de liaison ni de conformité avec tout le reste. Je ne vois point que M. et Mme de Pompone (3) en usent ainsi avec Félicité à qui ils font apprendre l'italien et tout ce qui sert à former l'esprit : je suis assurée qu'elle étudiera et expliquera ces belles pièces dont je viens de vous parler. Ils ont élevé Mme de Vins de la même manière, et ils ne laisseront pas d'apprendre parfaitement bien à leur fille comme il faut être chrétienne, ce que c'est que d'être chrétienne, et toute la beauté et solide sainteté de notre religion : voilà tout ce que je vous en dirai. Pour moi, je crois que c'est votre exemple qui fait haïr les histoires à Pauline; car elles sont bien amusantes (4)...

Je ne veux rien dire sur les goûts de Pauline, (pour les romans) (5); je les eus avec tant d'autres qui valent mieux que moi, que je n'ai qu'à me taire. Il y a des exemples des bons et des mauvais effets de ces sortes de lectures : vous ne les aimez pas, vous avez fort bien réussi; je les aimais, je n'ai pas trop mal couru ma carrière; *tout est sain aux sains,* comme vous dites. Pour moi, qui voulais m'appuyer dans mon goût, je trouvais qu'un jeune homme devenait généreux et brave en voyant mes héros, et qu'une femme devenait honnête

---

(1) Les *Essais* de Nicole, un des livres remarquables du xviie siècle; on voit de suite quelle portée Mme de Sévigné donne à l'éducation féminine.

(2) Les littérateurs, les grands poètes, après les moralistes, même les littérateurs étrangers : Mme de Sévigné fait exception à cet égard, mais elle n'est pas un pédagogue de profession.

(3) Amis de Mme de Sévigné; M. de Pompone était de la famille des Arnauld.

(4) Les histoires, pour l'*Histoire*, que Mme de Sévigné recommande sans cesse.

(5) Délicate question : faut-il permettre aux jeunes filles la lecture des romans? Les en sevrer absolument, n'est-ce pas allumer une curiosité assez mauvaise en soi? Il en est un peu comme du monde, qu'il ne convient pas de leur laisser ignorer complètement. La difficulté est dans la mesure, dans le choix; question de discernement. Au fond, ce serait le procès de toutes les œuvres d'imagination; mais quelle délicatesse prudente il faut y mettre

et sage en lisant *Cléopâtre* (1). Quelquefois il y en a qui prennent un peu les choses de travers; mais elles ne feraient peut-être guère mieux, quand elles ne sauraient pas lire : quand on a l'esprit bien fait, on n'est pas aisée à gâter. Cependant il est très-assuré, très-vrai, très-certain que M. Nicole vaut mieux... Je vous conjure, ma chère Pauline, de ne pas tant tourner votre esprit du côté des choses frivoles, que vous n'en conserviez pour les solides et pour les histoires; autrement votre goût aurait les pâles couleurs.

Pauline aime à savoir et à connaître : la jolie, l'heureuse disposition! on est au-dessus de l'ennui et de l'oisiveté, deux vilaines bêtes. Les romans sont bientôt lus : je voudrais qu'elle eût quelque ordre dans le choix des histoires, qu'elle commençât par un bout et finît par l'autre, pour lui donner une teinture légère, mais générale de toutes choses. Ne lui dites-vous rien de la géographie?.. Ma fille, c'est à vous à gouverner et à rectifier : c'est votre devoir, vous le savez...

Nous sommes ici dans un grand repos et nous en profitons (pour lire). Je relis même avec mon fils de certaines choses que j'avais lues en courant à Paris, et qui me paraissent toutes nouvelles. Nous relisons aussi, à travers nos grandes lectures, des rogatons que nous trouvons sous notre main, par exemple toutes les belles oraisons funèbres de M. de Meaux, de M. l'abbé Fléchier, de M. Mascaron, du Bourdaloue (2) : nous repleurons M. de Turenne, Mme de Montausier, Monsieur le Prince, feu Madame, la reine d'Angleterre; nous admirons ce portrait de Cromwell (3) : ce sont des chefs-d'œuvre d'éloquence qui charment l'esprit. Il ne faut point dire: « Oh! cela est vieux », non, cela n'est point vieux, cela est divin. Pauline en sera instruite et ravie... Je ne sais quel livre conseiller à Pauline. Davila est beau en italien; Guichardin est bien long... (4)

---

(1) Roman de la Calprenède, où tout le règne d'Auguste est mis à contribution en 23 volumes, et dont la publication successive tint le public en haleine pendant 12 ans.

(2) Bossuet (1627-1704) : Oraisons funèbres du prince de Condé, d'Henriette d'Angleterre, duchesse d'Orléans; de la reine d'Angleterre, veuve de Charles I; Fléchier (1632-1710), évêque de Nîmes : oraisons funèbres de la duchesse de Montausier et de Turenne; Mascaron (1634-1703) : oraisons funèbres d'Henriette d'Angleterre et de Turenne; Bourdaloue (1632-1704) : sermons justement célèbres.

(3) Dans l'oraison funèbre de la reine d'Angleterre : « Un homme s'est rencontré, d'une profondeur d'esprit incroyable, etc. »

(4) Davila, auteur d'une *Histoire des guerres civiles de France de 1559 à 1598*, publiée à Venise en 1630. — Guichardin, auteur d'une *Histoire d'Italie de 1430 à 1534*, publiée à Venise en 1561.

Quelle différence de notre siècle à celui de Mme de Sévigné! Quelle abon-

Qu'elle s'en tienne à la poésie, le Tasso, l'*Aminte*, le *Pastor Fido*, la *Philli di Sciro*; je n'ose dire l'Arioste, il y a des endroits fâcheux; et du reste qu'elle lise l'histoire; qu'elle entre dans ce goût, qui peut si longtemps consoler son oisiveté : il est à craindre qu'en retranchant cette lecture, on ne trouve plus rien à lire...

Pour Pauline, cette dévoreuse de livres, j'aime mieux qu'elle en avale de mauvais que de ne point aimer à lire; les romans, les comédies, les Voiture, les Sarrasin (1), tout cela est bientôt épuisé. A-t-elle tâté de Lucien (2)? est-elle à portée des *Petites Lettres* (3)? après il faut l'histoire; si on a besoin de lui pincer le nez pour lui faire avaler, je la plains. Pour les beaux livres de dévotion, si elle ne les aime pas, tant pis pour elle ; car nous ne savons que trop que, même sans dévotion, on les trouve charmants. A l'égard de la morale, comme elle n'en ferait pas un si bon usage que vous, je ne voudrais point du tout qu'elle mît son petit nez ni dans Montaigne, ni dans Charron(4), ni dans les autres de cette sorte; il est bien matin pour elle. La vraie morale de son âge, c'est celle qu'on apprend dans les bonnes conversations, dans les fables, dans les histoires par les exemples ; je crois que c'est assez. Si vous lui donnez un peu de votre temps pour causer avec elle, c'est assurément ce qui serait le plus utile.

(1688-1690) Mᵐᵉ de Sévigné, t. VI, p. 154, 156, 390; t. VII, p. 85-86, 142, 147, 150.

L'étude la plus propre à orner l'esprit des jeunes demoiselles et même à leur former le cœur, est celle de l'histoire. Elle leur ouvre un vaste champ, qui peut les occuper utilement et agréablement pendant plusieurs années... Mais il ne faut pas qu'elles se contentent d'une lecture rapide, qui ne laisse presque pas de vestiges après soi, et qui n'est propre qu'à satisfaire la curiosité, défaut naturel au sexe, qu'on doit combattre de bonne

---

dance de livres, et de bons livres, pour l'éducation ! Il y a deux cents ans, une mère cherchant de tout son cœur à instruire sa fille, avait bien de la peine à lui composer une bibliothèque convenable.

(1) Voiture (1598-1648), littérateur et bel-esprit célèbre au xvııᵉ siècle. Sarrasin, poète (1604-1654).

(2) Vivait au ııᵉ siècle de notre ère ; moraliste et satirique grec.

(3) *Les Provinciales*.

(4) Montaigne (1533-1592) ; *les Essais.* Charron (1544-1603), *Traité de la sagesse.* En effet, ces deux moralistes ne peuvent être lus que par extraits, surtout par les jeunes filles.

heure, et non l'entretenir et l'augmenter en s'y livrant. Il faut revenir sur ses pas, et, après avoir vu un fait tout de suite (1), le reprendre de nouveau, le relire plusieurs fois, en s'arrêtant davantage sur les plus beaux endroits; s'en rendre compte ensuite à soi-même avec une sorte de sévérité, et, s'il se peut, en faire un extrait et un abrégé. La plupart des dames se plaignent qu'elles ne retiennent rien de ce qu'elles ont lu : c'est qu'elles ne se donnent pas la peine de lire comme il faudrait, et que dans leur jeunesse elles n'ont pas eu soin de cultiver leur mémoire, qui est naturellement paresseuse, et qui fait le travail. Il serait à souhaiter que les mères, qui sont les premières maîtresses de leurs filles, leur en tinssent lieu dans cette étude, s'y appliquassent elles-mêmes, et se missent en état de leur en faire rendre compte.

(1723) ROLLIN, p. 132, 143-144.

Il est bon que les jeunes personnes s'occupent de sciences solides. L'histoire grecque et romaine élève l'âme, nourrit le courage par les grandes actions qu'on y voit. Il faut savoir l'histoire de France; il n'est pas permis d'ignorer l'histoire de son pays. Je ne blâmerais pas même un peu de philosophie, surtout de la nouvelle (2), si on en est capable; elle vous met de la précision dans l'esprit, démêle vos idées et vous apprend à penser plus juste. Je voudrais aussi de la morale. A force de lire Cicéron, Pline (3) et les autres, on prend du goût pour la vertu; il se fait une impression insensible qui tourne au profit des mœurs. La pente au vice se corrige par l'exemple de tant de vertus, et rarement trouverez-vous un mauvais naturel avoir du goût pour ces sortes de lectures. On n'aime point à voir ce qui nous accuse et ce qui nous condamne toujours.

Pour les langues, quoiqu'une femme doive se contenter de parler celle de son pays, je ne m'opposerais pas à l'inclination que l'on pourrait avoir pour le latin; c'est la langue de l'Église. Elle vous ouvre la porte à toutes les sciences, elle vous met en société avec ce qu'il y a de meilleur dans tous les siècles.

---

(1) Sans s'arrêter, d'un bout à l'autre pour le saisir dans son entier.

(2) *Elle désigne ainsi la philosophie de Locke, alors dans la fleur de sa nouveauté, par opposition au cartésianisme ou philosophie de Descartes.*

(3) Cicéron (107-64 av. J.-C.), orateur et philosophe romain; comme moraliste en particulier, il a écrit le *Traité des Devoirs, Les Biens et les Maux*, etc. — Pline l'Ancien (23-79 de notre ère), auteur d'une *Histoire naturelle*, où il traite non seulement du système de la nature, mais de philosophie et de morale. Son neveu, Pline le Jeune (62-116); *Lettres* sur différents sujets.

Les femmes apprennent volontiers l'italien, qui me paraît dangereux; c'est la langue de l'amour. Les auteurs italiens sont peu châtiés; il règne dans leurs ouvrages un jeu de mots, une imagination sans règle, qui s'opposent à la justesse de l'esprit.

La poésie peut avoir des inconvénients. J'aurais pourtant peine à interdire la lecture des belles tragédies de Corneille; mais souvent les meilleures vous donnent des leçons de vertu, et vous laissent l'impression du vice.

La lecture des romans est plus dangereuse; je ne voudrais pas que l'on en fît un grand usage; ils mettent du faux dans l'esprit... Je ne voudrais point les défendre; toutes défenses blessent la liberté et augmentent le désir. Mais il faut, autant qu'on peut, s'accoutumer à des lectures solides, qui ornent l'esprit et fortifient le cœur.

Soyez en garde contre le goût du bel esprit: ne vous amusez point à courir après des sciences vaines, et après celles qui sont au-dessus de votre portée.

(1728) Mme de LAMBERT, p. 82-84.

D'autres trouveront que j'ai eu tort de parler aux enfants de choses qu'ils supposeront au-dessus de leur portée; de choses qu'ils prétendent que les femmes même doivent toujours ignorer. Qu'ont-elles besoin, me diront-ils, de connaître la différence de leurs âmes d'avec celles des animaux? Elles croient cette vérité et mille autres, sur la foi d'autrui; elles ne sont pas faites pour en savoir davantage. On dirait que vous prétendez en faire des logiciennes, des philosophes; — et vous en feriez volontiers des automates, leur répondrai-je. Certainement j'ai dessein d'en faire des logiciennes, et même des philosophes: je veux leur apprendre à penser, à penser juste, pour parvenir à bien vivre (1). Si je n'avais pas l'espoir de parvenir à cette fin, je renoncerais, dès ce moment, à écrire et à enseigner. Il est assez de personnes capables de faire entrer dans la mémoire des enfants quelques milliers de mots qu'ils ignorent, les règles du langage, et plusieurs autres connaissances à peu près aussi importantes: je ne regarde l'étude de la langue française, par rapport à mes écolières, que comme un moyen qui m'est offert par la Providence pour leur former l'esprit et le cœur.

(1757) Mme LEPRINCE de BEAUMONT (2), t. I, p. 15-16.

---

(1) C'est le vrai but de l'éducation intellectuelle.
(2) *Le Magasin des enfants, ou Dialogues d'une sage gouvernante avec ses*

Nul n'est heureux sans la santé ; c'est le premier présent de
la nature. Cependant quelle leçon tend à apprendre à conserver
un bien si cher ? Ce vieux proverbe sans cesse rebattu, *si
jeunesse savait, si vieillesse pouvait...* n'a guère d'application
plus juste. C'est par ignorance que tant de jeunes femmes
ruinent leurs charmes et leur santé. C'est par ignorance
qu'elles confondent les avis les plus salutaires avec de misérables préjugés... Si l'expérience instruit toujours trop tard, les
lumières acquises peuvent seules suppléer à l'expérience...

C'est *ce qui est,* tel que la nature nous le présente, que nous
devons nous appliquer à pénétrer... Nous conviendrons ici de
l'inutilité des sciences exactes pour les femmes; mais quelle
étude peut mieux concourir à former l'esprit à la justesse, que
cette partie de la physique fondée sur l'expérience ? Ne devrait
il pas même être honteux d'ignorer le *comment* et le *pourquoi*
des opérations les plus simples ? La physique, loin donc d'être
au-dessus de nos forces, étend la sphère de nos idées,

(1779) Mme de MIREMONT (1), t. II, p. 8, 9, 17.

Bibliothèque à l'usage des femmes.

RELIGION. — Un certain nombre d'ouvrages.

SCIENCES ET ARTS. — *Éducation des enfants,* par Locke. —
Celle des filles, par Fénelon. — *L'Éducation de la noblesse française.* — *Le Traité des études,* par Rollin. — Quelques ouvrages
bien faits sur les arts.

MORALE. — *Considérations sur les mœurs,* de Duclos. — *Les
Offices de Cicéron.* — *Sénèque.* — *Les Essais de Nicole.* — *L'Art
de se connaître soi-même,* d'Abbadie. — *Les Caractères,* de La
Bruyère. — *Les Maximes,* de La Rochefoucauld. — *Les Pensées
de Montaigne,* en un volume.

PHYSIQUE. — *Le Dictionnaire de physique.* — *Le Spectacle de
la nature.* — *Les Éléments* de l'abbé Nollet. — *Les Mondes,* de
Fontenelle.

BELLES-LETTRES. — *La Traité de l'orthographe,* en forme de
dictionnaire, imprimé à Poitiers. — *La Grammaire,* de Restaut.

élèves, dans lesquels on fait penser, parler, agir les jeunes gens suivant le génie.
le tempérament et les inclinations de chacun, etc. — 4 vol. in-16. Metz, imprimerie de C. Lamort, 1821.

(1) Mme de Miremont demande aussi la langue française, l'histoire, la géographie, la morale: je ne cite que ce qui lui appartient en propre, l'étude des
sciences de la nature et celle de l'hygiène. Au reste, on jugera de son programme par le catalogue d'une bibliothèque qu'elle propose pour l'instruction
des femmes.

— *Les Principes de la langue*, par l'abbé Girard. — *Les Syno-nymes*, du même. — *L'Art de parler français*, de La Touche. — *La Logique de Port-Royal*. — Quelques-unes des œuvres de Fontenelle et de Cicéron. — *Mélanges de littérature*, de M. d'Alem-bert. — *Cours de belles-lettres*, de M. l'abbé Le Batteux. — *Les Œuvres* de M. de Lambert. — *Les Lettres* de Mme de Sévigné. — *Les Œuvres* de Mme de Maintenon. — *Les Variétés littéraires*. — *Essais sur le bonheur*, de Le Beau. — *Essais de logique*, de M. Bertrant. — *Essais sur le goût*. — *Rhétorique française à l'usage des demoiselles*. — Quelques morceaux d'éloquence, comme les *Oraisons funèbres* de Fléchier et de Bossuet. — Nos meilleurs Théâtres (1). — *Télémaque*. — *Les Poëmes* de Gessner. — Celui des *Saisons* de Tomson. — Celui de M. de Saint-Lam-bert. — *L'Art poétique* de Boileau. — Les meilleures traduc-tions d'Homère, de Virgile et d'Horace. — Un Recueil de Poésies bien choisi.

Mythologie. — *Le Dictionnaire de mythologie*. — *Les Méta-morphoses d'Ovide*, nouvelle traduction. — *L'Explication de la fable*, par le même. — *L'Histoire du ciel*, de l'abbé Pluche. — *Les Fables de La Fontaine*.

Romans. — *Quelques romans historiques*. — *Le Spectateur an-glais*. — *Le spectateur français*.

Histoire. — *L'Atlas* de l'abbé Nicole de La Croix. — celui de M. de Mornas, et quelques abrégés bien faits. — *L'Abrégé de l'histoire ancienne* de Rollin. — *L'Histoire de France* de l'ab-bé Velly. — *L'Histoire romaine* de Laurent Echard. — *L'His-toire du Bas-Empire*, de Le Beau. — *L'histoire universelle* de Bossuet. — *L'Histoire d'Angleterre* de Hume. — *L'Histoire d'Écosse* de Robertson. — *L'Abrégé de l'histoire de France* du président Hénault. — *Les Hommes illustres* de Plutarque. — *Le Diction-naire des grands hommes*. — *Les mémoires les plus estimés*.

(1779) Mme de Miremont (2), t. 1 p. 82, 83.

---

(1) C'est-à-dire recueil des meilleures pièces de théâtre.

(2) On peut juger, d'après cette énumération, de l'idée qu'une femme se faisait de l'éducation des femmes dix ans avant la Révolution française. Rapprochez ce programme de celui de Fleury ou même de Fénelon, vous verrez que le temps a marché. Il est bien entendu que je donne cette liste à titre de curiosité pédagogique, plutôt que comme guide à suivre. Sans parler des ressources actuelles qui permettent de mieux choisir, il y aurait plus d'une réserve à faire, par exemple à propos de Duclos, de quelques parties des œuvres de Mme de Lambert, si cette bibliothèque était faite exclusivement pour les jeunes filles, mais elle est destinée surtout aux femmes. Celle qu'a dressée Mme de Genlis et qu'on va retrouver dans l'extrait suivant, a un carac-tère plus spécialement pédagogique, et elle soulève bien plus de réserves encore

Les lectures graduées d'une jeune fille.

A 7 ans. — *La Bible.* — *Les Conversations d'Émilie,* par Mme d'Epinay. — *Les hochets moraux,* par M. Monget, contes en vers dédiés aux princesses d'Orléans.

A 7 ans 1/2. — *Drames et dialogues pour les enfants,* par Mme de la Fite.

A 8 ans. — *Les Annales de la vertu.* — *La Géographie comparée,* de Montelle. — *Traité du blazon.* — *Le Catéchisme historique* (abbé Fleury). — *L'Abrégé de la géographie* de Le Ragois.

A 9 ans. — *L'Abrégé de l'histoire poétique et l'instruction sur les Métamorphoses d'Ovide,* par Le Ragois.

A 10 ans. — *Le Théâtre d'éducation* (cinq comédies). — *Éléments de poésie française.* — *Robinson Crusoé.* — *The beauties of history* (Les Beautés de l'Histoire).

A 11 ans. — *L'Histoire ancienne* de M. Rollin. — *L'Imitation de Jésus-Christ.* — *Father's instructions to his children* (Instructions d'un père à ses enfants). — *Le théâtre de Campistron.*

A 12 ans. — *Les quatre fins de l'homme,* par M. Nicole. — *L'Histoire romaine,* par Laurent Échard. — *Le Théâtre* de Lagrange-Chauce. — *Macaulay's History of England* (L'histoire d'Angleterre de Macaulay).

A 13 ans. — *Les Annales de la vertu.* — *La Princesse de Clèves.* — *Zaïde.* — *Cleveland.* — *Le Doyen de Killerine.* — *Les Anecdotes de la cour de Philippe-Auguste.* — *Le Théâtre d'éducation. La Mythologie* (par Mme de Genlis). — *The Travels of Cyrus* (Les Voyages de Cyrus). — *Recueil de poésies* de Bertaut, Godeau, Racan, Pavillon, Desmahis.

A 14 ans. — *Instruction d'un père à ses enfants,* par Tremblay — *L'Histoire de France,* par l'abbé de Velly et ses continuateurs. — *Le Théâtre* de Boissy. — *Le Théâtre* de Marivaux. — *Le Spectacle de la nature,* par M. Pluche. — *Histoire des insectes.* — *Letters of the right honorable lady Montague* (Lettres de la très honorable lady Montague). — *Les Lettres péruviennes* (traduction italienne). — *Les Comédies de Goldoni* (en italien).

A 15 ans. — *Les Synonymes,* de l'abbé Girard. — *La manière de bien penser dans les ouvrages d'esprit.* — *Réflexions critiques sur la poésie et su la peinture,* par l'abbé Dubos. — *Histoire universelle,* de M. de Voltaire. — *Histoire de Pierre-le-Grand.* — *Théâtre* de Destouches. — *Théâtre* de La Chaussée. — *Don Quichotte.* — *La Poétique,* de M. de Marmontel. — *Histoire d'Angleterre,* par M. Hume (en anglais). — *Les Œuvres de Métastase* (en italien).

A 16 ans. — *L'Énéide, les Géorgiques*, de Virgile (traduction de M. l'abbé « de l'Isle » (Delille). *Les Lettres de Mme de Sévigné*. — *Les Fables*, de La Fontaine. — *Traduction du théâtre des Grecs*. — *Théâtre* de Crébillon; de Lafosse (*le Manlius*). — *Ariane et le comte d'Essex*, de Thomas Corneille. — *La Métromanie*, de Piron. — *Inès de Castro*. — *Les traductions* de Plaute et de Térence. — *Clarisse Harlowe* (en anglais). — *The Thompson's Works* (Œuvres de Thompson). — *La Jérusalem délivrée* (en italien). — *L'Aminte* et le *Pastor Fido*.

A 17 ans. — *Histoire du siècle de Louis XIV*, par M. de Voltaire. — *Histoire de Charles XII*, par le même. — *Les Poésies* de madame Deshoulières. — *Les Œuvres* de Gresset. — *Théâtre du grand Corneille*. — *Théâtre* de Racine. — *Théâtre* de Voltaire. — *Les Sermons* de Bourdaloue. — *Grandisson et Paméla* (en anglais). — *L'Arioste* (en italien).

De 18 ans à 18 ans 1/2 — *Le Théâtre* de Molière. — *Les Œuvres* de Boileau; Regnard; Dufréni. — *Les Poésies*, de J.-B. Rousseau. — *Les Sermons* de Massillon. — *Le Spectateur* (en anglais). Pétrarque (en italien).

De 18 ans 1/2 à 21 ans 1/2 (pendant les deux premières années du mariage d'Adèle). — *Lettres sur l'éducation*. — *Émile*. — *L'Odyssée*. — *Histoire naturelle*, par M. de Buffon. — *Télémaque*. — *Fléchier*. — *Boileau*. — *Mascaron*. — *Les Caractères*, de la Bruyère. — *Les Maximes*, de Larochefoucault. — *Locke, Pope* (en anglais). — *L'histoire d'Italie*, de Guicciardini (en italien). — *Le Dante* (en italien).

De 21 ans 1/2 à 22 ans. — *Les Pensées*, de Pascal. — *Gil Blas*. — *Quelques mémoires sur l'histoire de France*. — *Les Œuvres* d'Hamilton. — *Traité de la sagesse*, par Charron. — *Les Lettres Persanes*. — *L'Esprit des Lois*. — Shakespeare et Milton (en anglais). — *La Jérusalem délivrée* (en italien).

À 22 ans. Une série « d'ouvrages modernes qui méritent d'être lus », tout en reprenant ceux qu'elle a lus depuis 16 ans jusqu'à vingt-deux, « ce qui devait la conduire jusqu'à vingt-sept ou vingt-huit ans, en y ajoutant même quelques ouvrages estimables qu'il faut connaître, tels que *les Mondes* de Fontenelle, ses *Discours académiques*, et plusieurs autres (1). »

(1782) Mme de GENLIS, t. III, p. 451-461.

---

(1) Telles sont les lectures d'*Adèle*, l'élève idéale de madame de Genlis; telle est aussi la marche suivie réellement par elle dans les éducations qu'elle a dirigées. On reconnaît là un mélange d'idées justes et d'erreurs. Elle commence par les écrivains inférieurs, réservant les œuvres de premier ordre pour un âge où l'élève sera capable d'en apprécier les beautés;

Rien ne peut empêcher qu'elle (l'instruction) ne soit la la même pour les femmes et pour les hommes. En effet, toute instruction se bornant à exposer des vérités, à en développer les preuves, on ne voit pas comment la différence des sexes en exigerait une dans le choix de ces vérités, ou dans la manière de les prouver. Si le système complet de l'instruction commune, de celle qui a pour but d'enseigner aux individus de l'espèce humaine ce qu'il leur est nécessaire de savoir pour jouir de leurs droits et pour remplir leurs devoirs, paraît trop étendu pour les femmes, qui ne sont appelées à aucune fonction publique, on peut se restreindre à leur faire parcourir les premiers degrés, mais sans interdire les autres à celles qui auraient des dispositions plus heureuses, et où qui leur famille voudrait les cultiver. S'il est quelque profession qui soit exclusivement réservée aux hommes, les femmes ne seraient point admises à l'instruction particulière qu'elle peut exiger ; mais il serait absurde de les exclure de celle qui a pour objet les professions qu'elles doivent exercer en concurrence.

Il est nécessaire que les hommes reçoivent une instruction méthodique et suivie sur l'éducation physique et même morale des enfants. On peut placer l'ignorance des parents et leurs préjugés au nombre des causes qui dégradent l'espèce humaine, diminuent la durée de la vie, et surtout celle de l'âge pendant lequel l'homme, faisant plus que se suffire à lui-même, a du temps et des forces pour sa famille ou pour sa patrie. La durée moyenne de la vie humaine n'approche peut-être, dans aucun pays, du terme auquel la nature lui permet d'atteindre, et on peut regarder cette durée moyenne comme une échelle propre à mesurer avec assez d'exactitude le degré de force des qualités physiques, intellectuelles ou morales. Dans un climat semblable, elle pourrait encore servir à juger de la bonté des lois. Mais lorsqu'on voit que dans un pays, sur un nombre donné

---

ainsi, Adèle ne lit Racine, Corneille, Boileau qu'à dix-sept ou dix-huit ans. Il est très vrai qu'on ne peut guère sentir le charme des grands écrivains avant que l'esprit soit développé et le goût quelque peu formé ; mais n'y a-t-il pas des inconvénients de donner à l'esprit et au goût, comme premiers aliments, des œuvres médiocres ? Et d'ailleurs comment une fillette de onze à douze ans pourrait-elle comprendre Campistron ou Lagrange-Chancel ? Est-ce bien Marivaux qui convient vers l'âge de quatorze ans ? Les romans ne sont pas trop mal vus par Mme de Genlis, il est vrai que quelques-uns, en langue étrangère, doivent être lus dans l'original ; mais comment proposer l'Arioste même en italien à une jeune fille de dix-sept ans ? Que dire des *Quatre fins de l'Homme*, du moraliste Nicole, à 12 ans ? du théâtre de Térence, surtout de Plaute, à 16 ans, ou, pour mieux dire, à n'importe quel âge ?.. Il y a donc bien des réserves à faire sur la bibliothèque d'*Adèle* ; mais elle est intéressante au point de vue de l'histoire des idées.

d'hommes nés dans un même jour, il en subsiste encore la moitié après quarante ans, tandis que dans un autre, avant la fin de la troisième, ou même de la seconde année, déjà plus de la moitié a cessé de vivre, et que, dans le reste, le même point se trouve placé à des hauteurs inégales entre ces deux extrêmes ; lorsqu'il est évident que ces différences ne peuvent avoir pour cause unique ni celles du climat ni celles du gouvernement ; lorsqu'on observe que c'est surtout à la mortalité de l'enfance qu'il faut les attribuer, on ne peut s'empêcher de voir combien le perfectionnement de l'éducation physique peut avoir d'influence sur la durée de la vie, et que, pour l'accroissement de la population, il importe moins de multiplier les hommes que de savoir les conserver...

A ces principes d'éducation physique, on joindra quelques principes d'éducation morale, propres à donner aux chefs de famille des moyens de diriger vers le bonheur, la sagesse et la vertu, les habitudes que les enfants contractent à mesure qu'ils avancent dans la vie...

Les principes de la morale enseignés dans les écoles seront ceux qui, fondés sur nos sentiments naturels et sur la raison, appartiennent également à tous les hommes. La constitution, en reconnaissant le droit qu'a chaque individu de choisir son culte, en établissant une entière égalité entre tous les citoyens de la France, ne permet pas d'admettre, dans l'instruction publique, un enseignement qui, en repoussant les enfants d'une partie des citoyens, détruirait l'égalité des avantages sociaux, et donnerait à des dogmes particuliers un avantage contraire à la liberté des opinions. Il était donc rigoureusement nécessaire de séparer de la morale les principes de toute religion particulière...

D'ailleurs, combien n'est-il pas important de fonder la morale sur les principes de la raison ? Quelque changement que subissent les opinions d'un homme dans le cours de sa vie, les principes établis sur cette base resteront toujours également vrais, ils seront toujours invariables comme elle ; il les opposera aux tentatives que l'on pourrait faire pour égarer sa conscience ; elle conservera son indépendance et sa rectitude, et on ne verra plus ce spectacle si affligeant, d'hommes qui s'imaginent remplir leurs devoirs en violant les droits les plus sacrés, et obéir à Dieu en trahissant leur patrie (1).

(1791) Condorcet (2), p. 216, 337-339, 483-484.

____

(1) Condorcet, séparant nettement la morale de la théologie, ne la sépare

L'histoire nous présente un tableau instructif des passions humaines, mais de celles surtout que l'ambition fait mouvoir, par l'intérêt qu'elle inspire au sort des héros et des conquérants; l'histoire peut donc, si l'on n'a pas soin d'abord de fortifier le jugement, éveiller dans un esprit ardent la soif de l'ambition et allumer la flamme de la fausse gloire. L'historien qui ne prend pas une partie de l'esprit de son héros, et qui n'entre pas avec chaleur dans ses intérêts, est froid et inanimé ; celui qui fait le contraire est sujet à jeter de fausses couleurs sur des actions qui, par leur nature, sont basses et viles, à atténuer ce qui est répréhensible et parfois à élever ce qui ne mérite pas la moindre approbation. Les notions morales de la jeunesse se trouvent ainsi en danger d'être corrompues par les sources mêmes qui devaient les perfectionner; c'est, je crois, ce qui arrive souvent aux jeunes gens, et telle est la conséquence inévitable des écarts de jugement auxquels on laisse l'imagination se livrer. Si le jugement était exercé à rechercher les *causes* et leurs *effets*, tels qu'ils sont tracés dans les pages de l'histoire, la jeunesse ardente, au lieu de se laisser éblouir par le faux éclat de quelques actions brillantes, examinerait les conséquences qu'elles ont produites sur la race humaine, et verrait que la ruine, la douleur, la misère et la désolation sont la terrible récompense d'une gloire vaine et périssable.

Les divers avantages résultant de l'étude de l'histoire sont trop nombreux et trop importants pour qu'on puisse les faire connaître dans une esquisse aussi imparfaite. Il suffit de dire que, sous une direction éclairée, cette étude ne peut manquer d'agrandir les conceptions, d'augmenter le nombre des idées, de perfectionner le jugement et de fortifier dans le cœur les principes moraux et religieux. La simple connaissance des dates, des époques, des noms des souverains, de la longueur de leurs règnes successifs, et même des principaux faits qui ont caractérisé chacun d'eux, et des événements les plus remarquables de chaque siècle, est bien peu de chose pour le perfectionnement de l'intelligence.

---

pas de la philosophie, c'est-à-dire des principes supérieurs qui en font la légitimité et l'autorité. C'est dans cet esprit qu'il veut qu'on l'enseigne aux filles comme aux garçons. Il veut aussi, comme on l'a vu par le même extrait, que les pères et les mères apprennent au moins les premiers principes de la science si difficile de l'éducation.

(2) *Cinq mémoires sur l'instruction publique, et rapport et projet de décret sur l'organisation générale de l'instruction publique* (dans le tome VII des Œuvres de Condorcet, publiées par A. Condorcet, O'Connor et M. F. Arago. 12 vol. in-8°. Paris, Didot. 1847).

Les abrégés d'histoire peuvent donner cette connaissance, et c'est aussi la seule qu'on en peut retirer ; il est donc impossible qu'ils présentent aucun des avantages moraux de l'histoire... L'usage des abrégés doit se borner aux savants, au lieu qu'il faut donner aux esprits qui se perfectionnent progressivement des idées pleines, claires, distinctes et exactes sur tous les sujets qu'on leur présente.

(1801) Élisabeth HAMILTON, t. XI, p. 180-183 (1).

J'ai voulu que tu apprisses (2) à lire dans les *Dialogues des Morts* de Fénelon... Un jour tu goûteras entièrement cette morale sublime du plus vertueux et du plus sage des hommes, le Socrate de nos temps, et qui fut aussi persécuté. Son livre est un trésor de raison, et un bienfait que dans son amour pour les hommes il leur a laissé. Tu ne trouveras dans aucun autre philosophe une morale plus pure, un esprit plus indépendant de ces préjugés ou de ces erreurs qui, dans tous les temps, ont dominé les hommes et les peuples, une intelligence plus élevée, une âme plus douce, un cœur plus droit, un jugement plus sûr : c'est la raison divine de l'homme. Tu y trouveras dès à présent encore cet avantage, que ces dialogues te donneront une avant-idée de l'histoire, et que les personnages que tu y vois y sont sous leur vrai jour. Que ces dialogues si admirables de bon sens soient ton livre favori ! ils sont une mine inépuisable de réflexions et de préceptes. Nous y prendrons le plus souvent le sujet de nos entretiens...

(1) Je ne prends dans miss Hamilton que ce qui paraît présenter une valeur d'exposition particulière. Ce qu'elle dit de l'histoire donne une idée de la largeur de vues dont elle fait souvent preuve, et des principes méthodiques qu'elle propose d'appliquer. On peut comparer, par exemple, ce qu'elle dit de l'utilité de l'histoire avec ce qu'on disait quelques années auparavant un auteur pédagogique du XVIII° siècle, l'abbé Reyre, exemple pris presque au hasard parmi les écrivains du temps et qui représente bien la moyenne : on verra par là de combien sa conception est supérieure :

« L'histoire servira à éclairer votre esprit, en vous apprenant les différentes révolutions et les différents événements qui se sont passés sur la terre depuis la naissance du monde... Outre qu'elle satisfait notre curiosité, en nous instruisant de ce que nous ignorions, elle nous met en état de parler de tout ce qui est arrivé avant nous, et d'écouter avec plaisir ceux qui en parlent en notre présence. On n'est point alors exposé, lorsqu'on est en compagnie, à garder un silence stupide ou à faire des questions ridicules et impertinentes ». (Reyre, t. I, p. 287.)

(2) L'auteur s'adresse à sa fille. Cet éloge des *Dialogues* de Fénelon est légèrement hyperbolique ; la restriction qu'il semble nécessaire d'y apporter est que ces dialogues, excellemment adaptés à l'éducation de l'enfant auquel ils étaient destinés, ne seraient pas d'une application générale. On peut toutefois encore en tirer profit

Il est deux connaissances qu'il te faut acquérir d'abord et préférablement à toute autre : la *morale*, comme directrice de nos actions, et la *politique* sous le rapport du droit naturel d'où découlent les droits et les devoirs sociaux, droits et devoirs communs à la femme aussi bien qu'à l'homme. Ces deux connaissances te sont indispensables, ma chère enfant, pour apprendre à te conduire avec équité et prudence, pour savoir tes droits et tes devoirs dans la communauté, enfin pour te diriger dans la gestion de tes affaires d'après ces droits et ces devoirs. On peut ignorer sans honte les autres sciences, mais il n'est jamais permis d'ignorer ses droits et ses devoirs, car c'est s'ignorer soi même : la morale et la politique te les apprendront...

Ne te figure pas la morale une science triste et austère : elle est l'indication de ce qui est juste, de ce qui est bien, de ce qui est beau dans la conduite de la vie et dans l'accomplissement de ses devoirs. L'équité est son élément ou principe universel, la vertu en est la fin : ainsi représente-toi l'équité comme le fondement d'un édifice et la vertu comme son faîte. L'équité est la règle immuable de nos devoirs, tous s'y rapportent; la vertu est la pratique constante de nos devoirs contre nos penchants, nos passions, nos volontés, nos désirs, notre intérêt.

La morale règle tous nos devoirs personnels dans la vie; la politique comprend au contraire tous nos devoirs de citoyen dans la communauté. Mais il y a une connexité naturelle entre ces deux parties d'une seule et même science. Quand la morale a plus rapport à nos actions privées, elle est l'art de se conduire dans la vie domestique; quand elle a rapport à nos devoirs sociaux, elle est la règle de nos devoirs civils dans la vie politique; ainsi la politique n'est que la morale appliquée à nos relations générales et communes.

Que la politique ne t'effraye pas, ma chère enfant : les femmes ne doivent pas y être ignorantes; elles sont une moitié de la cité, elles sont nos mères, nos sœurs. nos filles, nos épouses, c'est-à-dire toujours nos compagnes dans le chemin de la vie, elles ont le soin de la première éducation; et si elles ne doivent pas discuter les intérêts de la patrie. elles ne doivent pas moins les connaître, puisqu'elles y sont intéressées aussi bien que nous. Comment remplir un jour les devoirs de citoyenne si on les ignore? comment défendre ses droits si on ne les sait : « Les femmes ont les mêmes droits que les hommes; elles ont donc celui d'obtenir les mêmes facilités pour acquérir les lumières qui seules peuvent leur donner les moyens d'exercer réellement ces droits avec une même indépendance, et dans une égale étendue », a dit Condorcet dans ses Mémoires sur l'Instruction publique. Ce qu'il te suffira de savoir à cet égard se borne à ces notions simples de politique usuelle, qu'il n'est jamais permis et toujours honteux d'ignorer, comme membre naturel de la cité : les causes de la liberté et de l'égalité dans les hommes, et par suite de la souveraineté dans les peuples, les principes fondamentaux de la société, et en particulier de la cité, et les éléments des lois...

Quoique tu trouveras dans l'histoire, sous leur vrai point de vue, ceux qui se sont fait un nom, il sera bon que tu lises aussi les vies des hommes célèbres, surtout de ceux qui, par leur génie et leurs travaux, ont servi l'humanité ou la patrie. Cette lecture t'élevera l'âme en te montrant l'homme dans sa grandeur ! la lecture en est d'ailleurs des plus instructives et des plus attachantes. Quels noms, et quels grands souvenirs ils imposent, que ceux de Sully, de Descartes, de Fénelon, de Montesquieu ! Quels excellents citoyens par leur savoir, leurs vertus et leur dévouement au bien-être de l'humanité, furent Turgot, Malesherbes, Franklin, Lavoisier, Carnot, Bailly ! A quelle mémorable époque se rattache la mémoire de Mirabeau, ce puissant orateur ! Ces citoyens illustres, nés de notre Révolution, et qui ont surpassé en nombre celui même de nos illustres guerriers; tous noms chers à notre patrie, sur qui ils ont jeté un si grand éclat et dont ils ont rendu la gloire à jamais immortelle ! Quoi de plus grand que Washington, de plus illustre que Napoléon, la gloire des premiers temps modernes, et cependant si différents de génie, de caractère et d'illustration ! Mais parmi tous les hommes célèbres dont tu pourras lire la vie, ma chère enfant, attache-toi principalement à ceux qui ont cultivé les sciences et les arts, ou qui se sont signalés par leurs services ou leurs vertus dans les fonctions publiques, car ils sont les plus estimables parmi les hommes célèbres; de même que l'agriculteur, le médecin, le savant, le manufacturier, l'artiste, sont les premiers citoyens dans la cité, telles respectables que soient toute profession nécessaire à la communauté et toute magistrature civile ou militaire...

A l'histoire se rattache la géographie, et tu ne peux pas non plus ignorer celle de ton pays. Quoique la géographie soit une connaissance de mémoire et d'yeux, elle n'est point cependant une simple connaissance de noms de lieux et de leurs divisions naturelles ou politiques, mais la connaissance physique, productive, politique et industrielle des diverses contrées de la terre (1).

(1825) Bonnin, p. 7, 17-18, 41-42, 45-47, 88-89.

Nous supposerons une journée de quatorze heures, et c'est entre ces heures que se distribueront les occupations qui doivent remplir la vie d'une jeune fille pendant cinq années. Cette journée sera fictive, nous le sentons ; ignore-t-on que l'éducation des jeunes filles est toujours un compromis entre *le mieux* considéré abstraitement et *le mieux* relatif à leur situation particulière ?

Ce sera en balançant les effets des études, les unes par les autres, que nous chercherons à établir l'harmonie intérieure chez les jeunes filles. Et ce résultat sera autant que possible obtenu, lorsqu'on cultivera de front les diverses branches de connaissances. Sans doute, les moments destinés à chaque étude paraîtraient bien courts, si l'on oubliait que le même enseignement se prolongera pendant cinq années.

Un pareil mode d'instruction peut avoir certains avantages pour les femmes. Qui ne sait qu'elles sont sujettes à des accès de zèle pendant lesquels elles consacrent beaucoup de temps à certains objets qu'elles perdent ensuite tout à fait de vue, tandis que leur vocation exige plutôt qu'elles s'acquittent chaque jour de devoirs nombreux, dont aucun n'est de nature a exiger beaucoup de temps par lui-même ? La diversité des occupations durant la journée, et leur uniformité dans un temps plus long, tendraient ainsi à donner aux jeunes filles une habitude salutaire. Et puisque chacune des études que nous conseillons pourrait remplir toute une vie, en offrant toujours une variété inépuisable d'objets différents, il serait encore heureux pour les élèves de prévoir la continuation de ces études dans l'avenir (2).

---

(1) On peut appliquer à l'auteur un mot souvent répété, que ce qu'il veut dire vaut souvent mieux que ce qu'il dit : La dernière phrase, entre autres, à peine française, signifie que la géographie complète embrasse, avec la géographie physique et politique, ce que nous appelons aujourd'hui la géographie économique. Je cite Bonnin, quoiqu'il écrive mal, parce qu'il a émis, pour son temps, des idées neuves et d'une certaine valeur pédagogique.

(2) L'auteur veut que l'éducation se continue toute la vie, tel est le vrai sens que Mme Necker de Saussure donne au terme d'*éducation progressive*.

C'est ainsi que nous espérons retrouver les habitudes de suite et de constance dans une autre manière de disposer du temps. Au lieu de le partager en larges tranches, nous le diviserons en bandes étroites, qui se prolongeront indéfiniment. Le parti mitoyen qu'on prend ordinairement entre ces deux méthodes nous paraît mauvais. Quelques cours d'histoire ou de littérature par exemple sont donnés pendant une ou deux années, puis la jeune personne est censée instruite dans ces divers genres, et dès lors, elle et ses parents n'y songent plus. Les femmes font ainsi quelques pointes dans le domaine de la science, si l'on peut le dire ; mais tout reste isolé, incohérent et bientôt livré à l'oubli.

Comme il nous semble difficile d'accorder, durant l'âge de dix à quinze ans, plus de quatre heures par jour à l'éducation purement intellectuelle, nous consacrons du moins une de ces heures aux études qui s'adressent spécialement à la faculté la plus nécessaire et la moins développée chez les femmes, j'entends celle du raisonnement...

La condition nécessaire pour le véritable exercice du raisonnement, c'est que l'esprit soit dans un état calme et qu'il puisse examiner impartialement les côtés opposés d'une question. Mais cela même exclut la plupart des sujets de morale, car qui peut être impartial entre le bien et le mal? Comment réfléchir de sang-froid quand tous les sentiments se soulèvent? Ne sait-on pas que pour ce travail d'esprit qu'on appelle le raisonnement, il faut des objets précis, bien indépendamment des conventions sociales, des exemples bons ou mauvais qui ont pu s'offrir, qu'il faut enfin des objets sans rapport avec les affectations du cœur ou les susceptibilités de l'amour-propre? Tout ce qui tient au sentiment répond à des idées personnelles chez les jeunes filles, il y a toujours des images et des noms propres dans leur esprit : ne suit-il pas de là que les questions, pour elles les plus importantes, ne peuvent donner un véritable exercice à la faculté du raisonnement?

Nous en sommes intimement convaincue, pour que cette faculté parvienne à un certain degré de justesse, il faut longtemps occuper l'esprit des jeunes filles de choses étrangères à leurs intérêts. Il faut obliger leur esprit à sortir de la sphère des discussions journalières et des sujets constants de nos recommandations; l'étude de la nature morte, celle des

---

L'instruction qui en est l'une des conditions, doit donc ne pas être considéré comme terminée avec la période de la première jeunesse.

lois éternelles de Dieu dans l'ordre matériel, sont les seules études qui exercent leur pensée sans la troubler. C'est là seulement qu'un examen tranquille peut les amener à un résultat qui n'est ni prévu ni désiré, c'est là qu'elles apprendront à mettre du prix à la vérité en oubliant elles-mêmes et les autres...

Nous consacrerons en conséquence une heure par jour aux sciences, exactes ou naturelles; les divisions de cette heure, c'est bien entendu, se distribueraient à volonté dans la journée ...

Quoique le mot d'algèbre paraisse effrayant, nous croyons qu'à l'épreuve les jeunes personnes intelligentes prendraient plaisir aux aperçus qu'on pourrait leur donner de cette science. La solution de petits problèmes algébriques, quand les exemples sont tirés des objets familiers, pique la curiosité des commençantes, et aucune étude n'est plus propre à aiguiser et par là même à intéresser l'esprit.

L'autre branche des mathématiques, la géométrie, occuperait pareillement un quart-d'heure tous les jours ou une demi-heure de deux jours l'un...

La demi-heure que nous avons de reste, serait, durant les deux premières années, consacrée à exercer l'esprit d'observation plutôt qu'à donner des connaissances. Ici, l'histoire naturelle nous offrira des objets à examiner plutôt que des sujets d'étude. Ainsi nous demanderons à la jeune fille de prendre par écrit diverses notes... Ceci la mènerait bientôt à la recherche des causes (1); les divers agents de la nature, la chaleur, la lumière, l'humidité, exciteraient son intérêt. Alors durant la période de douze à quinze ans, les études physiques et chimiques seraient bien placées...

Quand des exercices d'attention un peu vigoureux ont donné à l'esprit des femmes le genre de développement qu'il ne prendrait guère par d'autres moyens, on se livre avec plus de plaisir à cultiver en elles les facultés naturellement éminentes. Toutes les études se trouveraient bien d'une habitude d'application déjà contractée, puisqu'enfin le raisonnement joue un rôle plus ou moins important dans l'instruction toute entière.

L'étude que nous allons maintenant recommander, celle des langues, ou, à parler généralement, celle du langage, est de nature à cultiver l'intelligence dans son ensemble. Nous desti-

---

(1) Plus exactement des *lois*; le but de la science est la détermination des lois qui régissent les phénomènes, c'est-à-dire des conditions nécess leur production.

nerions à cette étude une heure par jour... Le choix de la langue latine comme terme de comparaison nous paraît avantageux... On prétend, il est vrai, que sous le rapport de la grammaire, l'étude du latin pourrait, à un certain point, être remplacée par celle de l'allemand ; toutefois l'aplphabet gothique de cette langue lui donnerait d'abord un aspect plus rebutant aux yeux des jeunes filles ; et elle a été moins maniée, moins élaborée pour l'usage de l'éducation. En outre, il s'y présente plus d'anomalies, et le raisonnement s'exerce moins en l'étudiant. Inférieure, à notre avis, comme moyen de développement durant l'enfance, l'étude de la langue allemande offrira plus tard un grand intérêt, et les beautés originales de la littérature qui s'y rattache seront vivement appréciées pour un esprit déjà cultivé (1).

En rabattant successivement de nos prétentions grammaticales, nous pourrions nous contenter de l'italien pour perfectionner au moyen de la comparaison l'emploi du français. Mais cette étude aussi trop facile se trouverait presque déjà faite si l'on avait commencé par le latin. Ce sera toujours un objet de luxe, mais d'un luxe très-agréable dans l'éducation.

Le singulier mécanisme de la langue anglaise offre un sujet d'examen très curieux pour ceux qui ont approfondi la construction grammaticale des autres langues ; mais cette forme si particulière ne trouve guère à s'appliquer ailleurs.

Toutefois, sous le rapport de l'utilité pratique et journalière, la connaissance de l'anglais est si précieuse, que nous regarderions comme un grand bonheur de l'avoir acquise par routine dès la tendre enfance...

C'est à l'imagination de la jeune fille que nous nous adressons d'abord pour l'intéresser à l'étude de l'histoire : le goût nous paraissant ici plus essentiel que le savoir. Il sera si heureux qu'elle prenne du plaisir à la narration des faits historiques, cette lecture en pourra remplacer de si dangereuses, et si bien rehausser la portée de son esprit, que rien n'est à négliger pour lui inspirer le goût d'une telle étude (2). Et comment y mieux réussir qu'en s'adressant à cette imagination dramatique qui ranime les siècles passés, évoque les hommes d'autrefois, et les fait voir avec leurs passions, leurs croyances, et leurs mœurs

---

(1) L'allemand, comme toute langue vivante, doit être appris dès l'enfance. du moins si l'étude qu'on en fait a pour but de le parler et de l'écrire. Car les langues vivantes peuvent être étudiées au point de vue des relations de la vie, ou à celui des littératures : Mᵐᵉ Necker de Saussure se place à ce dernier point de vue.

(2) Comparer ce que dit et repète Mᵐᵉ de Sévigné (ci-dessus p. 123, 124).

diverses (1)? Plus nous avons désiré que les connaissances physiques (2) eussent pour base un raisonnement exact, plus nous voudrions que, dans les études morales, tout fût vie, mouvement, que tout répondît à des cordes sensibles dans l'âme...

Une suite de narrations dramatiques et un sec exposé de faits et de dates ne sont pas toute l'histoire. Il y a un sens général à saisir; il y a une instruction pour l'âme et le cœur qu'il faut recueillir... Quelle instruction que celle-là, quelle manifestation de la Providence! Et quand l'explication de l'histoire du monde vient à révéler à la jeune fille les mystères de son propre cœur, quand elle a compris que les nuages épais de l'ignorance s'étaient peu à peu dissipés chez elle comme chez les peuples enfants, et qu'une nouvelle lumière l'avait éclairée, quelle impression profonde et salutaire ne peut-il pas résulter de là (3)!

Si l'étude de l'histoire s'est d'abord adressée à l'imagination poétique, celle de la géographie pourrait s'adresser à l'imagination pittoresque, et l'intérêt répandu sur ces études ferait bientôt paraître courte l'heure que nous consacrerions chaque jour à les acquérir...

Reste l'heure où la culture de la mémoire doit occuper les jeunes personnes. Pendant la moitié de cette heure-là, on leur demanderait d'apprendre par cœur tout ce qui doit être exactement retenu dans les diverses branches de connaissances. Il faut s'attendre à ce qu'il y ait toujours un peu de mécanisme dans chaque apprentissage, et il n'est pas mauvais que les jeunes filles sachent braver quelques moments d'ennui. Nous voudrions toutefois préparer pour elles des rapports plus intimes entre l'imagination et la mémoire; c'est à quoi nous emploierions le reste du temps accordé à l'éducation intellectuelle.

Rien n'est si doux, selon nous, que d'avoir à sa disposition un recueil intérieur de belle poésie, et nous désirerions doter nos jeunes filles d'un pareil trésor... Les femmes chargées de tant de soins de détail, et dont l'esprit pourrait aisément se

---

(1) Tel est le caractère de la méthode historique moderne, celle dont les premiers modèles ont été donnés par Augustin Thierry, dans ses *Récits Mérovingiens*, suivie par Guizot, Thiers, Michelet, etc. en France, en Angleterre, par Macaulay.

(2) Relatives à la nature physique.

(3) Dans tout historien véritable, il y a un moraliste et un psychologue « L'histoire, dit d'Aguesseau, c'est l'étude de la Providence. » — « L'histoire, dit M Taine, n'est que l'histoire du cœur. Expliquer une révolution, c'est faire un morceau de psychologie ».

rétrécir par l'occupation de minuties, les femmes ont surtout besoin de cette source de grandeur. Il leur faut une sorte d'élan pour sentir la beauté du devoir, même sévère, même dépouillé de ces témoignages d'estime qui aident à en supporter la rigueur. La puissance de la religion s'étend bien au-delà, je le sais, mais c'est que la religion est aussi la plus haute poésie de l'âme. Si vous calmez les inquiétudes de l'égoïsme, si vous faites cesser un état de désorganisation morale, les secours de la religion seront bien mieux accueillis...

Les quatre heures dont nous venons de parler, et leurs divisions, en supposant qu'on prît nos indications à la lettre, se distribueraient à volonté dans la journée.

Voici la récapitulation de leur emploi :

La première heure sera consacrée aux études mathématiques et physiques ;

La seconde à celles de la grammaire et des langues nationale et étrangères ;

La troisième à celles de l'histoire, de la géographie, et plus tard à celle de la sphère.

La quatrième aux exercices de mémoire qu'exigent les études précédentes et à ceux qui ont pour objet la culture de l'imagination.

Comment nier qu'il y ait une alliance naturelle entre les facultés des femmes et les beaux-arts?... Ce n'est pas la beauté matérielle des formes, des élans, des sons, des couleurs que la femme doit représenter à nos yeux; la beauté éternelle de l'âme aurait plutôt en elle un type ici-bas.

Voilà son idéal, mais pourquoi différerait-il de celui des arts? Eux aussi, sous l'empire d'une religion pure, aspirent à s'élever vers le ciel, eux aussi sont capables d'exprimer les plus beaux mouvements de l'âme immortelle. Si cette âme a été revêtue d'une enveloppe terrestre, n'est-ce pas apparemment pour que la succession d'impressions variées donnât une impulsion heureuse à ses facultés? Dès lors comment supposer que les beaux-arts, ces brillants résultats de l'organisation la plus achevée, ne soient pas en rapport avec le développement de l'être moral? N'est-il pas des nuances délicates dans les sentiments, que nous n'aurions jamais connues si les arts ne les avaient fixées dans un langage pénétrant ou sous des formes brillantes?...

Mais qu'importe que les dispositions des femmes soient favorables à la culture des arts? L'essentiel, c'est d'examiner si nous devons demander aux arts de venir favoriser les dispositions qui ne dominent déjà que trop dans leur sexe. L'habitude des émotions vives, le désir de les exciter, la vanité qui vient s'attacher à leur expression de plus en plus animée, une perte immense de temps, l'occasion naturelle et fréquente de former des relations dangereuses, voilà ce que des écrivains sévères reprochent à l'étude des arts et surtout à celle de la musique...

De quoi s'agit-il? Est-ce de porter les beaux-arts à leur plus grande hauteur, de leur faire déployer toute leur puissance, et de n'envisager l'élève que comme la prêtresse de leur culte? Non assurément, les parents n'ont point en vue la gloire de l'art, ils ne mettent d'intérêt qu'à leur fille. Ils ne pensent qu'à lui procurer un plaisir, une ressource, un moyen de développement, peut-être un charme attaché à sa personne. L'art pour eux n'est pas du tout l'essentiel, c'est un accessoire agréable, un ornement ajouté qui perd son prix s'il n'est subordonné à l'ensemble et s'il en altère la solidité. C'est donc ici comme toujours une affaire de proportion.

(1828) Mme NECKER de SAUSSURE, t. 1, p. 334-355, 357-358.

Parmi les lectures et les études possibles, je propose simplement de faire un choix, avec modération et sagesse.

Et d'abord la littérature. Cette étude est une de celles, incontestablement, qui conviennent le mieux aux femmes, et il faut reconnaître qu'elles ont généralement pour les lettres de très-heureux dons : c'est aussi une des études qui sont le plus acceptées pour elles ; seulement il faut, et ceci est de toute importance, que ce goût soit grave et sévère...

Oui, il faut que les femmes lisent, peu, si on le veut, mais rien que de pur et d'exquis, et surtout qu'elles relisent (1) et qu'elles reviennent sur leurs lectures. Qu'elles relisent les mêmes choses à plusieurs années de distance. Rien n'est curieux et profitable comme de constater, à des âges différents, la différence de ses impressions et de sa manière de lire et de sentir les choses.

Et il faut de plus qu'elles lisent attentivement, et autant qu'il se peut la plume à la main : sans quoi, les lectures les plus sérieuses risquent de devenir vaines : rien n'en reste. Ne jamais quitter un livre sans l'avoir achevé, et ne pas l'achever

---

(1) Comp. Mme de Sévigné, ci-dessus, p. 124.

sans le résumer, et par écrit : voilà le grand principe, on ne saurait trop le redire. Les repas littéraires, si je puis me servir de cette expression, doivent être à la fois solides et délicats, pris lentement et bien digérés ; la précipitation et la surcharge y seraient dangereuses...

La philosophie, ce grand mot et cette grande chose, effrayera peut-être ici plus d'une de mes lectrices ; mais j'aime à croire qu'il ne les effrayera pas toutes... La philosophie n'est pas interdite aux femmes , et ne doit pas être trop dédaignée par elles. Bien que les champs de l'imagination et les choses du sentiment paraissent plus spécialement leur domaine, elles ont toutefois dans l'esprit, avec ce charme et ce brillant, je ne sais quoi de délié, de pénétrant, de délicat et d'ailé, pour ainsi dire, qui leur permet de saisir à leur manière les questions élevées et les spéculations hardies de la pensée. Je ne les crois donc pas du tout incapables d'entendre les questions philosophiques ; je le dirai même, une des choses que je regrette de ne pas voir assez dans leur éducation, et dont l'absence se fait toujours sentir dans leurs écrits, quand elles écrivent, c'est la philosophie...

Je voudrais qu'il existât une philosophie à l'usage des femmes, où les grandes et belles questions de la théodicée, de la psychologie, de la morale et de la logique leur fussent exposées dans un langage et une lumière appropriés à leur genre d'esprit. De cette façon elles pourraient apprendre la philosophie : faut-il dire à condition qu'elles l'étudient, mais sans en parler, sauf à huis-clos ?

Les lectures historiques sont à mon avis, pour les femmes, une des plus précieuses ressources contre cette littérature futile ou dangereuse qui les entoure et les envahit.

Il est incontestable aussi, et cela est important à rappeler en passant, que dans tous les pays et dans tous les siècles les femmes ont une action, tantôt bonne, tantôt mauvaise, mais toujours considérable, sur l'esprit public et sur les événements les plus importants. Que de révolutions ont eu leur cause première dans l'action des femmes ! Les passions qu'elles ont excitées, les négociations ou les intrigues qu'elles ont conduites, ont souvent changé la face des choses. N'y a-t-il pas dès lors pour elles un intérêt de haute curiosité, et surtout de grave enseignement, à regarder dans l'histoire le spectacle du bien et du mal qu'elles ont pu faire par leurs vices ou par leurs vertus ?... (1)

---

(1) Cette vue est exacte, mais restreinte ; l'histoire est un enseignement

Les beaux-arts sont une étude assurément tout à fait convenable pour les femmes... Les femmes exercent une influence considérable sur l'art en général et sur le goût d'une nation. Si leur goût les porte à rechercher ce qui est beau et ce qui est bon, dans le sens le plus élevé du bon et du beau, cette influence sera heureuse et morale... Il leur siérait d'épurer l'art et de l'élever, d'y porter toutes les délicatesses et toutes les distinctions de leur nature; d'en faire cette chose sainte qui, en même temps qu'elle charme les âmes, les transporte dans des régions supérieures, et devient pour la vie humaine un principe d'élévation et de perfectionnement...

S'intéresser aux sciences usuelles, en avoir une connaissance succincte et précise, sera toujours fort utile, car il n'est pas permis de rester tout à fait indifférent à ce qui, autour de nous, modifie si profondément les conditions matérielles de la vie, par des applications pratiques et des découvertes du plus haut intérêt et de plus en plus multipliées.

Je m'étendrai quelque peu sur une branche des connaissances humaines qui peut être d'une réelle utilité pour une femme; je veux parler de celles qui se rapportent à l'agriculture.

Je conseille sans hésiter à toute femme qui a le bonheur d'habiter toujours ou souvent la campagne, de s'instruire en détail, le plus qu'il se pourra, de tout ce qui concerne la pratique de l'art agricole... Pour faire avec succès de l'agriculture, il faut de l'entente, du jugement, de l'activité, beaucoup de suite, et ne point s'engager à la légère dans des entreprises qu'on ne saurait mener à bonne fin. Là, comme partout, il est nécessaire de proportionner la dépense au revenu : aussi, là surtout, le coup d'œil d'une femme expérimentée sera toujours utile, soit pour modérer, soit pour presser l'entreprise.

L'important, c'est que des connaissances réelles la mettent à même de donner dans l'occasion des conseils éclairés. Ces connaissances se prennent bien un peu dans les livres, mais elles s'acquièrent surtout par l'observation; et si l'on aime la vie des champs, l'initiation aux secrets du métier sera rapide....

Je conseillerais aussi volontiers l'histoire naturelle. La vérité est que nous sommes entourés de merveilles, et que nous ne nous en doutons point; à la campagne on rencontre à chaque pas une fleur, un insecte, dont les conditions de vie, la végétation ou les instincts ont donné lieu aux observations les

plus large et plus haut; comparer ce qu'en disaient miss Hamilton, ci-dessus, p. 134 et Mme Necker de Saussure, p. 141-142, même Fénelon, p. 120.

plus curieuses, et on ne les regarde pas; on a des yeux pour ne
point voir ces œuvres du Créateur, des oreilles pour ne point
entendre ce que dit la nature; on est devant ces grands spectacles, faute d'un peu d'attention et d'étude, aussi indifférent, ou
peu s'en faut, que le plus grossier paysan...

Les femmes ne peuvent rester tout à fait étrangères à l'économie sociale. Je ne dis pas qu'elles doivent lire les livres de
théorie et de système, où les économistes se combattent les
uns les autres et traitent des questions spéculatives; mais les
livres d'économie chrétienne, qui expliquent *comment la richesse
se forme par le travail et les vertus domestiques*; comment,
après tout, le meilleur capital de l'homme est un capital moral,
etc; de tels livres ne peuvent être inutiles entre leurs mains.
(1866) Dupanloup, p. 47-49, 55-58, 63-64,
69-70, 75-77, 81-82.

Que savent les femmes en cette matière (l'hygiène), et comment sauraient-elles ce qu'on ne leur a pas appris? Il semble
vraiment (et leurs maris ne sont pas beaucoup plus hygiénistes
qu'elles) que l'art de se conserver ne vaille pas la peine qu'on
s'en occupe; on dirait que c'est une affaire de pure inspiration
ou de simple routine, et que nous n'avons rien de mieux à
faire que de nous confier, comme les animaux, aux enseignements de l'instinct (1). Certes c'est un grand mal, chez
l'homme comme chez la femme, que cette ignorance absolue
des dangers qui menacent la santé et des conditions qui la
conservent; il y a à cela un péril quelque peu mélangé d'hu-
miliation. Mais quand je vois une jeune femme tenant entre
ses bras ce qui pourrait, grâce à une éducation physique intelligente, devenir un homme dans la plénitude de la beauté et
de la vigueur du type, et ce qui n'aboutira peut-être qu'à
un essai souffreteux ou avorté, le heurter à toutes les routines
et à tous les préjugés, comme Katty l'Ebaubie de Dickens (2)
heurtait le jeune Peribyngle à tous les angles saillants de la
maison, je me dis qu'il a quelque chose à faire et qu'il est
urgent de ne pas retarder ce *quelque chose*, qui n'est, à proprement parler, que la vulgarisation de l'hygiène...

Mais il ne suffit pas de se lamenter, il faut offrir à l'esprit
quelque chose de pratique, et voilà comment j'entendrais l'é-

---

(1) L'abbé Fleury formulait déjà les mêmes plaintes : « On croit que la
santé vient toute seule, qu'on en aura toujours assez... »
(2) Dans *le Grillon du foyer*.

ducation hygiénique de la femme. Elle devrait embrasser : 1° des notions générales sur la santé; 2° des notions sur son hygiène personnelle, en tant que spécialisée par les fonctions de maternité; 3° des notions sur l'hygiène des enfants (quel intérêt !); 4° enfin des détails précis sur les conditions de salubrité de son royaume, c'est-à-dire de sa maison, sur la ventilation, l'éclairage, le couchage, l'installation des pièces principales, etc.   (1869) FONSSAGRIVES, p. 236-237.

L'*économie politique !* cela n'est-il pas terrible, et n'y a-t-il pas de quoi faire dresser les cheveux sur la tête? Tenez-vous, s'il vous est possible, en garde contre ces impressions irréfléchies, et permettez-moi de vous donner en quelques mots une idée de l'objet de nos futurs entretiens (1). Vous allez voir que ce n'est pas si redoutable qu'on veut bien le dire.

Vous connaissez, de nom tout au moins, le *bourgeois gentilhomme*, ce brave M. Jourdain, si fier de sa fortune et si honteux de l'avoir gagnée, qui, un beau matin, par pure vanité, veut se donner des maîtres de toutes sciences et être mis au courant de tout, depuis l'escrime jusqu'à la philosophie. Vous savez son étonnement quand il apprend qu'il fait de la prose, sans s'en douter, chaque fois qu'il ouvre la bouche, et la naïveté avec laquelle il appelle aussitôt sa servante pour lui faire part de sa découverte : « Viens ça, Nicole, et apporte-moi mes pantoufles; c'est de la prose cela, dit-il à la pauvre fille, qui ouvre de grands yeux, c'est de la prose ». Et il se rengorge comme s'il avait trouvé le mouvement perpétuel.

Pareillement, quand on parle de *physique*, de *chimie*, il semble qu'il s'agisse de choses réservées aux savants, et n'ayant rien à voir avec la vie de tous les jours. Et cependant la *cuisine*, qui est bien une chose de tous les jours, n'est qu'une succession d'actions physiques et chimiques; et peut-être, pour le dire ou passant, ne serait-il pas mauvais que les personnes qui font cette physique et cette chimie-là *sans le savoir* le sussent un peu davantage : cela leur servirait à éviter à l'occasion les négligences dangereuses ou les mélanges imprudents qui peuvent introduire la maladie et la mort dans la préparation même de la vie.

Il n'en est pas autrement, Mesdemoiselles, des phénomènes

---

(1) Cette leçon a été faite au *Cours d'enseignement supérieur et secondaire pour les jeunes filles,* en 1869.

dont l'étude est l'objet de la science économique. De toutes
parts ces phénomènes nous entourent, et il ne dépend pas de
nous de nous en abstenir et de ne pas faire par conséquent
d'économie politique; pas plus qu'il ne dépend de nous de ne
pas parler et de ne pas manger. Ce qui dépend de nous, c'est
de faire de bonne économie politique, comme de bonne prose
et de bonne cuisine, au lieu d'en faire de mauvaise; et c'est à
cela que sert l'étude.

Tous les jours, plus ou moins, tous tant que nous sommes,
nous travaillons, nous consommons, nous achetons, nous
vendons, nous prêtons, nous empruntons, nous recevons un
salaire ou en payons un, nous possédons, nous transmettons,
nous héritons, *nous vivons* en un mot; car tous ces actes sont
les conditions mêmes de l'entretien et du développement de
la vie, de la vie sociale au moins, qui se compose d'un incessant échange de services. C'est, à proprement parler, la trame
dont cette vie est faite.

Eh bien! tous ces actes sont des actes économiques. Tous
ces actes, d'autre part, comme tout en ce monde, ont leurs
lois.

Et il n'est pas indifférent d'observer ou de violer ces lois,
base de la prospérité individuelle et de la prospérité sociale
qui ne se sépare pas de la prospérité individuelle. Pour les
observer il faut les connaître, et pour les connaître il faut les
étudier.   (1869) Frédéric Passy (1), p. 10-12.

Programme de l'enseignement secondaire des jeunes filles.

L'enseignement comprend :
1° L'enseignement moral;
2° La langue française, la lecture à haute voix et au moins
une langue vivante;
3° La littérature ancienne et moderne;
4° La géographie et la cosmographie;
5° L'histoire nationale et un aperçu de l'histoire générale;
6° L'arithmétique, les éléments de la géométrie, de la chimie, de la physique et de l'histoire naturelle;
7° L'hygiène;
8° L'économie domestique;
9° Les travaux à l'aiguille;

---

(1) *Réforme de l'éducation. Introduction de l'économie politique dans l'enseignement des femmes.* Broch. in-8. Paris, Guillaumin, 1871.

10° Des notions de droit usuel;

11° Le dessin;

12° La musique;

13° La gymnastique.

L'enseignement religieux sera donné, sur la demande des parents, par les ministres des différents cultes, dans l'intérieur des établissements, en dehors des heures des classes.

(1881) Loi du 21 décembre, articles 4 et 5.

III

Procédés pédagogiques

Préceptes généraux.

Chercher des inventions ou quelque intérêt pour leur donner le goût du travail.

Diversifier leur instruction.

Qu'on égaye souvent leurs instructions et qu'on ne leur en fasse pas de trop longues (1).

Que la supérieure soit ingénieuse à faire des distinctions qui mettent de l'émulation dans les classes.

Qu'on peut se servir de petites inventions pour mettre cette émulation, mais qu'il faut pourtant se garder des distinctions qui élèvent trop les unes et qui découragent trop les autres...

On diversifie leurs instructions; on les fait courtes parce qu'elles sont fréquentes; on les égaye souvent...

Il faut les accoutumer à écrire simplement, succinctement et rarement; elles ne savent point faire une lettre courte je crois qu'elles en seraient honteuses. Il faut leur apprendr à dire les choses en peu de mots et à ne mettre que quatre lignes quand la matière que l'on veut traiter peut s'y renfermer (2)...

Il vaut bien mieux que vos filles (3) sachent moins de choses et qu'elles les comprennent, et que les maîtresses s'occupent davantage de former leur jugement que de remplir leur mémoire...

---

(1) C'est le précepte de Fénelon. — Ces préceptes de Mme de Maintenon attestent chez elle une véritable aptitude pédagogique.

(2) Crainte des excès du bel esprit; un ressouvenir des précieuses. Mme de Maintenon, qui avait sacrifié au bel esprit, dans sa jeunesse, s'en défie un peu trop, comme les pêcheurs convertis qui outrent la pénitence.

(3) Mme de Maintenon s'adresse aux nstitutrices de Saint-Cyr.

9.

Vous parlez trop, et je crois qu'il faudrait faire parler davantage les enfants pour voir s'ils entendent et s'ils comprennent (1). Je trouvai encore que vous êtes trop éloquente; par exemple, vous dites qu'il fallait faire un divorce éternel avec le péché; cela est vrai, et bien dit; mais je ne crois pas qu'il y ait trois filles dans votre classe qui sachent ce que c'est qu'un divorce; soyez simple et ne songez qu'à vous rendre bien intelligible (2)...

Vous avez des livres d'histoire agréables qui, en les réjouissant, vous fourniraient une ample matière de les instruire; car il ne faut pas regarder cet exercice comme une simple lecture qui leur fasse passer le temps, et que vous vous contentiez de leur demander ce qu'elles ont retenu, mais il faut qu'elles le comprennent, que vous en fassiez l'application à elles-mêmes pour le règlement de leur conduite, en leur apprenant à réduire en pratique ce qu'elles entendent lire... Pour cela il faut songer à se faire entendre et à se proportionner à la portée de leur esprit (3). Je vous entendais faire hier; vous y disiez de bonnes choses, mais vous y parliez trop éloquemment; je suis sûre qu'elles n'entendaient pas la plupart des mots que vous disiez, qui convenaient cependant fort bien au sujet que vous traitiez. Je ne dis pas qu'il n'échappe quelquefois de ces expressions éloquentes, car vous parlez toutes bien (4); mais quand il en est échappé quelques-unes, il faut les expliquer.

La plupart retiennent plutôt par mémoire qu'elles ne comprennent ce qu'elles entendent : une preuve de cela, c'est que ces mémoires prodigieuses, qui savent tant de choses par cœur, ne peuvent rapporter ce qu'il y a de principal dans une lecture qu'on leur fait, au lieu qu'on en voit d'autres qui apprennent difficilement et qui redisent d'une manière fort juste les meilleurs endroits de l'instruction et des lectures qu'elles ont entendues. C'est une marque que les premières ont plus de mémoire que de jugement, et les secondes plus

---

(1) Comp. Montaigne, *Essais*, liv. II, ch. 24 : « Je ne veux pas qu'il (le maître) invente et parle seul : je veux qu'il écoute son disciple parler à son tour. »

(2) Cela est parfait, d'une vérité de tous les temps

(3) Comp. Montaigne, *Essais*, liv. I, ch. 25 : « A defaut de cette proportion nous gastons tout. Et de la sçavoir choisir, et s'y conduire bien mesurément c'est une des plus ardües besongnes que je sçache. Je marche plus seur (sûr) à mont qu'à val. »

(4) Que d'esprit, et quelle connaissance du cœur féminin, disons même du cœur humain!

de jugement que de mémoire, et en cela elles leur sont préfé-
rables.
(1682-1708) Mme DE MAINTENON, t. I, p. 3-4, 10-11, 207, 270, 322;
t. II, p. 224-225, 231.

Les mêmes ménagemens qu'on a pour le corps, on doit les
avoir pour l'esprit. Vous sçavez qu'à un certain âge on ne
donne aux enfans que du lait, qu'à mesure que leurs forces
augmentent on les nourrit d'une nourriture plus solide, et
qu'on a soin de choisir celle qui leur convient le plus, jusqu'à
ce que l'estomac aïant acquis toute sa force, on puisse sans
risque se dispenser d'une semblable attention... Il y a aussi
un temps auquel l'esprit ne se nourrit que de lait (pour ainsi
parler), c'est-à-dire de choses faciles à comprendre, qui
tombent sous les sens, et qui ne dépendent pas de l'expérience
des choses du monde... Lorsque la raison commence à se
former, dès qu'elle est capable d'entrevoir des objets plus
importants, on doit les lui proposer de la manière la plus
aisée et la plus méthodique (1).   (1707) DUPUY, p. 5-6.

Il faut qu'une jeune personne ait de la docilité, peu de confiance en soi-même; mais aussi ne faut-il pas pousser cette
docilité trop loin. En fait de religion il faut céder aux auto-
rités; mais sur tout autre sujet, il ne faut recevoir que celles
de la raison et de l'évidence. (2) En donnant trop d'étendue à la
docilité, vous prenez sur les droits de la raison, vous ne faites
plus d'usage de vos propres lumières, qui s'affaiblissent. C'est
donner des bornes trop étroites à vos idées que de les renfermer
dans celles d'autrui. Le témoignage des hommes ne peut avoir
créance qu'à proportion du degré de certitude qu'ils se sont
acquis en s'instruisant des faits. Il n'y a point de prescription
contre la vérité, elle est pour toutes les personnes et de tous
les temps (3)... Accoutumez-vous à exercer votre esprit, et à en
faire usage plus que de votre mémoire. Nous nous remplissons
la tête d'idées étrangères, et nous ne tirons rien de notre propre fonds. Nous croyons avoir beaucoup avancé quand nous

---

(1) Préceptes d'éducation progressive, qui rappellent Fénelon.
(2) C'est le précepte de Descartes, *Discours de la méthode*, 2e partie : « ne
recevoir jamais aucune chose que je ne la connusse évidemment être telle. »
(3) Montaigne, *Essais*. liv. I, ch. 25 : « La vérité et la raison sont communes
à un chacun, et ne sont pas plus à qui les a dites premièrement, qu'à qui les
dit après. »

nous chargeons la mémoire d'histoires et de faits : cela ne contribue guère à la perfection de l'esprit.

(1728) Mme DE LAMBERT, p. 85.

Mademoiselle BONNE. — Lady Spirituelle, vous avez lu l'histoire de France ; dites-nous votre leçon.

Lady SPIRITUELLE (12 ans). — Il est vrai, ma Bonne, que j'ai lu l'histoire de France ; mais je l'ai lue si vite que je ne me souviens pas d'un mot. Quand j'ai des livres, je suis comme un gourmand qui est devant une bonne table, je voudrais les lire tous en une fois.

Mademoiselle BONNE. — Et comme le gourmand n'engraisse pas toujours, et qu'au contraire il a souvent des indigestions, vous vous donnez des indigestions de lecture qui ne vous rendent pas plus savante ; il faut vous corriger de ce défaut, ma chère. Lady Sensée lit moins que vous, mais elle tire plus de profit de ses lectures ; elle va répondre à la question que je vous ai faite.

(1757) Mme LEPRINCE DE BEAUMONT, t. III, p. 138-139.

Le grand point dans l'éducation est de ne point se presser, de n'apprendre aux enfants que ce qu'ils peuvent comprendre ; en même temps de ne négliger aucune occasion de leur enseigner tout ce qui est à leur portée, et de ne leur donner pour premières leçons de morale que des exemples, et non des préceptes. (1782) Mme DE GENLIS, t, I, p. 76.

Après tout, l'histoire, les livres, la conversation ne donnent pas par eux-mêmes (1) une instruction profitable : il faut que l'esprit s'approprie la substance que tout cela fournit, ou bien il n'en reste que des mots. Ce ne sont que des véhicules qui excitent l'esprit à observer, à recueillir et mettre en ordre ce qu'il a observé, et à tirer des conclusions pratiques. Observer, réfléchir, voilà donc l'objet de la raison. Le reste n'est que facilités. Deux leviers valent mieux qu'un, un seul vaut mieux

---

(1) Apprendre sans réfléchir, remplir la mémoire, comme dit Montaigne, et laisser l'entendement et la conscience vides, est un exercice purement machinal) et de médiocre utilité : à ce point de vue l'auteur a raison. Mais il fait trop bon marché de l'instruction en elle-même : pour réfléchir, encore faut-il avoir des sujets de réflexion ; pour exercer la raison, encore faut-il avoir des matériaux.

que n'en n'avoir point; mais si vous en manquez, il ne vous reste pas moins vos yeux et votre raison pour observer et réfléchir. (1795) Rœderer (1), p. 7.

Ne crois pas qu'il soit nécessaire que je t'entoure de livres, que je surcharge ta mémoire de ce qu'on y trouve, et que je t'enlève ainsi cette fleur naturelle de l'esprit dont les filles sont communément douées. La véritable instruction n'est pas dans l'immensité des choses apprises, elle est dans les moyens de s'instruire, c'est-à-dire de connaître, et plutôt dans les objets mêmes d'instruction que dans le savoir. C'est aussi parce que l'instruction est inséparable de l'éducation, qu'elle ne doit tendre qu'à faire que celle-ci soit bonne, puisqu'elle en est le résultat. C'est moins sa mémoire qu'il faut charger, c'est moins son esprit qu'il faut orner, que son jugement qu'on doit exercer. Voilà l'instrument dont tu dois apprendre à te servir, car il est applicable à notre intelligence aussi bien qu'à nos actions : il est l'instrument indispensable dans la direction de la vie, de même que dans les opérations de l'esprit...

Il est bon de ne lire que les grands modèles, c'est-à-dire les philosophes les plus sûrs, les écrivains les plus judicieux, et les poètes les plus parfaits, car ils ont seuls l'avantage inestimable d'avoir le mieux apprécié la nature, d'avoir le plus approché de la vérité, et d'être propres à former le jugement et le goût. Communément avide de savoir et de beaucoup savoir, on se livre d'abord avec passion à la lecture plutôt qu'à l'étude; mais plus on a lu, loin d'avoir plus acquis, et même en acquérant, plus le doute et l'incertitude qu'on trouve si ordinairement dans les jugements, lorsqu'on veut ensuite, non pas même approfondir, seulement concilier les opinions des écrivains, deviennent pénibles et fatigants : il est donc bon de se borner aux écrivains les plus estimés, puisqu'ils renferment tout ce qu'il importe d'apprendre, c'est-à-dire tout ce qu'il est possible d'apprendre par les livres. Sans doute la lecture est un bien, un plaisir, une consolation même; mais son avantage ne peut être, son charme cesse, elle ne peut plus nous distraire de nos chagrins, quand l'esprit,

---

(1) *Conseils d'une mère à ses filles.* (Dans le t. VIII des *OEuvres du comte P. L. Rœderer publiées par son fils le baron A. M. Rœderer.* 8 vol. grand in-8° Paris, Didot, 1859.)

inconstant dans ses goûts ou ignorant dans son choix, ne fait qu'aller à l'aventure d'une lecture à une autre. Ce n'est point assez, ma chère enfant, d'avoir le goût de la lecture, il faut en avoir le sentiment pour que les lectures profitent. Il en est de la lecture comme de l'étude, il faut l'aimer pour elle-même ; et ce n'est point l'aimer que de n'en faire qu'un moyen de tuer le temps, ou de faire parler de soi, preuve qu'on manque de jugement, puisque c'est courir après l'esprit, qu'on n'obtient qu'autant que le jugement est solide et réservé... Celui qui a le plus lu, n'est pas celui qui sait le plus ; car ce n'est pas savoir que ne connaître que ce que d'autres ont écrit : c'est n'exister que par les autres. Ce qui importe seulement, c'est un bon choix, qui nous mette à même de développer notre intelligence, de la renforcer, de la nourrir, de l'élever, afin qu'elle ait une constitution bonne et robuste, pour qu'elle puisse nous porter au bien, ne nous donner que des pensées généreuses, grandes, tout en nous dirigeant dans la conduite de la vie.

Il est aussi une chose que je te recommande bien dans tes lectures, car c'est en cela qu'elles profitent, c'est de t'attacher principalement à la pensée, parce que c'est dans la pensée qu'est l'instruction à retirer de ses lectures. Il faut pour cela en étudier l'enchaînement, puisque les pensées dans un ouvrage sont des conséquences les unes des autres, et elles n'ont de valeur que par ce qui précède et ce qui suit, c'est-à-dire par les pensées secondaires qui s'y rattachent et qui en sont le ciment. Il y a toujours des pensées principales, dont toutes les autres ne sont que des développements... Toute pensée vraie est un grand fonds de réflexion, étant une image de la vérité. Ce qu distingue les grands écrivains, c'est qu'il est plus difficile de resserrer ses idées en des pensées complètes et formant un sens entier, que d'étendre une pensée en plusieurs sens. De là vient que les pensées exprimées en peu de mots forcent plus le lecteur à la réflexion, en ce qu'il lui faut en déduire lui-même les conséquences par la méditation ou par l'application, car ce n'est pas par leur étendue mais par leur valeur qu'il faut juger les ouvrages; et les pensées écrites d'inspiration, d'observation ou d'abandon ont cela de précieux qu'elles sont l'expression naturelle de l'impression des choses sur leurs auteurs, qu'elles montrent l'esprit à nu et tout l'homme intérieurement : c'est ce qu'on sent en lisant Fénelon, Mably, La Fontaine, Vauvenargues, et dans beaucoup de passages de Montesquieu, de Corneille et d'autres excellents écrivains..

C'est ainsi, ma chère enfant, que tu te rendras propres les choses, et que tu ne leur abandonneras pas ton esprit...
(1825) BONNIN, p. 4; 66-70.

On doit faire lire tous les jours à haute voix ; on doit faire bien sentir la ponctuation, et suivre, pour la prose, les mêmes règles que pour les vers récités. En faisant répéter les vers appris, il faut former dans les enfants le précieux talent de bien dire, faire observer les longues et les brèves, faire suivre la ponctuation, sans s'arrêter à la fin des vers, ce qui rend la poésie rimée si fatigante quand elle est mal débitée ; le lecteur, ou celui qui récite n'accordera qu'un repos insensible à la virgule quand elle est à la fin des vers, et soutiendra la voix en suivant le sens de la phrase jusqu'au point et virgule et jusqu'au point. Les écoles françaises ne forment point la jeunesse à l'art de bien dire, et cependant le barreau et la représentation nationale en retireraient un grand avantage ; c'est donc rendre un service essentiel aux jeunes garçons de leur donner le goût de la bonne déclamation... Quant aux jeunes personnes, un exercice habituel leur rendra l'art de lire agréable et facile.

Le jugement, en se développant, donne plus tard à l'élève les moyens de sentir parfaitement ce qu'elle lit : il faut la former alors aux différents genres de lecture : qu'elle apprenne dans les ouvrages la différence qui doit exister entre la lecture d'un sermon et celle de l'histoire ; celle d'un conte ou d'un recueil de lettres ; que dans la poésie elle sache l'égalité soutenue qu'exige le poème, la variété des intonations qu'exige la tragédie, la gaieté légère de la haute comédie, les inflexions touchantes et sensibles qui conviennent au drame ; les tours variés propres à l'ode, à l'épître en vers, à la fable, à l'idylle et à l'élégie. Ces variétés sont nombreuses ; mais le goût et le sentiment exercés parviennent à les faire saisir. Plus ce talent est rare, car presque tout le monde se borne à savoir lire pour soi, plus on sait de gré aux personnes qui le possèdent et mettent beaucoup de bonne grâce à faire partager aux autres le plaisir qu'il procure.
(1828) Mme CAMPAN, t. 1, p. 221.

Apprendre à lire, c'est, à la vérité, acquérir la clef du savoir : mais, hélas ! s'en sert-on toujours utilement ? et que ne reste-t-il pas à faire? Il n'y a pas une heure de la journée où quelque chose d'utile ne se puisse enseigner, bien avant que les livres puissent être lus ou compris.

Le fait est que l'éducation première (et nous pouvons en apporter comme garantie la longue expérience que nous en avons faite dans l'éducation d'une famille nombreuse), dépend plus des communications de vive voix que de tous les ouvrages, soit d'instruction, soit d'amusement, qui aient été faits ou qui soient à faire. Les livres doivent servir à rappeler, à classer et à fixer dans l'esprit ce qui a été enseigné par les sens; il n'en plairont que plus quand ils raviveront les images qui ont déjà traversé la mémoire.

(1828) Miss EDGEWORTH (1), t. V, p. 3.

En général, l'habileté dans l'art de l'enseignement consiste bien moins à communiquer soi-même les connaissances, qu'à développer chez les élèves l'envie et le talent de les acquérir...

Nous voudrions surtout donner à l'esprit de l'élève une qualité précieuse qui manque généralement à l'esprit des femmes, la patience. Et cette qualité qu'elles déploient souvent au moral d'une manière admirable, quand il leur faut supporter leurs propres maux ou soigner les maux d'autrui, cette qualité, dis-je, s'évanouit à l'entrée du domaine intellectuel. En effet, les femmes arrivent au but de plein saut ou n'arrivent pas. Le premier bond manqué, tout est perdu avec elles. Rien de plus heureux, souvent, que leurs expressions, que leurs rédactions improvisées; la justesse, la finesse, tout s'y trouve; maitresses du langage à un point étonnant quand elles ne songent pas à l'être, aussitôt qu'il leur faut réfléchir, elles n'y sont plus. Pour la compréhension des phrases, il en est de même; quelquefois, elles saisissent à l'instant le nœud d'une difficulté, pénètrent aussi autant que possible dans une pensée; quelquefois, aussi, la moindre obscurité les arrête. Aussitôt qu'il faut un peu se tendre la tête, elles renoncent à l'instruction. Pourquoi les femmes, qui peuvent être propriétaires, héritières, tester, avoir des

---

(1) *Education familière ou séries de lectures pour les enfants depuis le premier âge jusqu'à l'adolescence, tirées de divers ouvrages de Miss Edgeworth, traduits de l'anglais par* Mme *Louise Sw. Belloc.* — 12 vol. in-18. 9e édit. Paris, Renuoard.

procès, comprennent-elles, en général, si mal les lois ? Pourquoi le code civil, qui, si elles en pesaient bien les termes, les informerait de tout ce qu'il leur importe de savoir, est-il un vrai grimoire pour elles ? C'est qu'elles ne s'attachent jamais à donner aux mots un sens précis. L'habitude de saisir au vol l'idée générale sans s'arrêter à l'expression les trompe sans cesse.

(1828) Mᵐᵉ NECKER DE SAUSSURE, t. II, p. 348-349, 377.

Les choses de choses ; l'enseignement intuitif.

La curiosité des enfants est un penchant de la nature, qui va comme au-devant de l'instruction ; ne manquez pas d'en profiter. Par exemple, à la campagne ils voient un moulin, et ils veulent savoir ce que c'est ; il faut leur montrer comment se prépare l'aliment qui nourrit l'homme. Ils aperçoivent des moissonneurs, il faut leur expliquer ce qu'ils font, comment est-ce qu'on sème le blé, et comment il se multiplie dans la terre. A la ville, ils voient des boutiques où s'exercent plusieurs arts, et où l'on vend diverses marchandises. Il ne faut jamais être importuné de leurs demandes : ce sont des ouvertures que la nature vous offre pour faciliter l'instruction : témoignez y prendre plaisir ; par là vous leur enseignerez insensiblement comment se font toutes les choses qui servent à l'homme, et sur lesquelles roule le commerce. Peu à peu, sans étude particulière, ils connaîtront la bonne manière de faire toutes les choses qui sont de leur usage, et le juste prix de chacune, ce qui est le vrai fond de l'économie. Ces connaissances, qui ne doivent être méprisées de personne, puisque tout le monde a besoin de ne pas se laisser tromper dans sa dépense, sont principalement nécessaires aux filles (1).

(1687) FÉNELON, p. 11.

La vérité la plus difficile à faire entendre est que nous avons une âme plus précieuse que notre corps. On accoutume d'abord les enfants à parler de leur âme ; et on fait bien : car ce langage qu'ils n'entendent point ne laisse pas de les accou-

---

(1) Les leçons de choses ne portent pas seulement sur les questions d'ordre matériel ; elles peuvent, elles doivent s'étendre aux questions du domaine moral. Elles deviennent alors la forme la mieux appropriée à l'enseignement élémentaire de la morale, et par suite, à l'éducation. Fénelon lui-même va nous montrer comment on peut aborder avec des enfants des sujets en apparence fort abstraits.

tumer à supposer confusément la distinction du corps et de l'âme, en attendant qu'ils puissent la concevoir. Autant que les préjugés de l'enfance sont pernicieux quand ils mènent à l'erreur, autant sont-ils utiles lorsqu'ils accoutument l'imagination à la vérité, en attendant que la raison puisse s'y tourner par principes. Mais enfin il faut établir une vraie persuasion. Comment le faire? Sera-ce en jetant une jeune fille dans des subtilités de philosophie? Rien n'est si mauvais. Il faut se borner à lui rendre clair et sensible, s'il se peut, ce qu'elle entend et ce qu'elle dit tous les jours.

Pour son corps, elle ne le connaît que trop; tout la porte à le flatter, à l'orner, et à s'en faire une idole; il est capital de lui en inspirer le mépris, en lui montrant quelque chose de meilleur en elle.

Dites donc à un enfant en qui la raison agit déjà : Est-ce votre âme qui mange? S'il répond mal, ne le grondez point; mais dites-lui doucement que l'âme ne mange pas. C'est le corps, direz-vous, qui mange; c'est le corps qui est semblable aux bêtes. Les bêtes ont-elles de l'esprit? Sont-elles savantes? *Non*, répondra l'enfant. Mais elles mangent, continuerez-vous, quoiqu'elles n'aient point d'esprit. Vous voyez donc bien que ce n'est pas l'esprit qui mange, c'est le corps qui prend les viandes pour se nourrir; c'est lui qui marche, c'est lui qui dort. Et l'âme, que fait-elle? Elle raisonne, elle connaît tout le monde; elle aime certaines choses; il y en a d'autres qu'elle regarde avec aversion. Ajoutez, comme en vous jouant : Voyez-vous cette table? *Oui.* Vous la connaissez donc? *Oui.* Vous voyez bien qu'elle n'est pas faite comme cette chaise; vous savez bien qu'elle est de bois, et qu'elle n'est pas comme la cheminée, qui est de pierre? *Oui*, répondra l'enfant. N'allez pas plus loin, sans avoir reconnu, dans le ton de sa voix, et dans ses yeux, que ces vérités si simples l'ont frappé. Puis dites-lui : Mais cette table vous connaît-elle? Vous verrez que l'enfant se mettra à rire pour se moquer de cette question. N'importe, ajoutez : Qui vous aime mieux de cette table ou de cette chaise? Il rira encore. Continuez : Et la fenêtre, est-elle bien sage? Puis essayez d'aller plus loin : Et cette poupée, vous répond-elle quand vous lui parlez? *Non.* Pourquoi? Est-ce qu'elle n'a point d'esprit? *Non, elle n'en a pas.* Elle n'est donc pas comme vous; car vous la connaissez, et elle ne vous connaît point...

Sur ce fondement, et par ces petits tours sensibles employés à diverses reprises, vous pouvez l'accoutumer peu à peu à attribuer au corps ce qui lui appartient, et à l'âme ce qui vient d'elle, pourvu que vous n'alliez point indiscrètement lui proposer certaines actions qui sont communes au corps et à l'âme. Il faut éviter les subtilités qui pourraient embrouiller ces vérités, et il faut se contenter de bien démêler les choses où la différence du corps et de l'âme est plus sensiblement marquée. Peut-être même trouvera-t-on des esprits si grossiers, qu'avec une bonne éducation ils ne pourront entendre distinctement ces vérités ; mais, outre que l'on conçoit quelquefois assez clairement une chose, quoiqu'on ne sache pas l'expliquer nettement, d'ailleurs Dieu voit mieux que nous dans l'esprit de l'homme ce qu'il y a mis pour l'intelligence de ses mystères.

Pour les enfants en qui on apercevra un esprit capable d'aller plus loin, on peut, sans les jeter dans une étude qui sente trop la philosophie, leur faire concevoir, selon la portée de leur esprit, ce qu'ils disent quand on leur fait dire que Dieu est un esprit et que leur âme est un esprit aussi. Je crois que le meilleur moyen de leur faire concevoir cette spiritualité de Dieu et de l'âme est de leur faire remarquer la différence qui est entre un homme mort et un homme vivant: dans l'un, il n'y a que le corps ; dans l'autre, le corps est joint à l'esprit. Ensuite il faut leur montrer que ce qui raisonne est bien plus parfait que ce qui n'a qu'une figure et du mouvement. Faites ensuite remarquer, par divers exemples, qu'aucun corps ne périt ; ils se séparent seulement : ainsi, les parties du bois brûlé tombent en cendres, ou s'envolent en fumée. Si donc, ajouterez-vous, ce qui n'est en soi-même que de la cendre incapable de connaître et de penser, ne périt jamais, à plus forte raison notre âme qui connaît et qui pense ne cessera jamais d'être. Le corps peut mourir, c'est-à-dire qu'il peut quitter l'âme et être de la cendre ; mais l'âme vivra, car elle pensera toujours.

Il y a même une voie sensible et de pratique pour affermir cette connaissance de la distinction du corps et de l'âme ; c'est d'accoutumer les enfants à mépriser l'un et à estimer l'autre, dans tout le détail des mœurs. Louez l'instruction, qui nourrit l'âme et la fait croître ; estimez les hautes vérités qui l'animent à se rendre sage et vertueuse. Méprisez la bonne chère, les parures et tout ce qui amollit le corps: faites sentir combien l'honneur, la bonne conscience et la religion sont au-dessus des plaisirs grossiers. Par de tels sentiments, sans raisonner sur le corps et sur l'âme, les anciens Romains

avaient appris à leurs enfants à mépriser leur corps, et à le
sacrifier, pour donner à l'âme le plaisir de la vertu et de la
gloire...

Pour faire sentir aux enfants qu'il y a des choses très-réelles
que les yeux et les oreilles ne peuvent apercevoir, il faut leur
demander s'il n'est pas vrai qu'un tel est sage, et qu'un tel
autre a beaucoup d'esprit. Quand ils auront répondu, *Oui*,
ajoutez: Mais la sagesse d'un tel, l'avez-vous vue? De quelle
couleur est-elle? l'avez vous entendue? fait-elle beaucoup de
bruit? l'avez-vous touchée? est-elle froide ou chaude? L'enfant rira; il en fera autant pour les mêmes questions sur
l'esprit: il paraîtra tout étonné qu'on lui demande de quelle
couleur est un esprit; s'il est rond ou carré. Alors vous lui
ferez remarquer qu'il connaît donc des choses très-véritables
qu'on ne peut ni voir, ni toucher, ni entendre, et que ces
choses sont spirituelles. Mais il faut entrer fort sobrement
dans ces sortes de discours pour les filles. Je ne les propose
ici que pour celles dont la curiosité et le raisonnement vous
mèneraient jusqu'à ces questions. Il faut se régler selon l'ouverture de leur esprit, et selon leur besoin.

(1687) FÉNELON, p. 37-40, 42.

Lady CHARLOTTE (7 ans). — J'ai bien envie d'être bonne ;
mais souvent je suis méchante malgré moi : j'ai plus tôt fait
une sottise que je n'y ai pensé.   n'aime pas à être contredite ; et quand on   résiste à ce que je veux, je deviens
méchante, je bats ma   servante, je dis des injures à mes
sœurs, je me moque de mes maîtres. Dites-moi, je vous
prie, comment il faut faire pour me corriger.
Mademoiselle BONNE. — Vous n'êtes pas méchante malgré
vous, ma chère ; car nous pouvons toujours être bonnes, si
nous en prenons les moyens. Je vais vous les enseigner.
Premièrement, il faut demander à Dieu tous les matins et
tous les soirs, dans vos prières, la grâce de vous corriger ;
car nous ne pouvons rien sans son secours : mais il faut lui
demander cette grâce de tout votre cœur, et comme vous
demandez à votre maman ce que vous souhaitez le plus.
Secondement, il faut réparer vos fautes, en demandant
excuse à votre servante, en priant vos sœurs de vous avertir,
en leur demandant pardon, quand vous les avez offensées.
Si vous voulez tout de bon vous corriger, il faut écrire tous

les soirs toutes les mauvaises paroles que vous aurez dites ;
et cela vous rendra bien honteuse, j'en suis sûre.

(1757) M^{mo} Leprince de Beaumont, p. 58-59.

Lady Mary (5 ans). — Si j'avais la liberté de souhaiter
quelque chose (1), je souhaiterais d'être tout d'un coup la plus
savante du monde.

Mademoiselle Bonne. — Mais, ma chère, cela ne serait pas
assez, il faudrait encore souhaiter de faire un bon usage de
votre science ; car, sans cela, elle pourrait servir à vous
rendre plus sotte, plus orgueilleuse et plus méchante.

Lady Charlotte (7 ans). — Et moi, je souhaiterais de devenir la meilleure de toutes les filles ; car j'ai beaucoup de
peine à n'être plus méchante.

Mademoiselle Bonne. — Il n'y a rien à dire à ce souhait,
il est parfaitement bon. Mais, ma chère, il y a encore un
autre avantage que vous ne connaissez pas. Je suppose que
vous souhaitiez d'être belle, d'être riche, ou quelque autre
avantage ; vous aurez beau souhaiter toute votre vie, vous
ne serez jamais ni plus riche ni plus belle. Les souhaits que
nous faisons ne nous avancent de rien. Mais sitôt qu'on
souhaite véritablement d'être bonne et vertueuse, on commence à le devenir. Remarquez, mes enfants, ces paroles,
quand on souhaite véritablement, c'est-à-dire, quand on travaille à le devenir, et qu'on prend toute la peine nécessaire
pour cela : car il n'y a personne, même parmi les plus méchantes, qui ne souhaitât de devenir vertueuse tout d'un coup
pourvu que cela ne donnât aucune peine ; mais si l'on
souhaite véritablement de devenir bonne, on en prend
les moyens. Dites-moi, lady Charlotte, n'est-il pas vrai que
vous souhaiteriez d'être bonne tout d'un coup, pour être
débarrassée de la peine de corriger vos défauts?

Lady Charlotte. — Tout justement, ma bonne ; je crois
que vous devinez. Quand je pense à la peine que j'aurai à
devenir douce, cela m'effraye. Je vous assure que je prends
beaucoup de peine, et malgré cela, à tous moments, je fais
des fautes ; j'ai peur de ne me corriger jamais.

Mademoiselle Bonne. — C'est la paresse qui vous donne
cette peur, ma bonne amie. Retenez bien qu'on se corrige
toujours quand on répare ses fautes. Si vous vouliez aller

____

(1) On vient de dire aux enfants le conte des *trois souhaits* : l'institutrice
les fait parler à ce sujet.

d'ici à Kensington, et que vous tombassiez à chaque pas, vous seriez sans doute bien longtemps à faire le chemin ; mais enfin vous y arriveriez, pourvu que vous eussiez soin de vous relever. Si, au contraire, vous disiez : je tombe trop souvent, et cela me donne trop de peine à me relever, ainsi je veux rester à terre, certainement vous n'arriveriez jamais. Il en est ainsi du voyage que nous faisons pour acquérir la vertu ; nous arriverons un jour, pourvu que nous ne restions pas à terre par paresse.

Lady CHARLOTTE. — Je ne croyais pas être paresseuse, ma Bonne ; j'aime à travailler, à apprendre par cœur, et je sais une grande leçon de géographie.

Mademoiselle BONNE. — On peut être paresseuse, quoiqu'on aime à travailler et à apprendre, mais d'une paresse d'esprit qui est bien dangereuse, car elle vous ôte le courage. Voyons donc cette leçon de géographie...

(1757) Mᵐᵉ LEPRINCE DE BEAUMONT, t. II, p. 95-97.

Mademoiselle BONNE. — Examinons ce que c'est que la raison (1). Voyons ce que vous en pensez, Lady Spirituelle.

Lady SPIRITUELLE (12ans). — Cela est fort singulier ; j'ai une raison, et je ne sais pas ce que c'est : il faut avouer que je suis bien sotte. Attendez pourtant : on dit qu'une personne est raisonnable, quand elle se conduit comme il faut, et qu'elle remplit tous les devoirs de son état. La raison consiste donc à se bien conduire.

Mademoiselle BONNE. — A merveille, ma chère ; mais pour mieux comprendre cela, voyons toutes les choses que notre âme est capable de faire. Je regarde au bout de cette chambre et je vois une fenêtre et une porte ; il y a un escalier, par lequel je puis descendre petit à petit dans la cour, au lieu que si je sortais de la chambre par la fenêtre, j'y descendrais tout d'un coup. Comment est-ce que je remarque cette différence ? En pensant. Or, cette faculté de penser qui est en mon âme, je l'appellerai entendement (2), et je dirai, toutes les fois que mes yeux ou mes oreilles me montreront un objet, c'est mon entendement qui le connaît. Entendez-vous cela, mes enfants ?

Miss MOLLY. — A merveille, ma Bonne. Je vois par mes

____

(1) Une petite fille vient de prononcer le mot *raison* ; on demande ce qu'il veut dire. Voilà le point de départ d'une *leçon de choses* qui est une leçon de *philosophie*, dans le genre de celles que Fénelon recommande.

(2) Ou *intelligence*, la faculté d'entendre, c'est-à-dire de comprendre.

yeux que vous êtes une femme, et qu'une femme n'est pas
faite comme un lit: c'est mon entendement qui conçoit cela.
Je vous entends parler, et j'entends siffler mon oiseau. Ces
deux voix, qui entrent par mes oreilles, vont trouver mon
entendement, et il décide que votre voix est la voix d'une femme,
et que l'autre est celle d'un oiseau.

Mademoiselle Bonne. — Miss Molly explique cela comme un
docteur. Reprenons notre première comparaison, mes enfants.

Je veux sortir de cette chambre: mon entendement m'a
fait voir la différence qu'il y a entre sortir par la fenêtre ou
par l'escalier, et il dit: Si je sors pas la fenêtre, je serai tout
d'un coup dans la cour; mais peut-être qu'en descendant mon
corps tournera de façon que je tomberai la tête la première,
et je me la casserai; ou bien je tomberai sur un bras ou sur
une jambe et je me la romprai: si, au contraire, je descends
par l'escalier, je serai un peu plus longtemps, mais je reste-
rai toujours sur mes pieds, et je ne serai pas en danger de me
fendre la tête. L'entendement fait tout ce raisonnement, l'âme
écoute, et alors une autre chose qui est en elle, et que j'appellerai la volonté, dit: j'aime mieux aller plus doucement, et ne
pas m'exposer à quelque malheur; ainsi, je prendrai mon
chemin par l'escalier et non par la fenêtre. Ainsi l'entendement
examine, pèse les choses, et la volonté choisit. (1) Je me retrouve
ce soir dans cette chambre et je n'ai pas de lumière, par conséquent je ne vois plus la différence qu'il y a entre la fenêtre
et la porte; mais je me ressouviens de cette différence que
je ne vois plus: comment est-ce que mon âme se rappelle
et rend présente cette différence? C'est qu'elle a une troisième
puissance, ou faculté, que je nommerai mémoire. Répétons
cela: combien notre âme a-t-elle de facultés, lady Charlotte?

Lady Charlotte (7 ans). — Trois (2): *l'entendement*, qui
nous sert à connaître les choses; la *volonté*. qui nous fait choisir
une chose plutôt qu'une autre, à cause des différences que
l'entendement y a remarquées: et la *mémoire*, qui nous fait
souvenir de ces différences, quand même nous ne verrions

---

(1) L'exemple pourrait être mieux choisi, mais la conclusion est juste et la
marche méthodique a été bien suivie. Il serait facile d'appliquer le même
procédé, à l'aide d'autres exemples.

(2) Mme Leprince de Beaumont suit la philosophie de son temps, qui
donnait cette division des facultés de l'âme, division incomplète et inexacte.
Mais, je le répète, cette leçon est présentée ici, non pour son mérite absolu,
mais pour le mérite relatif et très-considérable de la méthode. Quand on
voudra enseigner la morale dans nos écoles, il faudra de toute nécessité
adopter, pour les commençants, le système des leçons de choses, autrement
dit un enseignement familier et intuitif.

plus les objets que nos yeux montreraient à notre entendement s'il faisait clair.

Mademoiselle BONNE. — Vous comprenez cela on ne peut mieux, ma chère. Mais remarquez que la volonté est une aveugle, qui ne connaît rien; si elle était sage, elle demanderait toujours conseil à l'entendement, et lui donnerait le temps d'examiner ce qui serait le mieux; mais elle se presse de choisir avant l'examen, comme une étourdie : d'où il arrive qu'elle choisit tout de travers, et qu'elle est ainsi la cause de toutes les sottises que nous faisons. Voyons présentement ce que c'est qu'une personne raisonnable. C'est une personne qui fait un bon usage de son entendement, qui s'accoutume à ne rien faire qu'après avoir pris du temps pour laisser examiner à l'entendement ce qui est le plus convenable. Pour avoir de la raison, il faut donc deux choses : un entendement pour examiner, et une volonté pour se déterminer. Une de ces choses serait inutile sans l'autre; m'en diriez-vous la raison, Lady Sensée ?

LADY SENSÉE. — Je pense que oui, ma Bonne. A quoi me servirait-il que mon entendement m'apprît qu'il vaut mieux sortir de la chambre par la porte que par la fenêtre, si je n'avais pas la liberté de choisir entre ces deux chemins, et si une force à laquelle je ne pourrais résister me poussait à me jeter par la fenêtre ? mon entendement, loin de m'être utile, ne servirait qu'à me rendre malheureuse, puisqu'il me découvrirait à tous moments mille dangers que je ne serais pas la maîtresse d'éviter.

Mademoiselle BONNE. — Ce que vous avez répondu est parfaitement vrai, ma chère. L'entendement qui ne fait qu'examiner, et qui ne peut vouloir, serait inutile sans la volonté.... Les personnes qui n'ont pas de raison sont celles qui ont une volonté qui ne veut pas obéir à leur entendement. Les sottises que font les hommes prouvent qu'ils sont libres... Mais remarquez aussi que sans la volonté nous ne pourrions être vertueux. Quand vous me faites du bien, je ne vous en ai obligation que parce que je sais que vous n'avez pas été forcée de le faire, et que vous avez voulu me faire du bien. En détruisant la volonté de l'homme, vous ôteriez tous les vices, mais vous ôteriez aussi toutes les vertus (1).

(1757) Mme LEPRINCE DE BEAUMONT, t. III, p. 94-100.

---

(1) Ces extraits montrent ce que peut être la leçon de choses au point de vue de l'éducation morale; les deux suivants montreront ce qu'elle peut être au point de vue de l'instruction proprement dite : le premier est une leçon de géographie, le deuxième une leçon de physique.

Mademoiselle Bonne. — Vous voyez ce plat (rempli d'eau); supposez que ce soit la mer, et tous les morceaux de carton que je vais mettre dessus seront la terre. Tous ces petits morceaux de cartes qui sont environnés d'eau de tous côtés, nous les appellerons des *îles*. Voyez cet autre carton qui touche au bord du plat par un petit morceau, c'est presque une île ; nous le nommerons donc une *presqu'île*. Ce grand morceau de carte, qui ne touche à l'eau que par un côté, nous l'appellerons une *terre-ferme* ou un *continent* ; cette pointe qui s'avance dans l'eau, nous l'appellerons un *cap*; et une terre fort élevée, nous l'appellerons *montagne*: comprenez-vous bien cela mes enfants?

Lady Mary (5 ans). — A merveille ma Bonne. Une île est une terre absolument environnée d'eau; une presqu'île a un petit coin hors de l'eau, et elle tient par ce petit morceau de terre à cette autre grande terre que vous appelez continent...

Mademoiselle Bonne. — Cela est très bien. Voyons présentement, sur une carte géographique, si vous trouverez bien une île, une presqu'île, un continent, un cap, une montagne; il faut avoir une mappemonde.

Lady Mary. — Ma Bonne, voilà des pays qu'on nomme la Grande-Bretagne, l'Irlande : je crois que ce sont des îles, car la mer est tout autour.

Mademoiselle Bonne. — Et de quel côté sont ces pays, ma chérie?

Lady Mary. — Tout en haut, et à gauche de la carte, ma Bonne.

Mademoiselle Bonne. — Mais ce côté d'en haut et ce côté de gauche ont des noms qu'il faut toujours dire. Souvenez-vousen : nous l'avons appris la dernière fois.

Lady Mary. — Je m'en souviens, ma Bonne; ces pays ou ces îles sont au Nord, et en même temps à l'ouest de l'Europe.

Mademoiselle Bonne. — Fort bien, ma chère. Lady Charlotte, cherchez une presqu'île sur cette carte.

Lady Charlotte (7 ans). — L'Afrique en est une; ce grand pays tient à l'Asie par ce petit coin : je crois aussi que cette pointe est un cap.

Mademoiselle Bonne. — Oui, ma chère, c'est le cap de Bonne-Espérance. Allons, miss Molly, montrez-moi un continent.

Miss Molly (7 ans). — J'en vois quatre considérables, qui sont les mêmes quatre parties du globe déjà nommées, savoir: l'Europe, l'Asie, l'Afrique et l'Amérique.

Mademoiselle Bonne. — Vous avez raison ma chère. Lady Sensée va nous dire comment on nomme ces petites langues de terre, qui joignent la presqu'île au continent.

Lady Sensée (12 ans). — On les nomme *isthmes*, et celui qui joint l'Afrique à l'Asie se nomme *isthme de Suez*.

Mademoiselle Bonne. — Retenez bien ces noms, la première fois nous en apprendrons davantage, car il est trop tard aujourd'hui.   Mᵐᵉ Leprince de Beaumont, t. I, p. 170-173.

Il était l'heure de prendre le thé, et Henri et Lucie soupaient ordinairement pendant que leur papa et leur maman buvaient du thé, en sorte qu'ils avaient occasion d'entendre beaucoup de choses utiles et amusantes qui se disaient dans la conversation. En voyant la fontaine à thé, Lucie se rappela que sa mère avait promis de lui expliquer la différence de la fumée et de la vapeur, et elle l'en fit souvenir. Sa mère demanda alors une bougie allumée, et une chandelle allumée aussi, et elle dit à Lucie de tenir une assiette froide au-dessus de la bougie, et elle donna à Henri une autre assiette froide à tenir au-dessus de la chandelle. Au bout d'un petit moment une quantité considérable de fumée ou de suie se rassembla sur chacune des assiettes. Leur mère prit elle-même une troisième assiette froide qu'elle tint au-dessus de la fontaine à thé dans laquelle était l'eau bouillante, et d'où sortait une grande quantité de vapeur. Cette vapeur fut arrêtée par l'assiette, qui se couvrit d'eu à peu de petites gouttes, moins grosses que la tête d'une toute petite épingle. Quand l'assiette fut restée un peu de temps au-dessus de la vapeur, ces gouttes devinrent plus grosses, elles s'attirèrent l'une l'autre, c'est-à-dire une petite goutte se joignit à une autre, et fit une grosse goutte, et ainsi de suite, jusqu'à ce qu'enfin les gouttes coururent si bien l'une dans l'autre, qu'elles perdirent leur forme ronde, et coulèrent le long de l'assiette. Cette expérience amusa beaucoup Henri et Lucie. Henri fit la remarque que la vapeur de l'eau était bien différente de la vapeur de la chandelle.

Le Père. — Je suis bien aise de voir, Henri, que tu as compris le sens du mot vapeur; mais pour que tu te trompes encore en disant la vapeur de la chandelle le noir de lampe, la suie et la fumée se forment de la vapeur des parties huileuses qui sont contenues dans la chose qui brûle. Autrefois on se servait de lampes grossières au lieu de chandelles, et la suie de ces lampes s'appelait du noir de lampe, quoiqu'il fallût plutôt l'appeler du noir d'huile; on le nomme communément noir de fumée. A présent, Henri, sais-tu ce que veut dire le mot évaporer?

HENRI. — Je crois, papa, que cela veut dire changer en vapeur.

LE PÈRE. — As-tu remarqué quelque autre chose dans les expériences que ta maman vient de te montrer?

HENRI. — Oui, papa, j'ai vu que la vapeur de l'huile devenait solide, quand elle était froide?

LE PÈRE. — Oui, quand elle *se condensait*. Et la vapeur de l'eau était-elle solide aussi?

HENRI. — Oh! non, papa; elle coulait au lieu de rester en place comme l'autre.

LE PÈRE. — C'est-à-dire qu'elle était *fluide*. Et toi, Lucie, qu'as-tu observé?

LUCIE. — J'ai observé, papa, que la suie, ou le noir de fumée que vous m'avez dit être la vapeur du suif ou de l'huile, ne me semblait pas retourner en huile, quand elle était condensée, mais qu'elle avait au contraire un aspect tout différent du suif et de la cire d'où elle venait; tandis que la vapeur de l'eau, dès qu'elle se condensait, retournait en eau.

LE PÈRE. — Je ne crois pas, mes chers enfants, avoir mal employé mon temps en vous montrant cette expérience. Et comme je désire que vous fassiez attention à ce qu'on vous enseigne, je tâcherai toujours de vous le rendre agréable, et d'associer dans votre esprit le sentiment du plaisir et celui de l'attention, soit en vous donnant de l'amusement tout de suite, ou l'espoir de quelque amusement plus tard.

(1828) Miss M. EDGEWORTH, t. II, p. 148-152.

Votre maman vous a donné un déshabillé (un vêtement) neuf et un bonnet pour le jour de votre première communion, *il est à vous* (1); vous avez acheté un fichu avec un écu de trois francs que vous avez *gagné* à ourler et à marquer des serviettes, *ce fichu est à vous*.

Je vous ai fait présent d'un panier de cerises de mon jardin; *elles sont à vous*, et vous pouvez en manger, en donner, en faire ce que vous voudrez.

---

(1) Autre exemple de leçon de choses ou leçon pratique pour faire comprendre aux enfants ce que c'est que la propriété.

Ce déshabillé, ce bonnet, ce fichu, ces cerises, sont votre propriété ; mais la toile semblable à votre déshabillé, le bonnet pareil à votre bonnet, le fichu semblable à votre fichu, qui sont restés dans la boutique de la marchande pour être vendus à d'autres, ne sont pas votre propriété. Les cerises qui sont encore sur le cerisier de mon verger que vous traversez tous les jours, ne sont pas plus votre propriété que la toile, que les bonnets, que les fichus restés chez la marchande, et qui sont sa propriété jusqu'à ce qu'elle ait trouvé l'occasion de les vendre.

(1828) Mme CAMPAN, t. II, p. 98-99.

La mère est, dans la famille, la première maîtresse de langue.

De là le nom de langue maternelle, et, ce qui est tout autre chose qu'un mot, l'importance de la mère dans l'éducation, et la primauté qui lui revient à cet égard sur son mari. On sait qu'un ancien a si vivement saisi cette éminente prérogative, qu'il aurait volontiers ôté la dénomination de *patrie* à notre pays natal, pour l'échanger dans sa langue contre celui de *matrie*.

Si la mère est auprès de son enfant la première maîtresse de langue, elle n'est pas seulement la plus empressée et la plus persévérante, mais encore la plus ingénieuse. On dirait qu'elle agit par un instinct supérieur à la maternité, et qu'elle n'est en cette belle fonction qu'un instrument docile en d'autres mains. Se rappellerait-elle comment on s'y est pris à son égard pour graver en son âme les premières pensées et leurs signes, et pour faire sonner sur ses lèvres les premières paroles ? Il aurait fallu pour cela des réflexions dont elle n'était pas capable. Ou bien a-t-elle depuis lors fait des études en ce genre ? Les savants, de leur côté, ont-ils pris la peine de mettre les découvertes qu'ils peuvent avoir faites à cet égard à la portée des mères de la race humaine ?

Pestalozzi reconnaissait leur influence sur l'éducation, et il a écrit à leur usage un livre qu'il a appelé le *Livre des mères*.

Mais ce livre suppose que l'enfant sait déjà parler, et il contient une série d'exercices de langue, très-suivis à la vérité, mais aussi bien raides et bien monotones. Il laisse donc à la bonne nourrice toute la partie élémentaire, et tout le soin dont elle a été jusqu'ici chargée, seule avec son génie maternel et son infatigable tendresse. On pourrait pourtant lui tendre la main dans ces fonctions ; il ne s'agirait que de quelques directions pour qu'elle pût à leur aide faire mieux et avec plus de succès ce qu'elle a la volouté et la constance de faire.

Depuis un certain temps, on a beaucoup parlé et beaucoup écrit sur les *connaissances intuitives*, par où l'instruction de l'enfance doit commencer. Les mères n'ont rien lu et ne liront rien de pareil ; cependant elles savent, et, ce qui vaut beaucoup mieux, elles pratiquent la chose pour le fond. Ne voyez-vous pas tous les jours qu'elles rendent leurs jeunes élèves attentifs à ce qu'ils voient, à ce qu'ils entendent, à ce qu'ils touchent, à ce qui s'annonce chez eux au goût et à l'odorat ? Elles montrent l'un après l'autre les objets sensibles ; elles en prononcent en même temps le nom et le prononcent souvent, ajoutant ainsi le signe de rappel à la chose, afin que tous deux s'unissent étroitement dans l'esprit de l'élève, et qu'en l'absence de l'objet le mot puisse le remplacer. Voilà pourtant de la psychologie. Elle n'est pas due à la science ; elle n'est due qu'à la bonne nature, qui ne manque pas de génie, quand elle ne manque pas de charité.

La mère n'a longtemps qu'un petit muet devant elle, bien qu'il ait déjà dans l'esprit quelques idées accompagnées de leurs symboles ; mais elle va lui délier la langue et mettre la parole sur ses lèvres... Insensiblement ce langage enfantin se développe et se perfectionne par imitation, comme tout le reste, et souvent, vers l'âge de cinq ans, ce petit être imitateur fait conversation avec sa mère et d'autres personnes ; il pensait, et il parle...

La mère n'a point directement en vue de développer les facultés intellectuelles de son élève. Vous l'entendrez bien dans l'occasion prononcer les mots de mémoire, d'intelligence, de jugement, de raison, de bon sens ; mais cependant sans attacher un sens bien précis à ces dénominations, et surtout sans savoir comment il faut s'y prendre pour donner l'éveil à ces facultés. Elle se sent elle-même pleine de souvenirs, elle observe, juge, raisonne, invente et ne doute pas que tout ce qu'elle trouve en elle-même ne se trouve aussi dans son enfant comme la rose dans son bouton, et qu'avec le temps tout se montrera. Elle va donc droit au but qu'elle se propose dans ses leçons de langue, et ce but est double.

Jamais il ne lui est venu à l'esprit d'apprendre à parler à son élève, seulement pour qu'il sache parler comme d'autres

10.

et parler correctement. Elle n'a que l'instruction de son enfant
en vue. Elle tâche de lui communiquer peu à peu ses propres
connaissances, et dans le nombre celles qui lui tiennent le plus
à cœur et qu'elle croit être les plus nécessaires à son bien-
aimé. En cela elle a soin de lui montrer par occasion les objets
sensibles qui sont à sa portée et qu'il a intérêt de connaître;
mais elle ne respecte point la barrière que certains instituteurs ont voulu élever entre le monde visible et le monde
invisible, confinant même l'adolescence dans le premier, pour
ne permettre qu'à la jeunesse d'entrer dans le second. (1) La
mère suit les inspirations d'un cœur qui ne l'enchaîne point
aux objets qui tombent sous les sens. Elle a besoin du Père
céleste et d'une vie éternelle, et poussée par ce noble besoin
elle s'empresse de parler à son élève des choses divines et
futures...

Elle ne veut pas seulement éclairer l'esprit de son élève, en
le familiarisant avec la langue, elle veut encore lui former le
cœur à tout le bien qu'elle connaît. En cela la piété occupe une
place distinguée chez elle. Elle sait bien que son élève ressemble au petit oiseau qui ne peut pas encore soutenir son
vol, et qui ne peut s'élever que rarement vers le ciel. Aussi
ne demande-t-elle de lui que quelques mots de prière à son
réveil, au repas et à son coucher; bien convaincue que la pensée
et le cœur y entreront pour quelque chose, et en cela elle
ne se trompe pas. Elle est sûre que son enfant a de la reconnaissance pour elle et pour son père, et elle conclut qu'il en a
aussi pour le père céleste qu'elle lui a fait connaître. En effet,
la religion est-elle autre chose que la piété filiale qui, s'étant
d'abord attachée à une mère et à un père visibles, prend plus
tard son essor vers le ciel jusqu'au père invisible de la famille
humaine?

Elle s'adresse aussi à la conscience, qui est la loi du Père
commun, gravée au sein de l'homme. Elle ne s'avise pas de
dire ce que son élève ne comprendrait pas, et probablement
ce qu'elle ne sait pas très-bien elle-même; mais elle entend ses
ordres au fond de l'âme et en fait part à l'enfant qui l'écoute.
Ses deux grands préceptes, celui qui nous défend de faire aux
autres ce que nous ne voudrions pas qui nous fût fait, et celui
qui nous ordonne de traiter nos semblables comme nous voulons qu'ils nous traitent; voilà l'esprit de la morale qui se
montre en détail dans les exhortations et les remontrances

---

(1) Rousseau, *Emile.*

qu'amène la conduite de son cher disciple. Elle donne par là
l'éveil à sa jeune conscience, qui vient de plus en plus à l'appui de ses paroles, et leur imprime une autorité supérieure
et une force nouvelle.

Elle a encore à sa disposition d'autres ressources dont elle
use dans sa méthode foncièrement éducative. Elle-même sent
au fond de son âme une sympathie naturelle pour ce qui est
beau, juste, grand et honnête dans les sentiments et la conduite, ainsi qu'un éloignement instinctif pour tout ce qui a des
qualités contraires. Elle suppose les mêmes dispositions dans
son cher élève, et elle les met à profit dans son éducation. Il
va sans dire que la première maîtresse de langue s'exprime en
tout cela comme il le faut pour être bien comprise, et qu'elle
finit toujours par l'être.

Elle est vraiment admirable dans ses moyens, comme dans
son double but, cette méthode que j'appelle *maternelle*,
parce que je la vois naître de la maternité même, qui l'inspire
à la femme, à l'aspect de l'enfant qu'elle a mis au jour et
qu'elle a nourri de sa propre substance. Avez-vous bien compris cette parole du divin Maître: « La femme, lorsqu'elle
enfante, est dans la douleur, parce que son heure est venue ;
mais après qu'elle a enfanté, elle ne se souvient plus de tous
ses maux, dans la joie qu'elle a d'avoir mis un HOMME au
monde ! » Oh ! la mère attache un prix inestimable à cet être
sorti de son sein, et qui lui a tant coûté. Elle y voit son image,
elle voit en esprit toutes les nobles facultés qu'elle se sent en
elle-même, l'éminente dignité de l'homme et les hautes destinées dont elle a le pressentiment au fond de l'âme, elle qui
vient de se trouver aux portes de l'éternité. Voilà ce qui lui
inspire cette tendresse, ce zèle et cette persévérance qui n'ont
rien de semblable sur la terre, et voilà encore la source de ce
génie maternel que l'on ne saurait trop admirer (1).

(1844). Le P. GIRARD (2), 13-25.

---

(1) Ces belles pages du P. Girard sur l'enseignement intuitif dépassent de
beaucoup le domaine de l'instruction proprement dite; c'est une preuve de
l'intime lien qui unit indissolublement l'éducation intellectuelle et l'éducation
morale.

(2) *De l'enseignement régulier de la langue maternelle dans les écoles et les
familles ;* nouvelle édition, 1 vol., in-12. Paris, Delagrave, 1880.

CINQUIÈME PARTIE

L'ÉDUCATION MORALE

L'éducation morale se dit spécialement de la culture des sentiments et de celle de la volonté : à vrai dire, tout dans l'éducation a une portée morale, tout conspire à former le caractère, à apprendre la vie. L'instruction elle-même n'a pas d'autre but, si elle est bien dirigée ; mais en dehors du travail intellectuel et de l'étude, d'autres moyens peuvent être mis en œuvre, qui sont comme le tissu dont est faite la vie scolaire, soit qu'elle se passe à l'école ou dans la famille : les relations des enfants avec les parents, avec les maîtres, les actes dont ils sont témoins, les propos qu'ils entendent, la manière dont on leur parle, dont on les traite, les sentiments qu'on leur témoigne et ceux qu'on leur inspire, l'éloge, le blâme, les récompenses, les punitions, les peines et les plaisirs, les acquisitions quotidiennes de leur naissante expérience, voilà autant d'agents d'éducation, bienfaisants ou funestes, suivant la manière dont ils sont employés et l'inspiration d'où ils procèdent : en pédagogie comme ailleurs, c'est l'esprit qui vivifie.

Il y a donc, dans la pédagogie morale, des généralités, conseils, préceptes, théories, dont il appartient à chacun de tirer parti dans la pratique personnelle. Nous grouperons les extraits de cette nature sous le titre de *Préceptes généraux et principes d'éducation morale*.

En dehors de ces généralités, qui embrassent la préparation à la vie mais dans son ensemble, nous nous arrêterons particulièrement sur deux côtés de la vie des femmes : la vie extérieure et la vie intérieure, le monde et le ménage. L'une répond à des tendances innées, le sentiment de la beauté, le désir de plaire, qui n'est après tout qu'une des formes appropriée à la nature féminine, de l'instinct de sympathie et de l'amour de soi tout ensemble ; l'autre répond à d'autres tendances non moins puissantes, plus hautes et plus pures, mais aussi plus sévères ; l'une représente, pour la jeunesse, le bonheur, l'autre représente le devoir : l'éducation aurait tout gagné si elle parvenait à concilier le devoir et le bonheur, à mettre le bonheur dans le devoir.

Nous aurons donc deux autres séries d'extraits : la première, dont emprunterons le titre à Fénelon : « *La beauté et les ajustements* » ; la deuxième : *La vie domestique*.

1

Préceptes généraux et principes d'éducation morale.

Ayez soin de ne pas prendre, chez une jeune fille, la superstition pour la piété. S'il n'est rien de plus accommodant que la vraie piété, il n'est rien de plus intolérant que la superstition, et ce fléau se rencontre chez les femmes plus que chez les hommes   (1526) Erasme.

Qu'elles (les maîtresses) souffrent leurs (1) petites humeurs, qui sont quelquefois bien fâcheuses. Qu'elles ne les reprennent point et ne les corrigent jamais par un mouvement de colère, mais qu'elles suspendent le châtiment jusqu'à ce que leur émotion soit passée, et que les enfants puissent juger qu'elles ne les aiment pas moins lorsqu'elles les châtient que lorsqu'elles les caressent. (1636) *Constitutions de Port-Royal*, (2), p. 97.

Comme nous sommes obligées d'être toujours parmi elles (les élèves), il se faut comporter en sorte qu'elles ne puissent pas remarquer d'inégalité dans notre humeur, en les traitant quelquefois avec trop de mollesse et d'autres fois trop sévèrement. Ce sont deux défauts qui se suivent d'ordinaire: car quand on se laisse emporter à leur faire tant de petites caresses et flatteries, leur laissant la liberté de s'épandre autant que leur humeur et inclination les y porte, il faut infailliblement que la répréhension suive, et c'est ce qui fait l'inégalité, qui est beaucoup plus pénible aux enfants, que de les maintenir toujours dans leur devoir.

Il ne nous faut jamais trop familiariser avec elles, ni leur témoigner une trop grande confiance (3), encore qu'elles fussent grandes; mais il faut leur témoigner une vraie charité (4), et une très-grande douceur dans tout ce qu'elles auront besoin, et même les prévenir (5).

---

(1) Les humeurs des petites filles qu'elles élèvent.
(2) *Les Constitutions du monastère de Port-Royal du Saint-Sacrement.* 1 vol. in-12, Paris, 1721. — Ces Constitutions ont été rédigées par la M. Agnès Arnauld, en 1636.
(3) Ne pas les traiter en égales.
(4) Au sens chrétien; c'est l'affection, la tendresse, mais avec quelque chose de ferme et de réservé.
(5) Ne pas leur laisser la peine de le demander

Il les faut traiter fort civilement, et ne leur parler qu'avec respect (1), et leur céder tout ce que l'on peut. Cela les gagne beaucoup. Il est bon d'user quelquefois de condescendance dans des choses qui de soi seraient indifférentes, afin de leur gagner le cœur (2).

Quand il est nécessaire de les reprendre de leur légèreté et mauvaise grâce, il ne faut jamais les contrefaire ni les pousser en les rudoyant, quoi qu'elles fussent de mauvaise humeur, au contraire il leur faut parler avec très-grande douceur, et leur dire de bonnes raisons pour les convaincre. Ce qui empêchera qu'elles ne s'aigrissent et fera qu'elles recevront bien ce qu'on leur dit...

Nous les assurerons en même temps que, de quelque manière que nous agissions, nous ne sommes portées que par l'affection que nous leur portons, et par le désir de les rendre telles que Dieu les veut ; que notre cœur demeure toujours dans la douceur pour elles, que notre force n'agit que sur leurs défauts, et que nous nous faisons pour cela une extrême violence, ayant bien plus d'inclination à les traiter doucement que fortement...

Pour les petites Enfans, il faut encore plus que toutes les autres les accoûtumer et nourrir, s'il se peut, comme de petites colombes. Il faut leur dire peu de paroles quand elles ont fait une faute notable et qui mérite châtiment : mais quand on est parfaitement assuré, il les faut châtier sur l'heure... Le châtiment fait sans paroles les empêche de faire des mensonges pour trouver des excuses sur leurs fautes, à quoi les petites Enfans sont fort sujets... Je crois aussi que dans tous les autres défauts plus légers, on les doit peu avertir, car insensiblement elles s'accoûtument à toujours entendre parler. C'est pourquoi de trois ou quatre fautes l'une, il ne faut pas faire semblant de les voir ; mais après les avoir considérées quelque temps, il faut les surprendre, et leur en faire faire satisfaction tout sur l'heure. Cela les corrige bien plus que beaucoup de paroles.

---

(1) Un des caractères de Port-Royal, dans l'éducation des filles et des garçons comme dans tout l'esprit de cette célèbre maison, est le respect de la personne humaine, de l'être moral ; ce respect, on l'observait même envers les enfants, en les traitant toujours avec politesse, pour leur apprendre à se respecter eux-mêmes. Par ce côté surtout, la pédagogie de Port-Royal a une élévation remarquable.

(2) Depuis Montaigne et Rabelais, il s'était élevé bien des protestations contre l'odieuse dureté de l'éducation au moyen âge ; on demandait de tous côtés les moyens de la rendre agréable, attrayante : on ne voulait plus faire peur aux enfants, ni les dégoûter à l'avance de l'étude. Cette tendance est à remarquer dans le milieu pourtant si austère et janséniste de Port-Royal.

Quand il y en a de petites entièrement obstinées et rebelles, il faut trois ou quatre fois les obliger aux mêmes petites satisfactions. Cela les dompte entièrement, quand elles voyent qu'on ne se lasse pas. Mais quand on le fait un jour, et qu'on leur pardonne l'autre, ou qu'on les néglige, cela ne fait aucune impression sur leur esprit, et il se trouve qu'il faut en venir à des moyens plus forts que ceux que l'on aurait employés avec quelque sorte de continuation.

Encore que les Enfans soient fort jeunes, comme de quatre ou cinq ans, il ne faut pas les laisser sans rien faire tout le jour; mais partager leurs petits temps, les faisant lire un quart d'heure, et puis joüer un autre, et puis travailler (des mains) un autre petit temps. Ces changements les divertissent et les empêchent de prendre une mauvaise habitude, à quoi les Enfans sont fort sujets, qui est de tenir leur livre, et joüer avec, ou avec leur ouvrage; se tenir de travers, et toujours tourner la tête. Mais quand on leur demande de bien employer un quart d'heure ou une demie heure, et qu'on leur promet que si elles sont fidelles à leur leçon ou à leur travail, on les laissera joüer, elles font vite et bien ce petit temps, pour être récompensées après. Et quand on leur a fait cette promesse avant leur travail, quoiqu'elles joüent cependant (1), il ne leur faut rien dire; mais à la fin, quand le temps est passé et qu'elles pensent aller joüer, il leur faut faire reprendre un autre temps pour le travail, leur remontrant que l'on ne désire pas toujours parler (2), mais que, puisqu'elles n'ont fait que badiner, il faut qu'elles recommencent. Cela les surprend, et fait qu'elles se tiennent une autre fois sur leurs gardes...

Pour les légères incommodités qui leur surviennent, on leur donnera tous leurs besoins, mais on ne les flattera pas trop; car il se trouve des enfants qui font quelquefois semblant d'être malades. J'en ai vu quelques-unes de cette sorte, quoique par la grâce de Dieu il y a longtemps que cela n'est arrivé parmi les nôtres. Mais quand cela arrive, il ne faut pas faire semblant de croire qu'elles nous veuillent tromper, mais au contraire il faut les plaindre beaucoup, et leur dire qu'il est vrai, et qu'elles sont mal, et aussitôt les mettre au lit dans une chambre à part avec une sœur qui les garde, mais qui ne leur parle point du tout, leur disant que cela leur ferait mal de

____

(1) C'est-à-dire pendant le temps où elles doivent travailler.

2. Que l'on ne juge pas à propos de les avertir sans cesse. Toutes ces observations sur le naturel des enfants et sur la manière de les conduire sont d'une vérité et d'une finesse remarquables.

leur parler, et qu'il leur faut du repos. On les met un jour ou deux aux bouillons et aux œufs. Si le mal était effectif, ce régime leur est fort bon, et s'il ne l'est pas, il est sans doute (1) que dès le lendemain elles diront qu'elles n'ont point de mal : et ainsi on les guérit de leur hypocrisie, sans leur donner occasion de recommencer ; ce qui arrive quand on leur dit qu'elles n'ont point le mal dont elles se plaignent, et même on les expose à faire des mensonges, et à se feindre encore davantage.   (1657) JACQUELINE PASCAL (2), p. 479.

> Je tiens sans cesse
> Qu'il nous faut en riant instruire la jeunesse,
> Reprendre ses défauts avec grande douceur,
> Et du nom de vertu ne point lui faire peur.
> Mes soins pour Léonor ont suivi ces maximes ;
> Des moindres libertés je n'ai point fait de crimes ;
> A ses jeunes désirs j'ai toujours consenti,
> Et je ne m'en suis point, grâce au ciel, repenti.
> (1661) MOLIÈRE, *l'École des Maris*, acte 1, scène 2.

Otons aux divertissements des enfants tout ce qui peut les passionner trop ; mais tout ce qui peut délasser l'esprit, lui offrir une variété agréable, satisfaire sa curiosité pour les choses utiles, exercer le corps aux arts convenables, tout cela doit être employé dans les divertissements des enfants. Ceux qu'ils aiment le mieux sont ceux où le corps est en mouvement ; ils sont contents, pourvu qu'ils changent souvent de place ; un volant ou une boule suffit. Ainsi il ne faut pas être en peine de leurs plaisirs ; ils en inventent assez d'eux-mêmes ; il suffit de les laisser faire, de les observer avec un visage gai, et de les modérer dès qu'ils s'échauffent trop. Il est bon de leur faire sentir, autant qu'il est possible, les plaisirs que l'esprit peut donner, comme la conversation, les nouvelles, les histoires, et plusieurs jeux d'industrie qui renferment quelque instruction... Le soin qu'on prendra à assaisonner de plaisir les occupations sérieuses servira beaucoup à ralentir l'ardeur de la jeunesse pour les divertissements dangereux.

---

(1) Il n'y a pas à douter...

(2) *Règlement pour les Enfans*, imprimé à la suite des *Constitutions* ; rédigé par la sœur Euphémie (Jacqueline Pascal, sœur de Pascal). Il porte la date du 15 avril 1657.

C'est la sujétion et l'ennui qui donnent tant d'impatience de se divertir. Si une fille s'ennuyait moins à être auprès de sa mère, elle n'aurait pas tant d'envie de lui échapper pour aller chercher des compagnies moins bonnes...

Quand on ne s'est encore gâté par aucun grand divertissement et qu'on n'a fait naître en soi aucune passion ardente, on trouve aisément la joie ; la santé et l'innocence en sont les vraies sources ; mais les gens qui ont eu le malheur de s'accoutumer aux plaisirs violents perdent le goût des plaisirs modérés et s'ennuient toujours dans une recherche inquiète de la joie.

On se gâte le goût pour les divertissements comme pour les viandes ; on s'accoutume tellement aux choses de haut goût, que les viandes communes ou simplement assaisonnées deviennent fades et insipides. Craignons donc ces grands ébranlements de l'âme qui préparent l'ennui et le dégoût ; surtout ils sont plus à craindre pour les enfants, qui résistent moins à ce qu'ils sentent et qui veulent toujours être émus : tenez-les dans le goût des choses simples ; qu'il ne faille pas de grands apprêts de viandes pour les nourrir, ni de grands divertissements pour les réjouir... Les plaisirs simples sont moins vifs et moins sensibles, il est vrai ; les autres enlèvent l'âme en remuant les ressorts des passions. Mais les plaisirs simples sont d'un meilleur usage ; ils donnent une joie égale et durable, sans aucune suite maligne : ils sont toujours bienfaisants ; au lieu que les autres plaisirs sont comme les vins frelatés, qui plaisent d'abord plus que les naturels, mais qui altèrent et qui nuisent à la santé. Le tempérament de l'âme se gâte, aussi bien que le goût, par la recherche de ces plaisirs vifs et piquants. Tout ce qu'on peut faire pour les enfants qu'on gouverne, c'est de les accoutumer à cette vie simple, d'en fortifier en eux l'habitude le plus longtemps qu'on peut, de les prévenir de la crainte des inconvénients attachés aux autres plaisirs, et de ne les point abandonner à eux-mêmes, comme on fait d'ordinaire, dans l'âge où les passions commencent à se faire sentir et où par conséquent ils ont le plus besoin d'être retenus.

(1687) Fénelon, p. 21-23.

Pauline n'est donc pas parfaite ; tant mieux, vous vous divertirez à la repétrir. Menez-la doucement : l'envie de vous plaire fera plus que toutes les gronderies....

ne vous rebutez point : elle a de l'esprit, elle vous aime, elle
s'aime elle-même, elle veut plaire ; il ne faut que cela pour
se corriger, et je vous assure que ce n'est point dans l'enfance
qu'on se corrige : c'est quand on a de la raison (1) ; l'amour-
propre, si mauvais à tant d'autres choses, est admirable à
celle-là ; entreprenez donc de lui parler raison, et sans colère
sans la gronder, sans l'humilier, car cela révolte (2) ; et je
vous réponds que vous en ferez une petite merveille. Faites-
vous de cet ouvrage une affaire d'honneur et de conscience..

Menez-la doucement ; il y a des esprits que l'on ne gagne
que par là.

(1688-1690) Mme DE SÉVIGNÉ, t. VI, p. 205 ; 317-318 ; t. VII
p. 218.

Je voudrais qu'on inspirât aux demoiselles (3) :

Une conscience droite, simple et ouverte ;

Leur faire aimer le silence et le travail ;

Expliquer ce qu'on leur dit ; les rendre simples à tout dire,
en ne les grondant jamais.

Réjouir leur éducation.

Reprendre continuellement et doucement.

Qu'on leur parle chrétiennement et toujours raisonnablement.

Qu'on les aime toutes également.....

On les instruit des devoirs des femmes du monde et de tous
les états où elles pourron tse trouver.

On ne les distingue que par la sagesse, sans égard au plus
ou moins de naissance, ni aux protections qu'elles pourraient
avoir, ni aux agréments naturels.

On les rend simples et ingénues à tout dire, en les reprenant
avec raison et douceur.

On essaye toujours de la douceur avant de venir à la rigueur.

On se sert de tout jusque dans les jeux pour former leur
raison.....

Il faut tâcher de distinguer les fautes qui sont de conséquence pour le bon ordre d'avec celles qui n'en sont pas : par
exemple, une demoiselle travaille mal, apprend difficilement

------

(1) Mme de Sévigné veut dire que, pour se corriger, il faut déjà être en
état de comprendre ses défauts ou ses fautes, et qu'on ne peut pas raisonnablement attendre des enfants qu'ils se corrigent du premier coup.

(2) Il y a là quelque chose de l'esprit de Port-Royal, et aussi de Fénelon ;
on le retrouve dans les recommandations de Mme de Maintenon à Saint-Cyr.

(3) On appelait ainsi les élèves de la maison de Saint-Cyr.

tout ce qu'il faut qu'elle sache, il faut avoir patience et ne se point rebuter; une demoiselle sort de la classe sans permission, il ne faut point avoir de la patience là-dessus, il la faut punir, parce qu'il y a une faute de sa volonté, et qui pourrait autoriser les autres à aller où il leur plairait.

Il ne faut point être pointilleuse, chercher à découvrir leurs fautes, épier les occasions de les confondre; au contraire, il ne faut pas tout entendre, ou pour mieux dire, ne pas montrer tout ce qu'on voit et tout ce qu'on entend; il faut faire semblant d'ignorer ce qu'on peut, comme un mot échappé, un rire hors de saison, une faute courte et passagère...

Il faut quelquefois leur laisser faire leur volonté pour connaître leurs inclinations, leur apprendre la différence de ce qui est mal, de ce qui est bien, de ce qui est indifférent, et leur accorder tout ce qui est de cette dernière espèce.

Je crois que toutes les personnes qui se donneront la peine de lire ceci entendront aussi bien que moi ce que je veux dire par les choses indifférentes; mais comme je ne songe qu'à être utile, j'entrerai dans un détail qui peut-être pourra paraître ennuyeux... On peut, par exemple, leur accorder une compagne au lieu d'une autre, une promenade d'un côté au lieu d'un autre, un jeu et mille bagatelles, qui leur font voir que l'on ne veut être maîtresse que quand il le faut, et qu'elles le seraient en tout si elles étaient raisonnables. J'excepte des exemples que j'ai donnés ceux où il pourrait se trouver des conséquences. Une compagne peut être dangereuse, une promenade peut avoir quelque inconvénient, un jeu peut n'être pas de saison; mais je voudrais qu'en les refusant on leur en dît la raison, autant que la prudence le peut permettre, et tâcher même de leur accorder souvent ce qu'elles demandent pour leur refuser ce qui serait mal avec une fermeté qui ne se rende jamais: il n'est pas croyable combien ces manières-là rendent le gouvernement facile et absolu.

Il est bon de les accoutumer à ne voir jamais rien accorder à leur importunité. Il faut être implacable sur les vices, et les punir ou par la honte ou par des châtiments qu'il faut faire très-rigoureux et le plus rarement que l'on peut.

Il faut étudier leur inclination, observer leur humeur, et suivre leurs petits démêlés pour les former sur tout; car l'expérience ne fait que trop voir combien l'on fait de fautes sans les connaître (1), et combien de personnes sont tombées dans

---

(1) Sans savoir que l'on en commet, par ignorance et défaut de lumières.

le crime sans être nées plus méchantes que d'autres qui ont vécu innocemment.

On doit leur apprendre toutes les délicatesses de l'honneur, de la probité, du secret (1), de la générosité et de l'humanité, et leur peindre la vertu aussi belle et aussi aimable qu'elle l'est... Il n'est pas nécessaire de faire de longues instructions sur ces matières-là, et il vaut mieux les placer selon les occasions qui se présentent (2).

Il ne faut jamais les gronder par humeur, ni leur donner lieu de croire qu'il y a des temps plus favorables les uns que les autres pour obtenir ce qu'ils désirent.

Il faut caresser les bons naturels, être sévère avec les mauvais, mais jamais rude avec aucuns.

Il faut par des complaisances leur faire aimer la présence de leurs maîtresses, et qu'ils fassent devant elles les mêmes choses que s'ils étaient abandonnés à eux-mêmes.

Il faut entrer dans les divertissements des enfants, mais il ne faut jamais s'accommoder à eux par un langage enfantin, ni par des manières puériles; on doit au contraire les élever à soi en leur parlant toujours raisonnablement; en un mot, comme on ne peut être ni trop, ni trop tôt raisonnable, il faudrait accoutumer les enfants à la raison dès qu'ils peuvent entendre et parler, et d'autant plus qu'elle ne s'oppose pas aux plaisirs honnêtes qu'on doit leur permettre...

Dites-leur toujours les choses comme elles sont : ne les outrez point, t n'abusez pas de leur innocence pour leur persuader ce qu'elles verraient dans la suite qui ne serait pas vrai...

Ne les laissez jamais inutiles; il vaut mieux qu'elles jouent que de ne rien faire : l'oisiveté et la conversation entre elles est ce qu'il y a de pis. Faites-les passer d'un exercice à un autre, et que dans les récréations elles se divertissent à des jeux qui les occupent toutes ensemble...

Faites-leur voir que la vraie piété est de remplir ses devoirs... Que la piété qu'on leur inspirera soit gaie, douce et libre; qu'elle consiste plutôt dans l'innocence de leur vie, dans la simplicité de leurs occupations, que dans les austérités, les retraites, les délicatesses sur la dévotion et les raffinements.

---

(1) De la discrétion.

(2) Pas de sermons; la plus sûre manière de dégoûter un enfant d'une vertu est de la lui prêcher sans cesse.

Qu'elles parlent peu de la piété, qu'elles fassent beaucoup, qu'elles soient unies entre elles...

Quand une fille sort d'un couvent, disant que rien ne doit faire perdre vêpres, on se moque d'elle; quand une fille instruite dira et pratiquera de perdre vêpres pour tenir compagnie à son mari malade, tout le monde l'approuvera; quand elles auront pour principe qu'il faut honorer son père et sa mère, quelque mauvais qu'ils fussent, on ne se moquera point; quand une fille dira qu'une femme fait mieux d'élever ses enfants et d'instruire ses domestiques que de passer la matinée à l'église, on s'accommodera très-bien de cette religion, et elle la fera aimer et respecter.

Il ne faut rien promettre aux enfants qu'on ne tienne, soit récompense, soit châtiment...

Ne croyez pas qu'un discours animé par la colère les persuade et les touche davantage, outre qu'elle n'opère point la justice; les enfants démêlent bien vite qu'on se laisse aller à son humeur dans ce qu'on leur dit.

Un châtiment ou une réprimande faite de sang-froid, et quelquefois au bout de huit jours, leur fera plus d'impression : elles voient par cette conduite que l'impatience ou le chagrin n'a point de part à ce que l'on fait...

Quand elles font des fautes, pardonnez-leur quelquefois par un esprit de douceur et de patience, mais que les flatteries qu'elles vous feraient n'y aient jamais de part. Ne leur laissez pas croire qu'il y ait des temps et des manières pour vous gagner, et que toute votre conduite soit fondée sur la charité et sur la raison...

Il faut bien se garder de punir toutes les fautes : les punitions deviendraient communes et ne feraient plus d'impression. Il faut laisser passer beaucoup de fautes sans faire semblant de les voir; il font quelquefois les punir en marquant qu'on les voit (1) faire semblant de les écrire, prendre un air sérieux sans dire un mot : il y a des filles mortifiées par un ton, par un geste. Il faut, en d'autres temps, les reprendre en public; une autre fois, les corriger en particulier par des avis de piété; il n'y a rien où il ne faille plus de diversité; on ne peut là-dessus faire des règles, le bon sens en doit décider... Pour le silence, il faut prendre ce que l'on peut; les religieuses y manquent et vous voulez que les enfants y soient exacts... Servez-vous tantôt de

____

(1) C'est-à-dire, par le fait même de marquer qu'on les voit.

la sévérité, tantôt de la douceur, et sans cesse de la patience...

Je ne voudrais pas qu'on épluchât trop pointilleusement une fille qui dit une parole, et c'est dans ces occasions que je voudrais ne pas tout voir et ne pas tout entendre. Quant aux réponses des demoiselles aux maîtresses, je punirais sévèrement tout ce qui ne serait pas conforme au respect qu'elles vous doivent. Combien de fois vous ai-je dit que vous deviez les élever en mères, et qu'elles doivent vous respecter en enfants ! Souffrirait-on qu'une fille dît en parlant de sa mère : « Elle est plaisante de dire que je parle ? » Il n'y a point de petites fautes en pareil cas, mais comptez que vous ne serez jamais respectées que vous ne soyez respectables, et que vous ne le serez que lorsque les demoiselles vous verront faire votre devoir sans y manquer jamais...

Tâchez de distinguer l'activité de la dissipation et de la légèreté ; craignez les esprits légers, inquiets, peu maîtres d'eux-mêmes, qui font beaucoup de bruit et peu d'ouvrage, qui tourmentent ceux qui sont au-dessous d'eux, qui donnent de la peine et n'en prennent guère. Examinez la bonne foi jusque dans les moindres choses ; il y en a qui ne les font que superficiellement, qui balayent (1) sans se soucier que le lieu en soit net, et ainsi du reste ; ces caractères sont mauvais et se portent en tout. Aimez les bonnes filles, qui se donnent tout entières à ce qu'elles font ; la vertu en retranchera l'extrémité, et le profit vous en demeurera. Voyez dans les récréations celles qui sont simples, gaies et commodes, qui prennent tout en bonne part, qui ne se fâchent de rien : c'est ce que j'appelle être de bonne humeur ; examinez si sur ce qu'on dit elles vont droit au fait ; si elles cherchent à s'instruire quand elles n'entendront pas d'abord, si elles se rendent à la raison, ou si elles parlent pour parler ; si elles aiment à embarrasser, si elles ne sont pas frappées et convaincues par la raison. Je serais infinie si je disais tout ce qu'il y a à examiner et je vous embarrasserais peut-être. Comptez que les bons caractères d'esprit sont ceux avec qui on est à l'aise (2)...

J'aimerais mieux ce que vous appelez ici une méchante, qui n'est souvent qu'une espiègle, que je ne m'accommoderais d'un esprit de travers, ou d'une mauvaise humeur, quoique

______

(1) Les demoiselles de Saint-Cyr balayaient, faisaient les lits, etc.
(2) Cette analyse des caractères enfantins est d'une grande finesse et d'une grande vérité.

pieuse. J'aime assez ce qu'on appelle de méchants enfants, c'est-à-dire enjoués, glorieux, colères, et même un peu têtus, une fille un peu causeuse, vive et volontaire, parce que ces défauts se corrigent aisément par la raison et la piété, et même presque toujours par l'âge seul. Mais un esprit mal fait, un esprit de travers se soutient en tout. — Qu'appelez-vous un esprit de travers, un esprit mal fait? — C'est un esprit qui ne se rend point à la raison, qui ne va point au but, qui croit toujours qu'on veut lui faire de la peine, qui donne un mauvais tour à tout, et qui, sans être malicieux, prend les choses tout autrement qu'on n'a prétendu les dire. Mais rien n'est pire qu'un esprit faux, ou déguisé, ou dissimulé, ou entêté et opiniâtre; prenez garde à tous ces défauts, et à l'humeur...

Mᵐᵉ de Riencourt demanda si c'était la même chose d'être un peu boudeuse ou d'être de mauvaise humeur. Non, répondit madame en riant; je permettrai bien un peu de bouderie, il n'y a guère d'enfants qui n'y soient sujets; ils n'ont pas pour cela l'esprit mal fait; mais j'appelle une mauvaise humeur celle d'une personne qui est aisée à blesser, qui philosophe sur un air, sur une parole, enfin avec qui l'on n'est point à son aise, à qui l'on craint d'avoir affaire, au lieu qu'une fille de bon esprit est celle qui prend tout en bonne part, qui laisse tomber beaucoup de choses sans les relever, et qui, bien loin de croire qu'on a dessein de l'attaquer, quand on n'y pense pas, ne s'aperçoit pas même de celui qu'on aurait de la fâcher, qui s'accommode de tout, qui trouve des facilités à tout ce qu'on veut...

Vous parlez à vos enfants avec une sécheresse, un chagrin, une brusquerie qui vous fermera tous les cœurs; il faut qu'elles sentent que vous les aimez, que vous êtes fâchée de leurs fautes, pour leur propre intérêt, et que vous êtes pleine d'espérance qu'elles se corrigeront; il faut les prendre avec adresse, les encourager, les louer, en un mot, il faut tout employer, excepté la rudesse. Vous êtes trop d'une pièce, et vous seriez très-propre à vivre avec des saints; mais il faut savoir vous plier à toutes sortes de personnages, et surtout à celui d'une mère qui a une grande famille qu'elle aime également.....

Je ne comprends pas l'injustice d'exiger des autres ce qu'on sait bien, en sa conscience, qui coûtait tant à faire. Je ne dis pas qu'on n'oblige point les enfants d'apprendre tout ce qu'il faut qu'ils sachent, parce que cela leur fait de la peine, mais je ne voudrais pas qu'on en fût étonné, qu'on les pressât trop, qu'on ne leur donnât jamais de relâche, ou qu'on jugeât qu'une fille est légère parce qu'elle sort volontiers de son banc, ou qu'après avoir lu quelques lignes, elle regarde un oiseau qui vole. Cette vive vaudra peut-être mieux qu'une sournoise qui vous paraît plus sage. Ce n'est pas même parler juste de dire qu'elle est légère, car cette joie, cette vivacité, ce pétillement des enfants qui fait qu'ils ne peuvent demeurer en place, est un effet de la jeunesse : on est ravi de se sentir jeune, d'avoir de la santé, on n'a rien dans l'esprit; si quelque chose fâche, cela ne dure guère (1). On ne saurait bien juger qu'une personne est légère qu'elle n'ait dix-huit ou vingt ans ; la légèreté est proprement dans les sentiments et dans la conduite : c'est de ne pouvoir se fixer, de vouloir tantôt une chose, tantôt une autre, de ne rien suivre. Les personnes légères sont encore sujettes à des engouements; elles veulent les choses avec passion et s'en dégoûtent de même fort vite; il vaut mieux être modérée, aller plus doucement et marcher toujours. Il ne faut pas, encore une fois, s'étonner ni s'inquiéter de la vivacité des jeunes personnes, et si vous voulez de leur légèreté; elle passe si vite, ou devient si fort sérieuse; l'âge, les affaires, les chagrins modèrent bientôt cette joie de la jeunesse; chacun l'a éprouvé soi-même.....

Il faut se retrancher quelque chose et donner de son nécessaire, chacun doit agir sur cela selon son pouvoir; ceux qui ont beaucoup sont obligés de donner beaucoup, et ceux qui ont peu doivent donner de ce peu... Voilà qui est bien consolant pour vous autres qui n'aurez pas grand'chose à donner, de penser que vous ne laisserez pas d'avoir part à la récompense promise à ceux qui font cette bonne œuvre, quand même vous ne donneriez qu'un sou. Il y a même d'autres manières de faire l'aumône, comme de procurer quelques secours, consoler les affligés, visiter les malades et leur donner les petites assistances dont on est capable, donner un bouillon à l'un, refaire le lit de l'autre. Vous pourrez aussi faire l'aumône spirituelle, qui est de donner de bons conseils et d'instruire. On peut encore faire l'hospitalité.

(1685-1713) Mme de MAINTENON, t. I, p. 3-4, 8-11, 19-22, 54, 79, 82, 86, 89, 239-240, 243, 260, 295-297, 321. t. II, p. 117, 118, 220, 293.

----

(1) Que tout cela est vrai, bien senti, bien dit! On ne dira pas mieux.

La louange est un des grands dangers de l'éducation : par elle, vous étendez l'idée qu'elles (les jeunes filles) ont d'elles-mêmes ; vous armez leur orgueil ; vous leur donnez une préférence sur leurs compagnes : elles deviennent vaines, difficiles à vivre, aisées à blesser : cela forme un caractère peu aimable. Il faut bien se garder de leur faire sentir combien elles sont chères, et l'intérêt qu'on prend à elles. Elles s'accoutument à croire qu'on doit toujours être occupé d'elles : par là vous fortifiez leur amour-propre. Laissez-les faire : quelque appliquée que vous soyez à le détruire, il soutiendra ses droits contre vous. Les enfants timides peuvent être encouragés par la louange : mais la petite personne (1) est vive et confiante : elle a besoin d'être contenue et réprimée. Ce n'est pas que je veuille bannir la louange : c'est une aide à l'éducation et à la vertu ; mais il faut savoir la placer, ne pas la donner par sentiment, ni séduite par leurs agréments, mais par réflexion. Il ne faut jamais les louer sur les grâces extérieures, elles s'accoutument à croire que cela tient lieu de tout, mais sur leurs bonnes actions...

Outre les règles générales pour les enfants, il y en a de particulières pour chaque caractère. Pour peu d'application qu'on y donne, il est aisé de les découvrir. La petite personne, par exemple, est souple et flatteuse : c'est un caractère utile à ceux qui l'ont, mais dangereux pour les autres. Cela séduit les personnes superficielles, et qui est-ce qui ne l'est pas ? Se donne-t-on la peine d'approfondir les caractères ? On se rend aux manières extérieures, qui couvrent bien des défauts. Les personnes qui sentent que cela leur réussit ne mettent plus dans la société que du jargon, et se dispensent des vertus de la société et des sentiments. Ceux qui ne commercent pas de manières, payent de réalité, et sont dans la nécessité d'être vrais et solides, dont les autres se dispensent.   (1728) Mme de LAMBERT, p. 299-300.

Il est toujours sage de ne pas les fatiguer de leçons de morale : à tout âge on hait le pédantisme. Une maîtresse adroite sait au bout d'un certain temps mettre en action l'amour-propre de ses élèves ; ce n'est plus elle qui analyse une qualité, qui définit une vertu, qui développe un principe :

(1) *Une petite fille élevée au couvent de la Madeleine de Tresnel, et qui fut plus tard Mme de Beuvron. Ce passage est extrait d'une lettre de Mme de Lambert à la supérieure.*

11.

elle se borne à proposer une question, tantôt à l'une, tantôt à l'autre ; par là elle s'assure de la justesse des idées, juge les différentes tournures d'imagination, apprécie les talents et excite une émulation très-différente de celle qui naît des louanges ou des reproches...

Trop peu de gens connaissent l'art de corriger la jeunesse. Communément on croit devoir mettre la correction en opposition directe avec le défaut qu'on attaque.

Si c'est la *hauteur*, la *vaine gloire*, l'*amour de la parure*, on dépouille un enfant de ses habits, on le revêt de toile, on change sa coiffure, enfin on l'humilie, ou du moins on croit l'avoir humilié. S'il s'agit de la gourmandise, on lui impose de fortes privations qui lui aiguillonnent encore le désir, souvent même le besoin, et quelquefois on altère sa santé. Avant d'infliger aucune peine, je voudrais qu'on eût la patience de raisonner avec l'enfant (1) sur le motif qui l'a fait agir ; alors on le punirait bien plus efficacement pour lui, et surtout pour l'exemple des autres: car si l'acte de hauteur part de la fierté du caractère, si la vanité émane de la médiocrité de l'esprit, une attention soutenue à saisir le ridicule de ces défauts, des avis discrets donnés à propos, feront plus d'impression à cet enfant que cent punitions journalières. En général, c'est par la vertu opposée qu'il faut combattre le vice ; à mesure qu'elle le repousse, elle en prend la place (2)...

Il est des choses qu'on veut laisser ignorer trop longtemps aux enfants, et qu'ils parviennent à découvrir seuls. Une personne sage en les instruisant saurait prémunir leur âme contre l'imagination. Ces premières impressions sont d'autant plus dangereuses, que forcés d'employer un temps infini à tirer de fausses conjectures, toute l'application des enfants se tourne de ce côté-là, et les idées bonnes ou mauvaises qu'ils prennent restent empreintes pour toujours dans leur cerveau,..

La nature n'est jamais neutre, elle semble même parler plus tôt chez les femmes. Ce n'est point à nier témérairement ses effets que consiste l'art, c'est à savoir modifier les uns, tempérer les autres, les diriger tous vers l'honnête : or, pour cela il faut les faire connaître, et savoir avouer ce qu'il n'est plus temps de taire...

---

(1) L'auteur veut plutôt dire, si l'on en juge par la suite du développement, qu'il faut avoir la patience de chercher et de découvrir l'origine du défaut ; *raisonner* avec l'enfant n'est pas mauvais, mais il y faut de la mesure et du tact.

(2) Idée à méditer.

Rendez votre accès facile aux enfants, gagnez leur confiance, laissez-leur la liberté de tout dire, faites qu'ils s'adressent spécialement à vous pour tout apprendre. Ne dédaignez point de les écouter en particulier; inspirez-leur de vous demander en secret tout ce qui les embarrasse...

Je conviens qu'il est des questions embarrassantes. Cependant il n'en est pas auxquelles on ne doive répondre vrai. Mais comme la question d'un enfant ne renferme pas toujours tout le sens qu'elle vous présente (1), ne vous pressez pas d'étendre ses idées. S'il se contente d'une définition vague, il ne faut rien de plus pour le moment; attendez-le. Si au contraire il vous paraît occupé de son objet, cherchez des explications décentes et pressez-vous de le satisfaire; car l'imagination qui travaille pour trouver des *à peu près* peut se dérégler, et les vices, les écarts d'une mauvaise conduite n'ont souvent pas d'autre source. « Quoiqu'on ne parle pas de ces choses-là dans la société, dirais-je, il est juste, ma chère petite, que vous vous adressiez à moi pour éclairer vos doutes, puisqu'ils vous inquiètent; mais actuellement que vous voilà instruite, ne sentez-vous pas que vous auriez honte de vous arrêter à ces pensées? » Persuadez aux enfants qu'ils aiment la modestie et la pudeur; lorsque quelques idées contraires leur viendront, ils rougiront d'eux-mêmes et les rejetteront. D'ailleurs leurs diverses questions peuvent être séparées, et il ne faut répondre précisément qu'à ce qu'ils demandent. Lorsqu'ils vous surprennent, et que vous voulez éviter d'instruire les autres, sans paraître éluder, faites de votre réponse un objet d'émulation; dites à l'enfant : quand vous aurez bien appris telle chose, je satisferai votre curiosité.

Je n'étendrai pas plus loin ces détails : ils doivent présenter suffisamment la possibilité de tout dire honnêtement et sans danger. Il y a eu, je crois, plus de jeunes personnes perdues par la facilité d'abuser de leur ignorance, que par l'abus qu'elles ont fait du peu qu'elles savaient; mais je ne présume pas que celles qui seront instruites de cette manière soient jamais ni entraînées par le dérèglement de leur imagination, ni victimes d'une funeste expérience.

(1779) Mme de MIREMONT, t. I, p. 94, 96-98, 108-112.

---

(1) Idée très-juste. En général, tout ce morceau dénote une observation fine et vraie de la nature enfantine. Ces vues sur un côté délicat de l'éducation morale sembleront peut-être d'une certaine hardiesse, mais nous les croyons justes et *morales* en soi.

Cette manière de prendre les enfants, comme on dit, *par la sensibilité*, ne vaut rien, lorsqu'on en abuse, ou, pour mieux dire, il ne faut presque jamais l'employer. En répétant toujours pour toute correction à votre fille *qu'elle vous afflige, qu'elle vous rend malade*, vous la familiarisez avec une idée qui devrait lui faire horreur, celle de vous rendre malheureuse, et elle finira par vous entendre dire cette phrase sans éprouver la moindre émotion : ainsi loin d'augmenter sa sensibilité, vous l'émoussez et vous la détruisez sans retour, si vous ne changez de méthode. Imposez-lui donc les punitions faites pour son âge...

Comment s'y prendre pour lui donner de la *conscience?*...

La conscience n'est qu'un guide peu sûr sans la religion ; donnez donc à votre élève des sentiments religieux ; persuadez-lui bien que dans tous les moments de sa vie, Dieu la voit et l'entend ; frappez son imagination de cette importante et sublime idée. Je parle souvent à Adèle de son *Ange tutélaire ;* je le lui ai peint beau comme il doit être, couronné de fleurs immortelles, ayant des ailes brillantes, et voltigeant toujours autour d'elle ; cette image douce et riante émeut son cœur et séduit son imagination : elle sait que cet être charmant est aussi pur qu'il est beau, qu'il déteste le mensonge, les détours, la gourmandise, la colère, et que toute bonne action lui plait et l'enchante ; elle craint d'*affliger son bon ange*, et, lorsqu'elle est bien raisonnable, elle me dit avec une satisfaction inexprimable : « Dieu me protège et mon bon ange est content de moi (1). »

Adèle est naturellement vraie (2) l'éducation n'a fait que fortifier en elle cette vertu ; jamais elle n'aura recours au plus léger déguisement pour tâcher de s'excuser d'une faute, et cependant je me suis aperçue que, depuis quelques jours, elle mentait de cœur et pour s'amuser ; voici comment. Damville (3), la semaine passée, a fait un rêve très-plaisant qu'il a conté, et dont on a beaucoup ri. Le lendemain Adèle a rêvé aussi, et m'a fait part de son rêve auquel j'ai donné peu d'attention. Deux jours après, autre songe, et enfin aujourd'hui elle m'en a conté un si joli, que j'ai vu clairement qu'elle l'avait composé à loisir ; elle en est convenue, en avouant aussi que tous les autres étaient pareillement de son inven-

---

(1) V. *Introduction*, p. 19 et ci-après, p. 197 un extrait de Mme de Rémusat répondant à la théorie de Mme de Genlis.

(2) Sincère. — *Adèle* est l'élève d Mme de Genlis, comme *Emile* et *Sophie* sont ceux de Rousseau.

(3) Précepteur du frère d'Adèle.

tion; je n'ai pas eu de peine à lui faire comprendre que s'il est affreux de mentir pour son intérêt, il est encore plus inexcusable de mentir sans motif. Je vous ai fait connaître, ai-je ajouté, combien le mensonge est un vice odieux et bas; vous savez à quel point un menteur est digne de mépris; je dois vous apprendre encore qu'il ne peut jamais être véritablement aimable. Il y a des gens qui se plaisent à composer des histoires qu'ils donnent pour vraies sans scrupule, parce qu'elles ne font tort à personne; ils n'ont d'autre projet, en exagérant et en mentant, que celui d'amuser et de se rendre agréables à la société; mais ils manquent absolument leur but, et seulement choisissent, pour se déshonorer, la manière la plus frivole et la plus absurde. Un homme qui ment ainsi pour son plaisir n'est cru sur rien; ses récits, quelque agréables qu'ils puissent être, n'intéressent jamais, parce qu'ils ne peuvent inspirer ni curiosité ni confiance, et il est à peine écouté; tandis qu'une personne bien vraie, en supposant même qu'elle n'eût point d'esprit, si elle a une chose extraordinaire à conter, est toujours sûre de captiver l'attention, et d'être écoutée avec plaisir; outre l'estime qu'elle mérite, l'idée qu'on doit croire tout ce qu'elle dit rend sa conversation intéressante et sa société pleine d'agréments; et n'eût-elle enfin que cette précieuse vertu, elle serait aimable et recherchée. Après ces réflexions, j'ai prié Adèle de ne plus conter ses rêves à l'avenir (1).

(1782) Mme DE GENLIS, t. I, p. 185-186; 219;
224-225; 393-275.

J'entends dire toute la journée qu'on *est parfaitement heureux quand on est libre*; et on appelle être libre, *pouvoir faire à toute heure tout ce qui passe par la tête.*

C'est comme si l'on disait qu'il est heureux de dépendre de mille fantaisies, au lieu de se livrer à une affection douce et intime; de s'abandonner à toutes sortes de caprices, au lieu de tenir à un intérêt raisonnable et précieux; et de flotter enfin dans le vide au gré de tous les vents, au lieu de s'attacher par des liens durables à une existence solide et animée.

J'ai vu beaucoup de ces gens prétendus *libres* et *heureux* Leur *liberté* m'a indigné; leur *bonheur* m'a fait pitié.

---

(1) Analyse assez délicate d'une forme de mensonge plus commune qu'on ne le croit. Il y a des caractères qui se faussent de cette manière; le type est *le Menteur* dans la comédie de ce nom. de P. Corneille. V. notre *Pédagogie*, 1e partie ch. XI, p. 258.

Quelle félicité que celle de gens qui, voués d'abord à la pénible étude de varier sans cesse leurs volontés, pour mieux constater leur liberté, finissent bientôt par perdre jusqu'à la faculté de *vouloir!* Leurs volontés embrassent d'abord quelques jours, ensuite elles se bornent à quelques heures, ensuite à quelques minutes; enfin, il ne s'en forme plus du tout. A force de ménager leur liberté, ils s'habituent à n'en plus faire usage; ou plutôt, à force de l'égarer, de la fatiguer par l'usage absurde qu'ils en font, de la tourmenter par un exercice sans but et sans objet, ils la paralysent. Ils conservent sans doute l'*indépendance*, mais cette indépendance est celle des morts, qui ont tout quitté et que tout abandonne.

Jugez, mes enfants, de l'ennui qu'ils éprouvent par celui qu'ils inspirent. S'ils vous assomment par leur seule présence pendant quelques instants, jugez à quel point chacun d'eux est assommant pour lui-même, puisqu'il ne se quitte jamais...

Mes enfants, on est libre quand on ne porte que des liens raisonnables qu'on s'est volontairement donnés; et l'on ne l'est pas sans des liens de cette nature, puisque celui qui ne veut porter aucun lien finit par être incapable de porter son existence.

Si quelquefois les chaînes qu'on a prises volontairement paraissent lourdes, c'est qu'on les a prises sans s'y préparer, sans les connaître, sans les é.....er; c'est qu'on a cru qu'il suffisait de les traîner, sans avoir besoin de les porter; c'est qu'au lieu de les répartir sur toutes ses facultés, on a cru qu'il suffirait de leur réserver les efforts momentanés de quelques-unes; c'est enfin, qu'on n'a entendu que se prêter en partie, quand il fallait se donner tout entier (1).

(1795) ROEDERER, p. 5-6.

Les défenses d'une mère doivent être raisonnables, mais absolues. Si elles sont telles dès la plus tendre enfance, elles ne seront pas souvent enfreintes. On mettrait ainsi un obstacle salutaire à la satisfaction de la volonté, et le désir de cette satisfaction se subordonnerait ainsi par l'habitude à la volonté de la mère. Il ne faut pour cela que de la fermeté et de l'empire sur soi-même; mais la fermeté et l'empire sur soi-même

---

(1) L'auteur veut montrer à ses filles que la liberté morale ne consiste pas à s'affranchir de toute obligation, et que le bonheur est inséparable de l'accomplissement du devoir

sont rarement les vertus des jeunes mères et des nourrices ; sans elles, cependant, on ne peut espérer de diriger l'éducation d'un enfant d'après des principes raisonnables.

Il faut de bonne heure et fortement associer l'idée d'obéissance avec celle de sécurité et de bonheur ; la faiblesse et l'état de dépendance de l'enfant fournissent les moyens de parvenir à ce but salutaire. Entièrement dépendants de la sagesse et de l'expérience des autres, pour éviter les dangers auxquels ils sont exposés à toute heure, les enfants ne tarderaient pas à apprendre quels sont les avantages de l'obéissance, et ils l'apprendraient infailliblement si l'on s'y prenait bien. Si toutes les défenses étaient *absolues*, et si l'on faisait tellement sentir la nécessité de ne pas les enfreindre qu'il fût inutile de les répéter souvent, on rendrait l'obéissance naturelle et facile, car elle paraîtrait nécessaire, et, comme telle, l'enfant s'y soumettrait sans répugnance...

Des enfants accoutumés dès le bas âge à associer des idées de respect et de déférence avec l'âge et la sagesse, indépendamment du rang et de la fortune, et à apprendre à considérer l'instruction comme un bienfait, ne peuvent regarder les instituteurs que comme des bienfaiteurs à qui l'on doit de la vénération et de la reconnaissance : heureuse conséquence d'une simplicité que rien n'a dépravée ! heureux germe de ces vertus si nécessaires, et qui ont tant de grâce dans les femmes !...

Il me semble encore voir la vénérable maîtresse qui m'initia la première dans les mystères du point et de la broderie, entourée d'un petit groupe qui tremblait quand elle fronçait le sourcil : mais cela n'arrivait pas souvent, car un regard, un mot suffisait pour assurer l'obéissance : je ne me rappelle pas un seul exemple où sa volonté ait été jamais contredite ; nous lui lisions tour à tour ce qu'elle jugeait de plus convenable pour nous : dès que son désir était connu, nous nous y soumettions sans murmurer ou raisonner sur le choix de la lecture ou du livre : ses élèves étaient de rangs très-différents dans la société, mais sur le pied d'une égalité parfaite en sa présence. Quoique le salaire qu'elle recevait pour notre instruction ne fût point de plus de cinq schellings par quartier, les plus riches parmi nous n'en conservaient pas moins de respect pour elle. N'est-ce pas là une preuve évidente de l'influence des premières associations ?

(1801) Élisabeth HAMILTON, t. I, p. 166, 167, 184.

Je voudrais qu'une mère commençât par rendre sa fille témoin de toutes celles de ses actions que celle-ci peut comprendre, et qui renferment une intention morale ou chrétienne; je voudrais qu'elle agît ou fît agir alors de manière à exciter sa curiosité; qu'il fût question devant elle du devoir à l'occasion de ce qu'elle aurait vu, et qu'ainsi elle fût dès l'abord initiée à cette première liaison d'idées, que toute créature *doit faire* quelque chose ici-bas, et que ce *quelque chose* c'est le bien.

Avant que par ces innombrables contrariétés que nous opposons à la volonté des enfants, nous les conduisions à réfléchir sur la nôtre, ils sont tout disposés à croire que tout ce que nous faisons est bien fait; mais en même temps ils pensent (et notre attitude toute d'autorité tant sur eux que sur nos domestiques, au milieu desquels ils vivent, justifie cette pensée) que ce que nous faisons, nous le faisons uniquement parce que nous voulons le faire. Il leur faut un assez long temps avant qu'ils s'aperçoivent que nous aussi sommes soumis à quelque loi ou nécessité. Pourquoi ne point hâter chez eux cette découverte, pourquoi toutes les habitudes d'une mère ou au moins les apparences de ces habitudes ne se montreraient-elles pas aux yeux de sa fille comme liées à une règle dont elle lui paraîtrait jalouse de ne point s'écarter? Que cette mère, avant de tout prescrire, s'attache à faire voir que, toute grande personne qu'elle est, et précisément parce qu'elle est grande personne, sa vie est toute semée d'obligations. Avec les enfants, il faut éviter les définitions parce qu'elles sont difficiles à donner et qu'ils les écoutent peu, mais il y a bien des choses abstraites snr lesquelles ils n'interrogent pas; il arrive qu'ils les comprennent suffisamment, surtout quand on a eu soin de leur donner corps pour ainsi dire, en les mettant en action devant eux...

Si par exemple l'enfant éprouve quelque souffrance, que sa mère·cherche l'occasion de lui faire entendre que les soins qu'elle lui donne sont une des obligations de son métier de mère, et, s'il est possible, qu'elle lui laisse ignorer quel penchant irréfléchi, auquel le devoir est étranger, la porte irrésistiblement à veiller à ses besoins et à soulager ses maux. Dans tout ce qui le concerne, qu'elle ait le courage de moins chercher à exciter sa reconnaissance pour tant de dévouemenf, qu'à le pénétrer de l'idée des devoirs des parents envers leurs enfants (1); qu'elle agisse de manière à lui faire voir qu'elle

____

(1) L'exemple donné par Mme de Rémusat peut prêter à la critique; les

est tenue à une conduite, à de certains égards, envers ses inférieurs et ses domestiques. Faut-il secourir un malheureux,
qu'elle dise à sa fille : « Ce pauvre n'a point d'argent pour
acheter du pain ; moi, j'en ai plus que le nécessaire, je dois
lui en donner. » Qu'en toute occasion ce mot *je dois* reparaisse
dans les discours de cette mère ; qu'il soit prononcé tantôt
avec un peu de solennité, tantôt gaiement, car il est bon d'en
allier l'idée aux diverses dispositions de notre humeur ; il est
impossible que l'attention des enfants ne soit point ainsi
conduite à un premier aperçu du devoir, d'abord imparfait,
mais qui se développera... Sans nul doute, toutes les actions
dont je viens de parler, toutes les actions analogues dont la
petite fille sera spectatrice auront son approbation. Sa mère
d'ailleurs (car il ne s'agit point, en commençant, d'exercer
aucune modestie vis-à-vis de son enfant) la provoquera s'il le
faut, et au bout d'un peu de temps, sans essayer de lui
persuader qu'il y a plaisir à faire le bien, car il est aussi
maladroit qu'inutile de prétendre dicter une sensation, elle
trouve le moment de lui dire une première fois pour le
lui répéter mille autres : « Ce que je fais là est bien, et, quand
je fais bien, je fais mon devoir. » Ou je suis bien trompée, ou
des paroles de ce genre incessamment renouvelées, toujours
précédées par l'exemple, doivent faire naître une idée nette,
sans rendre nécessaire aucune définition positive. Ainsi les
bonnes actions des parents deviendront des bienfaits pour leurs
enfants, et l'origine de tout ce qu'ils feront d'honorable dans
tout le cours de leur carrière ; la règle de leur vie tout entière
ne sera qu'un souvenir de leur premier âge, et cette pensée
de Mᵐᵉ de Staël se vérifiera complètement : « L'heureux effet
des vertus paternelles se prolonge à notre insu et ressemble à
l'action de la divinité sur notre âme... »

L'enfance, si nous ne l'attristons point, la jeunesse, si nous
la laissons faire, sont des temps de jouissance et de bonheur.
Il est facile, sans les déposséder de leur apanage naturel, de les
munir de quelques idées sérieuses qui prépareront le repos et
la dignité des derniers temps. Que la jeune fille apprenne ou
qu'elle perçoive le plus tôt possible la faiblesse de l'enfance, les
droits de la jeunesse, mais en même temps à quelles conditions

---

enfants sont très-naturellement enclins à trouver tout simples les soins dont
leurs parents les entourent, et il y a quelque danger à les pousser dans
cette voie. Mais le principe posé n'en garde pas moins toute sa valeur, et
les parents (les maîtres aussi) peuvent en trouver des applications aussi
évidentes et moins périlleuses.

et dans quel but ces droits lui sont donnés. Qu'elle porte ses regards sur la suite de sa vie, sur cet avenir moins brillant, qui, se décolorant peu à peu, doit la conduire par la vieillesse à cette fin de tous, cette fin, cette mort inévitable, qui aura sa grandeur, si elle conserve son espérance : voilà toute la vie humaine qu'il faut apprendre sans cesse et de bonne heure à fondre avec la vie sociale. Mais, pour obtenir qu'une pensée sérieuse puisse trouver place au milieu des émotions des premiers jours de la vie, il est essentiel qu'une mère indulgente et sincère, se rappelant ce qu'autrefois elle a senti et éprouvé, laisse un libre cours aux impressions naturelles à cet âge, quand même elles exciteraient un mouvement de vanité et d'enthousiasme... La mère éclairée représente à l'égard de sa fille l'une de ces divinités bienveillantes que les anciens plaçaient auprès des mortels. C'est la sagesse, c'est la prudence sous des traits plus doux et plus chers que ceux de Mentor. Elle doit seconder la conscience sans la remplacer, elle doit condescendre à la jeunesse pour en être écoutée; elle doit comprendre son naïf orgueil, son doux entraînement; c'est en sympathisant avec elle qu'on peut prétendre à la conduire... (1)

Bien élever un enfant dans le sens moral, c'est lui faire contracter le goût et l'habitude des volontés vertueuses. Mais est-ce lui en donner la raison? L'éducation doit-elle lui dicter d'avance le formulaire de tous les devoirs ou mettre son âme en état de les discerner, de les connaître et de les vouloir dans l'occasion?..

Le sentiment du bien et du mal est en nous, c'est l'instrument donné pour en obtenir la connaissance; mais il faut savoir le saisir et l'employer. Trop souvent dans l'éducation nous cherchons à le suppléer. Nous commençons par défendre ou permettre d'agir à nos enfants comme le défendent ou le permettent nos usages : travail inutile qui ne fructifie point; c'est nous procurer seulement un plaisir pareil à ceux qu'eux-mêmes éprouvent lorsqu'ils font mouvoir une marionnette. Un avertissement fondé sur la coutume ne saurait être présenté que sous la forme despotique de la signification d'un fait. « Cela est, car le monde l'a réglé »; telle est l'expression simple que l'on déguise comme on peut : je suis loin de la trouver mauvaise; je n'en sais pas même de plus propre à déterminer sinon l'approbation, du

---

(1) A rapprocher d'un passage de Mme de Maintenon (ci-dessus p. 183), où elle exprime plus tristement et avec retour sur elle-même, des idées analogues sur « ce pétillement des enfants » cette « joie de la jeunesse » qui passe si vite — Tout vrai pédagogue est un moraliste.

moins la soumission, et c'est en général tout ce qu'on souhaite ; mais les conventions ne comportent qu'une morale secondaire et tout extérieure, dont je voudrais qu'on s'occupât plus tard, et après avoir préalablement tourné un jeune esprit vers une autre espèce de devoirs qui se prouvent autrement et qui touchent de plus près.

Si j'avais une fille à élever, je ne commencerais point par la dépouiller de son individualité, et certaine qu'elle saurait toujours assez tôt faire ce que tout le monde fait, je n'userais ni sa patience, ni mon autorité à le lui enseigner. Mais la laissant vivre d'abord comme un enfant et non comme une *petite grande personne*, ne fût-ce que pour faire connaissance avec elle, je n'attenterais pas dès le début à sa liberté. Sûrement elle n'aurait aucun succès dans les salons, mais cela n'est pas très fâcheux ; à la vérité, il lui arriverait quelquefois d'y être importune, et l'importunité ne doit être tolérée à aucune époque de la vie. Nous pourrions en conclure, comme Rousseau, qu'il ne faut guère tenir un enfant dans un salon, mais ne poussons pas comme lui la conséquence jusqu'à le transporter dans la solitude ; plaçons-le sous nos yeux au milieu d'enfants de son âge qui auraient droit et goût à la même liberté que lui. Cependant comme une mère ne peut pas arranger toute sa vie pour son enfant, ainsi que le conseillent les auteurs de quelques romans d'éducation (1), réservons l'autorité, c'est-à-dire les défenses, pour le moment où notre petite fille sera forcément en présence de personnes étrangères ; n'exigeons point qu'elle fasse rien qui mérite leurs éloges, mais seulement qu'elle ne les gêne point. Il est facile de persuader à un enfant qu'il ne doit point gêner ; il est facile de lui interdire l'importunité, non pas en lui disant que c'est une impolitesse, mais en lui faisant comprendre que c'est une injustice.

Je suis loin de dire qu'en éducation il faille exclure absolument l'autorité, mais c'est un moyen qu'il faut ménager, parce que son effet se borne au présent, et qu'il satisfait celui qui l'emploie plutôt qu'il n'avance celui qui en est l'objet...

Ce serait enfantillage d'amour-propre et prétention chimérique que vouloir écarter toutes les méthodes conseillées et suivies jusqu'à ce jour. Quoi qu'on dise et qu'on écrive, les parents les mêleront toujours : la mère qui respectera le plus la liberté de son enfant rencontrera beaucoup d'occasions forcées de

---

(1) Allusion à Mme de Genlis, et critique fort juste.

lui donner des ordres ; celle dont les penchants seront le plus despotiques ne pourra ni ne voudra toujours le contraindre et comprimer sa raison. Il serait peu sensé de tout proscrire ou de tout interdire, mais il faut rechercher dans quel cas et en quel sens chaque système est applicable, lequel est le plus souvent meilleur et doit dans la pratique dominer les autres, qui ne peuvent être alors employés que comme des auxiliaires.

Mme de Genlis pense qu'un fait d'éducation on coupe court à tout en disant : « Dieu le veut, Dieu le commande »...

Être bon, faire le bien, sans doute c'est obéir à Dieu, et sous quelque forme que nous considérions les devoirs, soit que nous les appuyions sur les rapports utiles qu'ils établissent parmi les hommes, soit que nous les réputions une conséquence de notre nature, toutes ces vues remontent également à la volonté de Dieu. Mais je l'avoue, dans la disposition où m'a mise l'expérience de ce monde, je ne commencerais pas par mettre indistinctement Dieu lui-même en jeu ; attentive déjà à ne pas compromettre ma propre autorité, je serais bien plus jalouse encore de la sienne. La désobéissance d'un enfant est naturelle, et souvent peu importante en elle-même. Donner de la gravité à ses fautes est une maladresse, quand on ne réussit point par là à les rendre moins fréquentes ; courir le risque d'intimer la volonté de Dieu sans exciter sur-le-champ le remords de l'avoir enfreinte, et le ferme propos de l'observer, c'est préparer l'insouciance sur ce qu'il y a de plus saint, et peut-être jeter les fondements de l'incrédulité...

Il est incontestable que la volonté du bien sur la terre est une émanation du créateur, qui ne peut que *vouloir bien* ; mais ce qu'il veut peut être présenté à sa créature sous différentes formes. En suivant Mme de Genlis, on concevrait un plan d'éducation où les devoirs seraient imposés en vertu des commandements de Dieu, commentés et interprétés par les commandements des parents. Ce système répondrait à celui du gouvernement absolu dans les mains d'un seul homme présumé toujours plus éclairé, plus juste et bien intentionné. Les cas prévus auraient leur solution toute prête, et les nouveaux seraient résolus par une décision équitable, mais arbitraire. L'enfant soumis à une loi positive prendrait le pli d'une obéissance probablement bien employée. Doux et timide, il ferait peu de fautes ; la loi écrite ou dictée lui tiendrait lieu de conscience, et dans des mains habiles, sous une surveillance minutieuse, il parviendrait à l'âge de l'action avec des habitudes, je ne dirai pas morales (1), mais régulières. Considérez maintenant dans quelle inertie une telle direction, suivie exclusivement, aurait tenu la plupart des facultés de l'âme. Représentez-vous cette conscience, qui ne serait que de la docilité; cette raison, qui ne serait que de la mémoire; et le danger des fausses interprétations de la loi divine, et, lorsqu'il faudrait agir par soi-même, l'impossibilité de délibérer avec lumière, et de se décider autrement que par l'analogie, la plus trompeuse des inductions dans les questions morales. Ajoutez que tout le plan d'éducation serait renversé, si la directrice venait une seule fois à commander à faux : car ce serait comme ces erreurs d'un juge qui font jurisprudence.

Dans l'éducation, il s'agit moins de faire faire le bien que d'apprendre à le vouloir et à le faire (2). En commandant toujours, nous vaquons seulement au présent.

Sans doute une mère a titre pour commander, et l'obéissance aux parents est un devoir qu'il ne faut pas laisser sans exercice; mais il n'est pas le seul, il faut songer au temps où l'enfant sera séparé de ses parents, indépendant du moins, supérieur peut-être : que fera-t-il de croyances et de maximes qu'il ne se sera point appropriées, et dont la vérité ne lui sera garantie que par le témoignage de ceux qu'il respecte toujours, mais enfin qu'il juge ?

Pour sa sûreté comme pour sa dignité, il vaut donc mieux, dès les premières années, lui inspirer le devoir que le lui dicter...

Il s'agit de donner à l'enfant une moralité active, pour le guider dans les difficultés et les nouveautés de la vie, pour l'occuper tout entier et satisfaire à toutes ses facultés.

Pour cela il faut combattre directement ses erreurs, ses faiblesses et ses passions, et le point d'appui ne manque pas; c'est la conscience... C'est à la raison de l'homme qu'on s'adresse lorsqu'on veut obtenir de lui quelque chose. On peut également s'adresser avec confiance à celle de l'enfant, si l'on proportionne ce qu'on exige de lui à ce qu'il peut donner... Je ne sais pas de loi qui donne à une créature humaine,

---

(1) Il n'y a pas *moralité* quand il n'y a pas *responsabilité*, et la responsabilité n'existe que pour un être qui choisit lui-même, librement, volontairement, en connaissance de cause, entre le bien et le mal. La moralité ne consiste donc pas uniquement à ne pas faire le mal, c'est une idée qui a trop longtemps faussé l'éducation des femmes.

(2) On ne saurait trop méditer ces réflexions sur le but et la portée de l'éducation morale : applicables aux deux sexes, celui dont l'éducation a été le plus négligée en a le plus besoin.

même quand cette créature est une mère, le droit de fixer l'époque, la journée, l'instant où elle permettra à une autre créature humaine, fût-ce sa fille, de commencer à recourir aux lumières de la conscience. Il faut l'épier, et lui répondre dès qu'elle parle.

La première opinion fausse que les circonstances, et parfois notre faute, font naître chez les enfants, c'est qu'une mère est une personne faite pour être obéie de tout le monde, affranchie de toute obligation d'agir autrement que par sa volonté, grondant ou pouvant gronder dès qu'on lui résiste, enfin qui n'est dans ce monde que pour y faire ce qui lui plaît et même pour se permettre tout ce qu'elle défend à son enfant.

Par exemple, il n'est guère de petite fille qui n'ait été grondée pour avoir dérobé et mangé la chose que sa mère mange en sa présence ; qui, réprimandée si elle a cassé quelques meubles, déchiré quelque hardo, ne voie sa mère casser une tasse impunément, renverser son encrier sur sa robe, s'impatienter contre un domestique trop lent, avoir peine à quitter son lit, etc. Qu'en conclut-elle ? qu'il est agréable d'être grande, c'est-à-dire affranchie de toute obligation, qu'elle sera bien heureuse quand à son tour elle sera grande aussi ; et ce premier souhait est le fondement d'une opinion très-fausse sur la liberté.

Il faudrait, au contraire, s'il était possible, faire concevoir à un enfant que l'indépendance des actions est d'autant plus restreinte que nous avançons en âge et que nous prenons plus d'importance dans la vie, que la liberté dont il jouit, pure concession de sa mère, sera quelque jour limitée encore par sa propre conscience, et que les devoirs se multiplient pour une raison qui grandit. Je ne pense point que la petite fille doive être, sur-le-champ, mise aux prises avec de telles vérités, qui feront un jour la règle de sa vie, mais il est important de la faire entrer dans la route qui y conduit. Ainsi il est nécessaire d'abord qu'elle apprenne, c'est-à-dire qu'elle voie qu'il y a des devoirs ; et elle le verra sans répugnance, si on lui en impose très peu et que sa mère paraisse en avoir beaucoup.

Comme, en effet, ils sont très-nombreux et très-visibles pour une mère de famille, il est facile de les faire remarquer, de montrer alternativement le plaisir ou la peine qu'ils rapportent à qui veut les remplir, les victoires qu'on gagne sur la paresse pour ne les pas négliger, l'état d'activité où ils nous mettent, et le bon ordre qui résulte de leur accomplissement ; tout cela, étant de pure pratique, peut être saisi à demi-mot et exécuté journellement avec succès ; tout cela peut entrer dans la tête d'un très-jeune enfant, d'une petite fille surtout, si naturellement curieuse de tout ce qui se passe autour d'elle ; mais tout cela, je le sais, impose une extrême régularité de conduite, une grande observation des discours et des actions (1)...

L'habitude de voir une mère régulière dans sa manière de vivre, faisant les mêmes choses de la même manière, et ces choses produisant autour d'elle de l'ordre et du bonheur, avancera la réflexion d'une petite fille. Je suis convaincue que d'elle-même elle finirait par conclure qu'il existe un motif pour ce retour des mêmes actions à l'égard du mari, des enfants, des domestiques ; on peut facilement aider et hâter cette conclusion, et faire naître ainsi l'idée du devoir, avant que le mot en soit prononcé, de manière que le jour où enfin il le sera, il représente une notion déjà familière.

(1824) Mme de RÉMUSAT, p. 126-130 ; 178-179 ;
215-216 ; 219-231 ; 237-239 ; 250-259.

Louise, qui apparemment se trouvait en train de théories, m'ayant demandé pourquoi cela était mal de désobéir, je lui répondis machinalement : « Parce que cela n'est pas bien. » Sophie se mit à rire, tant elle trouva ma réponse naïve, et voulut expliquer à sa sœur que, par exemple, en touchant à l'écritoire quand on vous l'avait défendu, on pouvait la jeter par terre et salir le tapis. Louise venait précisément d'être grondée le matin même pour avoir contrevenu à la défense que je lui avais faite de toucher à notre écritoire, dont huit jours auparavant elle avait renversé la moitié sur sa robe. Aussi répondit-elle avec beaucoup de vivacité qu'aujourd'hui elle n'avait pas jeté d'encre. « Tu aurais pu en jeter », disait Sophie. « Mais, répliquait-elle, je n'en ai pas jeté ; » et beaucoup plus frappée de l'idée d'une tache que de celle d'un tort, elle ne recevait pas du souvenir de son action ce salutaire effroi que j'avais essayé de lui inspirer sur la désobéissance. Je vis qu'il me fallait venir au secours de l'argumentation de Sophie, et faire comprendre à Louise qu'en effet désobéir est mal parce

---

(1) La responsabilité de la mère est bien grande ; celle de l'institutrice, qui la remplace momentanément, l'est aussi : tout ce que Mme de Rémusat dit ici de la mère s'applique aussi bien à l'institutrice.

que cela n'est pas bien. Je fis porter la démonstration sur la nécessité de l'obéissance, et il fut bientôt convenu entre nous qu'une grande personne doit avoir plus de raison qu'une petite fille et savoir mieux les choses ; que, par conséquent, pour être sûre de bien faire, une petite fille doit écouter sa mère, croire ce qu'elle lui dit, et faire ce qu'elle veut, qu'ainsi, lorsqu'on obéit à sa mère, on fait une chose raisonnable et l'on est une petite fille bien sage. Louise fut enchantée de découvrir que l'obéissance fût une action, et qu'obéir fût faire quelque autre chose que ne pas désobéir, ce qui jusqu'à présent lui avait été assez indifférent. Je voulus inutilement essayer ensuite de fixer son attention sur le tort de la désobéissance ; elle me répétait toujours : « Oui, mais obéir c'est bien. » Importunée de l'idée d'une faute qu'elle ne mettait pas grand intérêt à éviter, elle prenait plaisir à celle d'un devoir à remplir, toute fière de se trouver une volonté à exercer quand elle pensait n'avoir qu'à subir la mienne. Elle s'en croyait déjà plus raisonnable pour sentir qu'elle pouvait l'être de son propre mouvement, et sa bonne conduite acquérait à ses yeux l'importance d'une propriété.

Il est certain que, si vous ôtez le plaisir de faire le bien, s'abstenir du mal n'est plus qu'une privation, une absence d'action dont rien ne dédommage, un vide que rien ne remplit. Louise, en renonçant à briser mes pains à cacheter, ou à jeter la poudre dans l'encrier, se retranchera un plaisir qui ne peut être remplacé que par celui d'accomplir un acte de devoir auquel elle attache quelque mérite. Vivre, c'est agir ; pour qui ne fait rien de son existence, l'existence n'est rien ; demeurer complètement inactif, c'est ne pas sentir, c'est dormir. Pour l'homme accoutumé à se posséder, exercé à user de lui-même, cette faculté d'action n'est comme toutes les autres qu'un moyen ; l'enfant la sent comme un besoin. Quelle que soit sa faiblesse, ses forces surpassent encore ses connaissances ; il a plus d'activité à dépenser qu'il n'en sait employer... Devancé toujours et partout dans l'art d'user raisonnablement, il ne sort de sa nullité qu'en usant à contre-sens, casse les meubles pour leur trouver un emploi nouveau, prend plaisir à courir à quatre pattes parce qu'on va d'ordinaire sur deux pieds, et aimera mieux, pour peu qu'on l'y fasse penser, manger sous la table que dessus. C'est par la même raison que souvent il aimera mieux désobéir qu'obéir. Peu tenté des devoirs que vous lui avez inventés, il y préférera des malices tirées de son propre fonds, et mettra une sorte de fierté à traiter avec vous à sa manière, c'est-à-dire autrement qu'il ne convient ; car il ne croit faire sa propre volonté que lorsqu'il ne fait pas la vôtre, et pour être bien sûr qu'il marche à sa guise, il a besoin d'aller en sens contraire de celui où vous le conduiriez.

De quoi s'agit-il pour le ramener dans la bonne voie ? de faire qu'il y trouve un but à son activité, une application de sa volonté ; de lui donner envie d'aller à droite, au lieu de lui défendre d'aller à gauche... La volonté des enfants est à nous si nous savons nous en servir, contre nous si nous prétendons nous en passer ou l'assujettir. Puissance active, elle ne peut demeurer neutre, et ne saurait cesser d'être libre ; tout ce qu'elle nous demande, c'est un motif d'action qu'elle puisse s'approprier, un mobile conforme à sa nature. La nature de la volonté, c'est d'agir pour produire un effet ; nul ne veut sans l'idée d'arriver à un résultat... Les résultats capables de servir de but à la volonté d'un enfant ne doivent pas se chercher bien avant dans sa nature morale, encore informe, faible et confuse ; un temps viendra, et viendra bientôt, où l'action sur soi-même, une victoire remportée en faveur du devoir sur la fantaisie ou la passion du moment, sera un événement assez marquant pour l'exciter à l'honneur et au plaisir de se dompter.

(1821) Mme GUIZOT, t. I, p. 127–132.

Le respect de la vérité doit être observé dans les moindres choses. En laissant les très-jeunes enfants libres d'agir, il faut mettre la plus grande attention à prévoir tous les accidents : ces soins ne les rendront pas timides et craintifs; ils ne sont pas en état de les juger. Que le fil des couteaux et la pointe des ciseaux soient ôtés; que les fenêtres, les cheminées, les puits, les bassins, soient environnés de grilles : la curiosité naturelle aux enfants, leur inexpérience, doivent vous empêcher de vous fier à leur intelligence et à leur obéissance. Une mère imprudente se contentera de dire à sa fille : Je vous défends d'aller au bord de la rivière. La petite fille y va, et dit : je n'y suis pas allée. La mère, qui soupçonne la vérité, dit une autre fois : n'allez pas au bord de la rivière, il y a un loup-garou. Et voilà que, de désobéissante et de menteuse, la petite fille devient docile par l'effet seul d'une terreur ridicule. Quelle valeur ajoutera-t-elle désormais aux discours de sa mère ?...

Lorsqu'il s'agit d'entreprises ou de constructions, les hommes en examinent avec soin les bases et les fondements, tandis que l'enfance est souvent livrée aux caprices des parents, des serviteurs, et à la folle idée que ces premières années sont de peu d'importance, et qu'il sera temps de réparer les défauts du caractère quand la raison commencera à se développer. On oublie que la naissance des passions devance celle de la raison et qu'on leur donne le temps de se fortifier. Trop souvent, par exemple, vous verrez des parents accorder ou refuser à leurs enfants ce qu'ils demandent, non pas d'après la justice ou la bizarrerie des désirs qu'ils ont formés, mais en suivant uniquement leurs dispositions personnelles. S'ils ont éprouvé un événement heureux, ils sont de bonne humeur et accordent indistinctement tout ce qu'on leur demande; quelques peines, quelque disposition à la tristesse excitent-elles leur humeur, ils vont refuser jusqu'à des choses utiles. Que font alors les enfants? Ils ne se bornent plus à savoir si leur demande est raisonnable; ils sont uniquement occupés du soin de découvrir la disposition d'esprit de leurs parents, et les voilà de suite amenés vers des réflexions qui dégradent à leurs yeux ceux qui refusent ou accordent et les disposent à d'artificieux calculs. Qui de nous n'a pas entendu de très-jeunes enfants dire entre eux : « Ne demandons pas cela à ma bonne; elle est de mauvaise humeur, elle nous refuserait; » ou : « Maman est bien gaie ce matin, nous pouvons la prier de nous accorder ce que nous désirons. » Il ne faut pas cependant que les parents accoutument les enfants à séparer leurs intérêts de ce qui les affecte. Une mère doit dire à sa fille : Je souffre, ou, Quelque chose me fait beaucoup de peine, évitez de me faire du bruit et de me fatiguer par d'indiscrètes questions, je ne serais pas en état de vous répondre; alors la petite fille prend une part sensible aux souffrances de sa mère; elle ne dira plus, Maman me refuse parce qu'elle a de l'humeur; elle dira, Maman souffre, et je ne dois pas l'importuner. Si quelque événement heureux porte la joie dans le cœur d'un père, dans celui d'une mère, qu'ils le disent à leurs enfants; qu'ils s'empressent de leur accorder les choses qu'ils désirent, telles qu'une promenade agréable, une petite réunion avec leurs jeunes amis; enfin qu'ils mettent tout en commun avec leurs enfants, et la tristesse et la joie. En resserrant ces doux liens de famille, ils placeront dans leurs cœurs les plus précieuses vertus sociales.....

Il est des châtiments maladroits qui favorisent un défaut au lieu d'en détruire un autre. Si, par exemple, un enfant a mal lu, et que pour le punir vous lui fassiez manger son pain sans confitures, vous êtes loin de lui avoir inspiré du goût pour la lecture, vous n'avez servi que son penchant pour les friandises. Une petite fille aura fait son ourlet de travers, elle aura griffonné sa page d'écriture; sa mère (et il n'y en a que trop de semblables) sa mère lui annoncera avec emphase qu'elle ne mettra pas sa robe neuve ou sortira sans son collier; voilà la meilleure leçon de coquetterie que la petite fille puisse recevoir. Au lieu de cela, faites lire la leçon de nouveau, faites recommencer la page ou l'ourlet et destinez à ce travail l'heure de la récréation. Si vous punissez l'enfant pendant le repas, ne le privez d'aucuns mets; faites-lui servir son dîner accoutumé dans la même salle que vous, à la même heure, mais sur une table séparée (1): privez-le d'un plaisir sensuel, il y attachera plus de prix; privez-le de l'honneur, vous lui faites sentir le prix de l'honneur (2 ....

(1828) Mme CAMPAN, t. I. p. 33-34; 62; 83.

———

Ne refroidissez jamais la tendresse de cœur chez votre fille (3). Que les paroles, que les actions soient soumises aux lois de la raison, que les lois de la religion règlent même le cours des pensées, mais que le foyer intime ait au moins une douce chaleur. Réprimez seulement la susceptibilité sentimentale; gardez vous surtout d'en donner l'exemple, car dès l'âge le plus tendre vous verrez votre fille renchérir sur vous. Persuadée que l'exigence est l'expression naturelle du sentiment, elle commencera par jouer des scènes de brouillerie et de raccommodement avec sa poupée, et dès qu'elle aura une amie, tout se passera en épreuves romanesques, en explications. Triste présage pour le sort d'un mari que cette disposition d'esprit.

Cherchez en conséquence pour vos filles des objets d'affection qui excitent avant tout leur penchant à la bonté. Mettez-les en rapport avec quelques-uns de ces êtres dont on n'attend rien et qu'on veut tout simplement rendre heureux. De jolis animaux à nourrir, à soigner; plus tard, de petits enfants à

---

(1) Ce sont là les pratiques que Mme Campan mettait en œuvre à Saint-Germain et à Écouen.

(2) Très juste.

(3) Fénelon a dit dans le même sens : « Il y a des enfants qui apprennent de leurs parents mêmes à n'aimer rien. »

habiller, à instruire, voilà ce qui entretiendra en elles le désir de faire plaisir, la charité enfin, mot dont la signification grandira sans cesse avec elles-mêmes. Ces sentiments-là ne les rendront jamais malheureuses, et ils adouciront ce que les autres ont souvent d'amer...

Nous mettrons une heure par jour entièrement à la disposition de la jeune fille (1). Si jamais on ne lui accorde quelque liberté, son caractère restera indécis et faible; sa volonté n'aura point occasion de s'exercer. Il ne faut pas qu'une rotation universelle d'occupations fasse d'elle une machine; il ne faut pas que la nécessité très-réelle de déterminer l'emploi de son temps lui forge une chaîne non interrompue. Sans doute, il y a toujours pour elle une sorte de liberté aux heures des repas, à celles de la société et des exercices physiques, mais c'est trop peu. Elle doit pouvoir former quelque dessein. concevoir et mener à bien certaines entreprises. Il faut qu'elle puisse céder à l'impulsion de son cœur, se livrer aux mouvements excités par l'amitié et la bienveillance; mais cela nous ne l'exigerions pas.

La seule chose que nous exigions de la jeune fille, c'est qu'elle ait le sentiment d'employer ce temps de liberté judicieusement, qu'elle se rende compte de ce qu'elle en a fait. Tout à peu près lui sera permis, ouvrages de fantaisie, lectures agréables, promenades, emplettes, oisiveté même, pourvu qu'elle dise qu'il lui faut du repos en ce moment; on veut seulement qu'elle se décide et ne laisse pas écouler l'heure sans savoir comment. La mère reprendrait la disposition de ce temps aussitôt que la jeune fille ne saurait qu'en faire, et lui imposerait d'autorité quelque occupation. La moitié de l'heure ne se passerait pas qu'on ne vît surgir du jeune esprit une invention ou une autre pour l'emploi du reste.

Le prix de l'heure présente est précisément ce qu'il est essentiel de faire sentir aux femmes. La nonchalance, le laisser-aller consument leur vie, usent leur âme et énervent leur corps. Une détermination réfléchie de l'emploi du temps, un peu de décision enfin, nous paraissent leur être aussi nécessaires dans la part de liberté qui leur est laissée, que la soumission dans celle qu'on leur a ôtée.

(1828) Mme NECKER DE SAUSSURE, t. II, p. 317; 375.

---

(1) Pour être digne de la liberté, il faut en faire un bon emploi; la jeune fille doit apprendre à bien user de la part de liberté qu'on lui laisse et qu'on doit lui laisser.

Quand on sait mettre à profit les moindres parcelles du temps, on arrive à faire des prodiges. Le chancelier d'Aguesseau disait : « Voici les volumes que j'ai composés pendant les cinq minutes dont tous les jours, depuis vingt ans, Mme d'Aguesseau est en retard pour le dîner »... *La science des moments perdus !* Cette science qui ne s'apprend pas dans les livres, mais qui multiplie et féconde le temps et donne des habitudes d'ordre, d'attention et de précision qui réagissent de la vie extérieure sur la vie morale ; les femmes les plus gaies, les plus égales d'humeur, les plus serviables et j'ajouterai les mieux portantes, sont les *femmes intelligentes et laborieuses* qui ont trouvé dans une activité bien ordonnée le secret de ne pas perdre un moment...

(1866) Dupanloup, p. 306-307.

Il n'y a pas longtemps que nous entendions journellement les réprimandes adressées à une petite fille qui n'était jamais prête pour la promenade quotidienne. D'un caractère ardent, se laissant aisément absorber par l'occupation du moment, Constance ne pensait jamais à mettre son chapeau, avant que les autres enfants fussent prêts à sortir. Sa gouvernante et ses sœurs étaient presque invariablement obligées de l'attendre, et non moins invariablement arrivait la réprimande maternelle. Quoique l'insuccès le plus complet accompagnât son système, la mère n'avait jamais eu l'idée de laisser Constance éprouver les conséquences naturelles de sa conduite. Bien plus, elle ne voulut pas essayer de cette méthode quand on la lui proposa. En ce monde, l'inexactitude entraîne la perte de quelque avantage qu'on aurait obtenu, si l'on eût été exact : c'est le train qui est parti ; c'est le paquebot qui a levé l'ancre ; ce sont les meilleures choses du marché qui sont vendues, les meilleures places dans la salle de concert qui sont occupées ; et l'on peut voir par des exemples journaliers que c'est la perspective d'une privation qui empêche les gens d'arriver trop tard. Ne voit-on pas clairement ce qu'il faut inférer de là ? La perspective de la privation ne doit-elle pas servir de même à régler la conduite d'un enfant ? Si Constance n'est pas prête à l'heure fixée, le résultat naturel de son inexactitude est d'être laissée derrière et de perdre sa promenade. Et après qu'elle sera restée une ou deux fois à la maison, pendant que les autres enfants se seront amusés dans les champs ; après qu'elle aura vu que la perte de ce plaisir n'est due qu'à son

12.

manque de diligence, il est très-probable qu'elle se corrigera.
Dans tous les cas, la mesure prise à son égard aura toujours plus
d'effet que ces gronderies perpétuelles, qui n'aboutissent à rien
qu'à produire l'endurcissement (1).

(1868) H. Spencer, p. 191-192.

II

« La beauté et les ajustements (2) ».

Pour les habits, je voudrais que vous tâchassiez d'inspirer
à mademoiselle votre fille le goût d'une vraie modération. Il y
a de certains esprits extrêmes de femmes à qui la médiocrité
est insupportable; elles aimeraient mieux une simplicité austère, qui marquerait une réforme éclatante en renonçant à la
magnificence la plus outrée, que de demeurer dans un juste
milieu, qu'elles méprisent comme un défaut de goût et comme
un état insipide. Il est néanmoins vrai que ce qu'il y a de plus
estimable et de plus rare, est de trouver un esprit sage et
mesuré, qui évite les deux extrémités, et qui, donnant à la
bienséance ce qu'on ne peut lui refuser, ne passe jamais cette
borne. La vraie sagesse est de vouloir, pour les meubles, pour
les équipages et pour les habits, qu'on n'ait rien à y remarquer,
ni en bien, ni en mal. Soyez assez bien, direz-vous à mademoiselle votre fille, pour ne point vous faire critiquer comme
une personne sans goût, malpropre et trop négligée; mais qu'il
ne paraisse dans votre extérieur aucune affectation de parure,
ni aucun faste... Si vous la teniez dans un état trop inférieur
à celui des autres personnes de son âge et de sa condition,
vous courriez risque de l'éloigner de vous; elle pourrait se passionner pour ce qu'elle ne pourrait pas avoir et qu'elle admire-
rait de loin en autrui; elle serait tentée de croire que vous êtes
trop sévère et trop rigoureuse : il lui tarderait peut-être de se
voir maîtresse de sa conduite, pour se jeter sans mesure dans
la vanité. Vous la retiendrez beaucoup mieux en lui proposant
un juste milieu, qui sera toujours approuvé des personnes
sensées et estimables : il lui paraîtra que vous voulez qu'elle ait

---

(1) C'est ce que l'auteur appelle le système des *réactions naturelles*; selon lui,
c'est la *seule* discipline à employer dans l'éducation : Je me permets de trouver
cette théorie excessive. Employée à propos, et avec mesure, c'est une discipline qui peut et doit produire de bons effets; mais érigée en principe unique
et exclusif, elle aurait de graves inconvénients. Voir notre *Pédagogie*, 1re partie,
ch. XI, p. 273-274.

(2) Titre emprunté à Fénelon.

tout ce qui convient à la bienséance, que vous ne tombez dans aucune économie sordide, que vous avez même pour elle toutes les complaisances permises, et que vous voulez seulement la garantir des excès des personnes dont la vanité ne connaît point de bornes.   (1687) FÉNELON, p. 91-92.

Quelques jeunes personnes ne connaissent point assez les avantages d'une heureuse nature, et combien il leur serait plus utile de s'y abandonner. Elles affaiblissent ces dons du ciel si rares et si fragiles par des manières affectées, et par une mauvaise imitation. Leur son de voix et leur démarche sont empruntés : elles se composent, elles se recherchent, regardent dans un miroir si elles s'éloignent assez de leur naturel ; ce n'est pas sans peine qu'elles plaisent moins.
                                (1688) LA BRUYÈRE, t. 1, p. 132.

Les filles naissent avec un violent désir de plaire : comme elles trouvent fermés les chemins qui conduisent à la gloire et à l'autorité, elles prennent une autre route pour y arriver, et se dédommager par les agréments. La beauté trompe la personne qui la possède, elle enivre l'âme ; cependant faites attention qu'il n'y a qu'un fort petit nombre d'années de différence entre une belle femme et une qui ne l'est plus. Surmontez cette envie excessive de plaire ; du moins ne la montrez pas. Il faut mettre des bornes aux ajustements, et ne s'en pas occuper ; les véritables grâces ne dépendent pas d'une parure trop recherchée. Il faut satisfaire à la mode comme à une servitude fâcheuse, et ne lui donner que ce qu'on ne peut lui refuser. La mode serait raisonnable si elle pouvait se fixer à la perfection, à la commodité et à la bonne grâce ; mais changer toujours, c'est inconstance plutôt que politesse et bon goût.

N'écoutez pas les besoins de la vanité. *Il faut être*, dit-on, *comme les autres.* Ce *comme*-là s'étend bien loin. Ayez une émulation plus noble ; ne souffrez pas que personne ait plus d'honneur, de probité et de droiture que vous. Sentez le besoin de la vertu : la pauvreté de l'âme est pire que celle de la fortune (1).   (1728). Mme DE LAMBERT, p. 73; 79.

---

(1) Conseils très-sages, mais n'y sent-on pas comme un ton de prédication un peu banale ? Fénelon, traitant le même sujet (dans la citation précédente) y met plus de naturel, et il est plus persuasif.

Le poison le plus à craindre pour les jeunes femmes, celui qui altère le plus profondément leurs inclinations les plus pures, celui qui se trouve le plus répandu autour d'elles, que des mains malfaisantes leur versent sans cesse à pleine coupe et répandent dans l'air qu'elles respirent, c'est la *louange*, ou, pour mieux dire, la *flatterie*, *l'adulation*.

Toutes les jolies femmes sans expérience, comme tous les hommes puissants sans esprit, ont des flatteurs autour d'elles, parce qu'il y a des flatteurs partout où il y a quelque chose à gagner, comme il y a des filous partout où il y a quelque chose à voler.   (1795) ROEDERER, p. 9.

Des écrivains (1) ont présenté l'amour de l'admiration comme le seul principe actif qui doive gouverner les femmes; ils l'ont regardé, non seulement comme la source de toutes leurs grâces, mais comme la meilleure base de toutes leurs vertus. Trop souvent on a conduit leur éducation d'après ce principe dangereux : cette grande cause de la dépravation et de la folie des femmes a entraîné et entraîne encore des conséquences très-funestes. Dès l'enfance on apprend aux femmes à attacher des idées de gloire à l'admiration qu'elles inspirent; mais cette espèce d'admiration, pour l'amour de laquelle les plus dépravées se ravalent au-dessous du rang des êtres raisonnables, ne peut même être le partage de toutes; on ne l'accorde qu'à la beauté, et la beauté ne paraît jamais si véritablement séduisante que quand elle semble s'ignorer : si vos filles ont des charmes, elles seront admirées, quand même elles n'auraient pas dans le cœur l'amour de l'admiration ; si elles sont dépourvues de beauté, l'amour de l'admiration ne leur causera que peine et contrariété. Ne peut-on pas, me direz-vous peut-être, les admirer pour leurs talents et leurs qualités ? et le désir de cette admiration ne les porterait-il pas à acquérir ce genre de mérite pour lequel elles ont appris à espérer des applaudissements ? Au lieu de ce motif d'émulation, il serait plus sage et plus sûr de leur faire sentir de bonne heure la valeur réelle de ces applaudissements, qui sont plus souvent arrachés que volontairement donnés. Il faudrait, par tous les moyens possibles, s'efforcer de faire du désir de plaire à ceux avec lesquels elles sont liées par les liens du devoir et de l'affection, un

---

(1) L'auteur fait allusion surtout à Rousseau (voir le livre V de l'*Emile*), et le réfute, non sans force. Rœderer parlait en homme du monde dans l'extrait précédent; miss Hamilton parle en philosophe moraliste.

puissant motif d'encouragement pour elles. Si ce motif était assez fort, il aurait tous les effets que l'amour de la louange peut produire, et de plus l'avantage inestimable de préserver l'esprit des inconvénients de la vanité.

(1801) ELISABETH HAMILTON, t. I, p. 318-319.

La beauté a ses avantages et ses charges, ses défauts et ses qualités : c'est ce qu'il faut savoir quand on est fille et dire quand on est mère... Comme les petites filles sont très-éveillées sur leurs avantages extérieurs, il faut les suivre de bien près pour aller aussi vite qu'elles, et toute l'activité maternelle aura beaucoup de peine à devancer leur coquetterie. Aussi le meilleur parti pour une mère est de dire de bonne heure comme tout le monde, et de convenir, avec un accent fort simple, de la beauté de la petite, comme de sa bonne santé. Dans la suite, comme il est impossible qu'un tel aveu ne soit pas pris pour un éloge, on peut en atténuer le danger en le mêlant avec un autre éloge.

Il ne s'agit point de faire une belle femme humble, la nature l'a dévouée à l'orgueil; il faut s'en servir et l'appliquer bien. Dans la première enfance, des parents qui ne se pressent point ont peu d'occasion de punir : il serait habile de laisser croire à la petite fille que cette indulgence systématique n'est qu'un résultat de sa bonne conduite. On lui fournirait des occasions de bien faire, on vanterait d'une manière sentie ce que son caractère offre de louable, et on ne laisserait échapper aucune occasion de lui démontrer quelquefois qu'il vaut mieux être *bien sage* que *bien belle*, car la beauté qui fait qu'on reçoit un compliment dans la rue, n'empêche point d'être mise en pénitence et de s'aller coucher triste et mécontente de soi ; ainsi voilà de premières idées sur l'effet de la beauté, sur le blâme qu'excite la mauvaise conduite, représenté par la punition; enfin sur l'action de la conscience.

De cette façon, il n'arriverait guère qu'une petite fille fût exclusivement occupée des charmes de son visage. Un peu plus tard, mais toujours d'aussi bonne heure que possible, on s'appliquerait à lui montrer comme liées ces deux harmonies, soit des qualités, soit des traits, qui font la vertu et la beauté. L'expérience du monde peut bien contrarier l'assertion, mais cette expérience viendra tard, *le pli sera pris* : il n'est pas ordinaire de voir la vertu se renier soi-même. Cette alliance est d'ailleurs vraie de vérité morale ou plutôt spéculative...

La beauté incline à l'égoïsme. Une belle personne est ordinairement bienveillante, mais il est rare qu'elle soit sensible. On est peu occupé des autres quand il y a tant de plaisir à se contempler soi-même ; on ne se hâte guère d'aimer quand on est sûr de plaire. Une morale sèche ne suffirait pas seule pour combattre ce penchant, et puisqu'en telle occasion il s'agit moins de détruire l'orgueil que de l'exploiter, ne craignons pas d'invoquer l'imagination.

Représentez vivement ce qu'il y a de noble et de charmant dans l'union de la beauté de l'âme avec celle des formes ; dites que dans le monde l'envie s'obstine à les prétendre toujours séparées. Exaltez le désir de réunir tous les mérites à la fois ; passionnez votre fille de l'idée qu'elle est spécialement chargée de séduire au profit de la vertu ; enfin par un mélange adroit de louanges et de conseils, de reproches et d'encouragements, détournez sa coquetterie, en excitant chez elle une tendance habituelle à la perfection. C'est ainsi qu'en lui préparant des succès moins dangereux, vous aurez mis en réserve des consolations pour le temps où cette beauté doit aussi disparaître ; car cette déchéance, unie à celle de la jeunesse, double la perte et la douleur.

C'est ainsi qu'on arrive à confondre dans une jeune âme la conscience de son devoir avec le sentiment de son droit. Beauté, richesse, naissance, bonheur, autant de circonstances qui imposent des obligations : là où elles manquent, les vertus et les qualités de l'esprit seront offerts en consolation. Les mérites spirituels ont cet avantage, qu'ils conviennent également à toutes les fortunes. Ils constituent la vraie distinction de l'homme, sa plus certaine existence ; ils commencent son immortalité ; le reste périt à chaque pas (1)...

Rousseau a déclaré si positivement que la coquetterie

---

(1) *Les moralistes religieux* n'ont guère qu'un argument contre la vanité de la beauté ; c'est qu'elle est périssable, comme ce corps qui n'est que poussière, qui retournera en poussière, qui perdra un jour jusqu'au nom de cadavre, selon les fortes expressions de Bossuet ; ils opposent le mépris du corps à ce culte instinctif de la beauté physique. L'argument en soi est loin d'être sans force, étant donné le point de départ ; il est logiquement d'une solidité rigoureuse. Mais qu'il est difficile de s'en laisser pénétrer quand on est jeune ! L'expansion de la vie lui est un démenti involontaire de tous les instants. Madame de Rémusat s'y prend autrement, elle sécularise son argumentation, si j'ose m'exprimer ainsi, tout en lui conservant le caractère spiritualiste qui marque tout son système. Elle est philosophe à la manière de Platon, sans s'en douter probablement : la beauté physique lui sert de point de départ pour élever l'âme à la conception de la beauté morale. C'est rehausser singulièrement la question ; avec cette manière de l'envisager, le chapitre même « des jupes et des rubans », comme disait l'abbé Fleury, prend un certain air sérieux.

était native chez les femmes, et elles ont si volontiers consenti à le prouver par le fait, que je n'essaierai de démentir ni les femmes ni Rousseau. Je me borne à souhaiter que, comme de la beauté, on tire parti de la coquetterie ; c'est une habileté nécessaire que de mettre tout à profit, les défauts comme les qualités, les avantages comme les inconvénients. On pourrait essayer de tourner d'abord la coquetterie des petites filles vers le soin de leur personne et de leurs vêtements ; ensuite, de les habituer par l'exemple et le conseil à choisir ce qui leur sied plutôt que ce qui est cher et seulement à la mode. Les idées de proportion et d'harmonie appliquées à tout donnent quelque importance morale aux choses les plus légères. La parure d'une femme peut être conforme ou opposée à l'expression de son visage, à la nature de son caractère, surtout à sa situation dans le monde. Il y a, pour les maris, des professions qui commandent un extérieur différent à leurs femmes, et cela dans toutes les classes de la société... Ces détails indiquent suffisamment, ce me semble, comment une pensée sérieuse peut se mêler à tout, et tout diriger dans l'éducation.   (1824) Mme de RÉMUSAT, p. 182-186 ; 201.

La politesse se compose de la connaissance des usages du monde et de la bienveillance qui fait éviter tout ce qui peut désobliger. Sans regarder la première comme inutile à bien observer, la seconde est celle qui nous fait plus particulièrement chérir.

Évitez de parler de vous.

Occupez-vous avec attention, avec intérêt, de ce que disent les autres.

N'interrompez jamais les personnes qui vous parlent, attendez que l'inflexion de leur voix vous ait averties qu'elles ont terminé ce qu'elles avaient à dire.

Que votre regard accompagne toujours votre discours ; parler et ne point regarder la personne à laquelle on s'adresse, c'est s'exposer à passer pour fausse ou pour dédaigneuse. L'accord heureux du geste, de la parole et du regard est un des charmes de la conversation. La timidité fait prendre quelquefois aux jeunes personnes la mauvaise habitude de fermer les yeux ou de les détourner en parlant ; il faut s'en corriger. La candeur et l'innocence n'ont rien à redouter de l'expression des regards, puisqu'on appelle les yeux le miroir de l'âme. Une femme vertueuse et même une fille timide peuvent-elles craindre qu'on lise dans leurs yeux, puisqu'elles ont le bonheur d'avoir un cœur pur?

Sachez louer; l'éducation que l'on a reçue ajoute un prix aux éloges, puisqu'on les donne avec connaissance de cause.

N'occupez point la société de détails sur vos maladies; c'est à votre médecin que vous les devez: la politesse paraît les désirer, mais ce n'est le plus souvent que la simple politesse. Écoutez cependant avec patience et sans la moindre marque d'ennui ceux qui vous font de longs récits sur leurs souffrances ou sur les maux de leurs enfants; c'est un des points sur lesquels il est le plus essentiel d'être sévère pour soi et extrêmement indulgent pour les autres.

Blâmez la conduite d'autrui le moins que vous pourrez. Travaillez avec persévérance à mériter le titre si beau d'honnête femme, mais évitez de parler des torts des autres...

Que la propreté et le soin se remarquent dans toutes vos actions... La coquetterie déplaît aux hommes dans les femmes auxquelles ils veulent unir leur destinée, mais la malpropreté les repousse au moins autant. Quelle grâce peut avoir un chapeau élégant sur des cheveux mal peignés? L'élégance, le luxe ne peuvent se passer de la propreté, tandis que la propreté sert à entretenir la santé, donne plus d'éclat à la peau, aux dents, fait conserver plus de fraîcheur aux vêtements et peut se passer parfaitement des ruineux et dangereux secours de la coquetterie.

Surtout songez, mes chères amies, que le maintien le plus convenable à notre sexe est celui que donne l'habitude constante de s'occuper des travaux à l'aiguille. On ne doit jamais être sans une broderie, un tricot, un filet, ou un métier...

La petite fille la mieux élevée, la plus jolie, arrivée à l'âge de douze ans, va franchir un espace de quatre années, pendant lesquelles ses grâces, son maintien et jusqu'à ses traits perdront une grande partie de leurs charmes. Sa taille, quelque régulière qu'elle puisse être, donnera des inquiétudes; les raisonnements les plus faux remplaceront sa docilité enfantine. Pendant le cours de ces quatre années, une mère remarquera dans sa fille des lueurs d'un aveugle désir de plaire; elle imitera tout ce que son goût peu formé lui présentera comme agréable. Si une de ses compagnes, plus âgée qu'elle de deux à trois ans, et qui obtient quelque succès dans le monde, a le défaut de grasseyer, elle ne prononcera plus autrement; si une femme, citée pour ses agréments, a le malheur d'avoir quelque défaut dans sa marche ou dans son maintien, elle imitera cette imperfection de la nature, et se figurera avoir acquis une de ses grâces ; elle ne manquera jamais de s'emparer de la mode la plus ridicule. Il faut, avec patience et douceur, la faire rougir de toutes ces erreurs et surtout la préserver pour jamais de la manie de détériorer sa voix et sa prononciation... Cet âge est celui des reparties impertinentes, même envers les personnes les plus respectables. Ces reparties tiennent souvent à une vivacité d'esprit que la raison n'a point encore soumise. Quand elles ne sont pas accompagnées de traits de méchanceté, elles ne doivent donner aucune inquiétude sur la bonté du cœur. Ces légères inégalités disparaîtront avec le désir de plaire et le besoin d'être aimée (1).   (1828) Mme CAMPAN, t. 1, p. 274 et suiv.

ROSEMONDE (12 ans). — Dites donc, papa, pendant que nous y sommes, je voudrais que vous, maman, et tous, vous voulussiez bien choisir la personne à laquelle vous seriez bien aises de me voir ressembler. Je sais maintenant qu'il ne faut pas imiter indifféremment toutes sortes de manières qui ne m'iraient pas ; mais je puis, sûrement, avoir un modèle sur lequel je fixerai les yeux, qui me servira de guide : enfin vous savez que toutes les mères citent quelqu'un en exemple à leurs filles. Si Laure n'était pas là, je sais bien qui je désignerais, moi ; je sais bien quelqu'un ; mais vous, maman, qui diriez-vous ?

— Personne, ma fille, répliqua sa mère.

— Et moi, je fais positivement la même réponse, ajouta son père.

— Vraiment ! Mais alors comment *me former des manières?* s'écria Rosemonde. J'entends dire qu'il faut prendre un bon ton, de *bonnes manières*, et, vrai, je ne sais plus seulement ce qu'on veut dire par de *bonnes manières*. Comment donc faire pour en avoir ?

— Je pourrais prendre sur moi d'affirmer, reprit son père, que ceux qui ont les meilleures de toutes n'ont pas de manières du tout. Sans choisir qui que ce soit pour modèle, ma chère enfant, tu as un sûr moyen de former les tiennes. Quand tu vois une façon d'être, une physionomie qui te plaisent, une

---

(1) Description assez exacte des défauts de l'*âge ingrat*, surtout des défauts extérieurs, et dont le moindre n'est pas l'affectation, le manque de simplicité, la recherche maladroite des *manières*. L'extrait suivant, emprunté à Miss Edgeworth, complètera ce sujet.

conversation qui te semble aimable, essaye de découvrir en quoi et pourquoi elles te charment : quelle est la cause qui dirige les actes. Quand tu auras appris à la connaître, rien ne t'empêchera d'appliquer cette découverte à ton usage. Tu trouveras, presque toujours, que c'est dans l'oubli de soi, dans la la sincère préoccupation des intérêts, des souffrances et des plaisirs d'autrui que se trouvent, sinon les grâces les plus touchantes, du moins les moyens les plus efficaces de s'attirer des affections solides. L'aisance, le bon ton, les habitudes qui appartiennent à toute personne bien élevée, s'acquièrent insensiblement et sans imiter qui que ce soit en particulier. On dit d'un homme qui a les manières de la bonne compagnie qu'il est *bien né.* Effectivement, un bon naturel, du bon sens, un entourage choisi : voilà les principes du véritable bon ton. Sois attentive pour les autres, sois bonne, et tu plairas bien vite. Quand tu verras davantage le monde, observe, et tu trouveras que dans la meilleure compagnie, dans les plus hauts rangs, ceux qui sont le plus admirés des bons juges, les plus agréables dans leurs manières, sont dépourvus de toute affectation.

— Ils sont au-dessus, reprit Édouard (frère aîné de Rosemonde). Ceux dont l'âme est forte ; qui s'appuient sur eux-mêmes, et qui n'ont pas l'impérieux besoin, à chaque instant, pour chaque bagatelle, des applaudissements d'autrui, ne seront jamais maniérés.

Généralement la faiblesse, la vanité et l'affectation marchent de compagnie.

— Généralement, mais pas toujours, ajouta Laure (sœur aînée de Rosemonde); l'affectation et la modestie vont quelquefois ensemble. Comme tu le disais tout à l'heure, ceux qui n'ont pas assez de confiance en eux-mêmes sont sujets à s'étayer de l'opinion d'autrui, et à affecter les manières qu'ils ont vu approuver, et qui leur paraissent plus agréables que celles qui leur sont propres.

— Oh! pour le coup, reprit Rosemonde, j'y suis bien résolue désormais. Humilité, modestie, vanité, rien ne parviendra plus jamais à me rendre maniérée. Grand merci, papa, d'avoir retardé votre promenade pour moi, et de m'avoir aidée à voir clair, en m'expliquant et en me faisant comprendre tout.

— Tu peux compter, avec d'autant plus de justice, sur tes bonnes résolutions, que tu es convaincue, en toute connaissance de cause, que l'affectation est une sottise. Si tu n'étais qu'effrayée des moqueries de Georges (son second frère) ou du mépris d'Édouard, j'aurais moins foi en tes assurances, car tes frères ne seront pas toujours avec toi, et quelque autre influence peut parfois balancer la leur. Mais ton jugement, ta propre conviction, ne sauraient t'abandonner; et le temps, sur ce point, doit confirmer, non changer, tes idées actuelles.

— Mais Georges aussi m'a fait un grand bien, papa, reprit Rosemonde, quoique dans le moment ce fût un peu contrariant.

— Il faut avouer que tu as bien le meilleur naturel, que tu es bien la meilleure petite sœur qu'il y ait au monde, s'écria Georges... (1828) Miss M. Edgeworth, t. VIII, p. 132-137.

Nous ne supposons pas que la jeune fille avant quinze ans ait jamais vécu dans ce qu'on appelle *le monde*, mais les dernières heures de la journée sont consacrées dans la plupart des familles à des réunions auxquelles se joignent souvent des amis. Là, autour d'une table de thé ou d'ouvrage, la jeune fille trouve une place naturelle que chacune aime à lui voir remplir. Très-jeune encore, elle doit se sentir partie d'un tout, s'intéresser à la chose publique, au bien-être moral et matériel de tout ce qui vit dans la maison.

Aussi ne la réduirions-nous pas à un morne silence en société. La moindre saillie de vanité, le ton tranchant et décidé, le babil indiscret seraient réprimés par la mère; mais si la jeune fille est occupée des autres et non d'elle-même, nous ne voyons pas pourquoi on couperait court à ses modestes observations.

La nullité à laquelle on condamne les enfants en société n'est pas sans inconvénient pour eux; d'abord elle est cause qu'on les oublie et qu'on dit une infinité de choses qu'on devrait s'interdire en leur présence; puis l'ennui de la jeune personne lui donne une disposition malveillante; son esprit s'exerce tout entier dans la critique, dans une curiosité malicieuse. Au contraire, l'enjeu qu'elle met dans la conversation, si petit qu'il soit, lui fait désirer d'être approuvée et la rend plus indulgente à son tour. Au moins faut-il qu'elle soit toujours prête à répondre de bonne grâce et sans sécheresse aux questions qu'on peut lui adresser. Si l'amour-propre n'est pas excessif, la gaucherie ou la peur qu'elle aura des autres sera moins grande.

Nous regarderions encore comme un avantage pour la jeune fille qu'il y eût dans les réunions de la soirée quelques amis

de ses frères qui fussent dans un âge approchant du sien.
Avant le moment où tout lui paraît avoir de l'importance, où
mille alarmes, mille espérances ne sont que trop éveillées par
les moindres paroles des jeunes gens, nous aimerions que la
petite fille les eût parfois considérés d'un œil tranquille; qu'elle
les eût vus comme des êtres au fond doués de raison, avec qui
on peut causer gaiement ou sensément sur divers sujets, sans
les croire si redoutables. On observe dans notre pays (1) que
les jeunes filles dont les frères ont parfois amené des amis
chez leurs parents, conservent avec les jeunes gens des
manières plus naturelles, plus aimables et peut-être plus
convenables que celles qui n'ont jamais été à portée d'en voir.
Ces émotions, ce trouble, *ces mille rougeurs* qu'excite l'approche d'un jeune homme, peuvent produire un charmant
effet dans les romans, mais ne sont pas d'un très-bon augure
pour la jeune fille.

Dans ces réunions, à la vérité, elle commettra des fautes
qu'une réclusion complète lui épargnerait; la juste mesure,
les convenances même ne seront pas toujours exactement
observées dans ses manières et dans ses discours; mais chacun
de ses torts sera l'occasion d'une remarque. S'il y a des
torts qui tiennent au fond du cœur, on en découvrira mieux
la racine lorsqu'elle aura poussé quelque jet au dehors; et
quant à ceux qui viennent d'un excès d'innocence, gardez-
vous d'altérer l'innocence en les relevant. Il faut bien en prévenir le retour, mais sans exciter trop d'alarmes, sans couvrir
le jeune front de trop de rougeur; l'usage et sa multitude de
lois arbitraires motivent aisément toute interdiction. Ces
simples mots : *une personne bien élevée doit agir différemment,*
suffisent pour exciter cette crainte instinctive de la femme
qui redoute même de savoir ce dont elle a peur. Ici l'idée du
beau, du noble, de la dignité, auront encore une application
heureuse.

En tout, moins on mettra d'importance aux petits torts et
aux petits succès dont la société est l'occasion, moins la société
occupera l'imagination des jeunes filles, et c'est là précisément
ce que nous voulons.

(1828) Mme NECKER DE SAUSSURE, t. II, p. 386-388.

---

(1) Mme Necker de Saussure était Génevoise.

III

La vie domestique.

Une mère de famille doit avoir un esprit mûr, ferme, appliqué, et expérimenté pour le gouvernement (1). Joignez à ce gouvernement l'économie.

La plupart des femmes les négligent comme un emploi bas, qui ne convient qu'à des paysans ou à des fermiers, tout au plus à un maître d'hôtel ou à quelque femme de charge ; surtout les femmes nourries dans la mollesse, l'abondance et l'oisiveté, sont indolentes et dédaigneuses pour tout ce détail... Ce n'est pourtant que par ignorance qu'on méprise cette science de l'économie. Les anciens Grecs et les Romains, si habiles et si polis, s'en instruisaient avec un grand soin... Après tout, la solidité de l'esprit consiste à vouloir s'instruire exactement de de la manière dont se font les choses qui sont les fondements de la vie humaine; toutes les plus grandes affaires roulent là-dessus. La force et le bonheur d'un État consistent non à voir beaucoup de provinces mal cultivées, mais à tirer de la terre qu'on possède tout ce qu'il faut pour nourrir aisément un peuple nombreux (2).

Il faut sans doute un génie bien plus élevé et plus étendu pour s'instruire de tous les arts qui ont rapport à l'économie et pour être en état de bien policer toute une famille, qui est une petite république, que pour jouer, discourir sur des modes et s'exercer à de petites gentillesses de conversation. C'est une sorte d'esprit bien méprisable, que celui qui ne va qu'à bien parler : on voit de tous côtés des femmes dont la conversation est pleine de maximes solides, et qui, faute d'avoir été appliquées de bonne heure, n'ont rien que de frivole dans la conduite.

Mais prenez garde au défaut opposé : les femmes courent risque d'être extrêmes en tout. Il est bon de les accoutumer dès l'enfance à gouverner quelque chose, à faire des comptes, à voir la manière de faire les marchés de tout ce qu'on achète, et à savoir comment il faut que chaque chose soit faite pour

---

(1) Le gouvernement domestique. La vocation première des femmes étant d'être épouses et mères, et même celles qui restent filles ayant toujours à conduire un ménage, si modeste et si restreint qu'il soit, les filles doivent être instruites des choses du ménage, des choses de la vie domestique et par extension de la vie sociale.

(2) Il y a toujours dans la pédagogie de Fénelon, des échappées sur le terrain des doctrines politiques et sociales.

être d'un bon usage. Mais craignez aussi que l'économie n'aille en elles jusqu'à l'avarice; montrez-leur en détail tous les ridicules de cette passion. Dites-leur ensuite : Prenez garde que l'avarice gagne peu, et qu'elle déshonore beaucoup. Un esprit raisonnable ne doit chercher, dans une vie frugale et laborieuse, qu'à éviter la honte et l'injustice attachées à une conduite prodigue et ruineuse. Il ne faut retrancher les dépenses superflues que pour être en état de faire plus libéralement celles que la bienséance, ou l'amitié, ou la charité inspirent. Souvent c'est faire un grand gain que de savoir perdre à propos : c'est le bon ordre, et non certaines épargnes sordides, qui fait les grands profits. Ne manquez pas de représenter l'erreur grossière de ces femmes qui se savent bon gré d'épargner une bougie, pendant qu'elles se laissent tromper par un intendant sur le gros de leurs affaires (1).

Faites pour la propreté comme pour l'économie. Accoutumez les filles à ne souffrir rien de sale ni de dérangé; qu'elles remarquent le moindre désordre. Faites-leur même observer que rien ne contribue plus à l'économie à et la propreté que de tenir toujours chaque chose en sa place. Cette règle ne paraît presque rien ; cependant elle irait loin, si elle était exactement gardée. Avez-vous besoin d'une chose? vous ne perdez jamais un moment à la chercher; il n'y a ni trouble ni dispute, ni embarras, quand on en a besoin; vous mettez d'abord la main dessus; et quand vous vous en êtes servie, vous la remettez sur-le-champ dans la place où vous l'avez prise. Ce bel ordre fait une des plus grandes parties de la propreté; c'est ce qui frappe le plus les yeux, que de voir cet arrangement si exact (2). D'ailleurs la place qu'on

---

(1) La société du xviie siècle présente, parmi les femmes, des exemples de prodigalité et des exemples d'avarice é,alement inouïs. Boileau avait ses modèles sous les yeux quand il décrivait la femme prodigue et la femme avare (*Satire* x).

> Un mari ne veut pas fournir à ses besoins!
> Jamais femme après tout a-t-elle coûté moins?
> A cinq cents louis d'or, tout au plus, chaque année,
> Sa dépense en habits n'est-elle pas bornée?, ...

Et le portrait de la femme du Lieutenant-criminel Tardieu :

> Décrirai-je ses bas en trente endroits percés,
> Ses souliers grimaçants vingt fois rapetassés,
> Ses coiffes, d'où pendait au bout d'une ficelle
> Un vieux masque pelé presque aussi hideux qu'elle? etc.

(2) Comparer, dans l'*Economique* de Xénophon, le tableau d'un ménage bien tenu, d'un intérieur de famille bien gouverné : « la belle chose à voir que des chaussures bien rangées de suite et selon leur espèce, des vêtements séparés selon leur usage, des vases d'airain, des ustensiles de table ; la belle chose enfin, malgré le ridicule qu'y trouverait un écervelé, et non point un homme grave, que de voir des marmites alignées avec symétrie! » C'était un Athénien du Ve siècle avant J.-C., un philosophe qui parlait ainsi : Socrate.

donne à chaque chose étant celle qui lui convient davantage, non seulement pour la bonne grâce et le plaisir des yeux, mais encore pour sa conservation, elle s'y use moins qu'ailleurs, elle ne s'y gâte d'ordinaire par aucun accident ; elle y est même entretenue proprement : car, par exemple, un vase ne sera ni poudreux, ni en danger de se briser, lorsqu'on le mettra dans sa place immédiatement après s'en être servi. L'esprit d'exactitude, qui fait ranger, fait aussi nettoyer. Joignez à ces avantages celui d'ôter, par cette habitude, aux domestiques, l'esprit de paresse et de confusion. De plus, c'est beaucoup que de leur rendre le service prompt et facile, et de s'ôter à soi-même la tentation de s'impatienter souvent par les retardements qui viennent des choses dérangées qu'on a peine à trouver. Mais en même temps évitez l'excès de la politesse et de la propreté (1). La propreté, quand elle est modérée, c'est une vertu ; mais quand on y suit trop son goût, on la tourne en petitesse d'esprit. Le bon goût rejette la délicatesse excessive : il traite les petites choses de petites, et n'en est point blessé. Moquez-vous donc, devant les enfants, des colifichets dont certaines femmes sont si passionnées, et qui font faire insensiblement des dépenses si indiscrètes. Accoutumez-les à une propreté simple et facile à pratiquer : montrez-leur la meilleure manière de faire les choses ; mais montrez-leur encore davantage à s'en passer. Dites-leur combien il y a de petitesse d'esprit et de bassesse à gronder pour un potage mal assaisonné, pour un rideau mal plissé, pour une chaise trop haute ou trop basse...

Il y a la science de se faire servir, qui n'est pas petite. Il faut choisir des domestiques qui aient de l'honneur et de la religion ; il faut connaître les fonctions auxquelles on veut les appliquer, le temps et la peine qu'il faut donner à chaque chose, la manière de la bien faire, et la dépense qui y est nécessaire. Vous êtes en danger d'être la dupe ou le fléau de de vos domestiques, si vous n'avez quelque connaissance de leurs métiers.

Il faut encore savoir connaître leurs humeurs, ménager leurs esprits, et policer chrétiennement toute cette petite république, qui est d'ordinaire fort tumultueuse. Il faut sans doute de l'autorité ; car moins les gens sont raisonnables, plus il faut que la crainte les retienne : mais comme ce sont des chrétiens, qui sont vos frères en Jésus-Christ, et que vous devez

____

(1) La délicatesse excessive, la minutie.

respecter comme ses membres, vous êtes obligé de ne payer d'autorité que quand la persuasion manque.

Tâchez donc de vous faire aimer de vos gens sans aucune basse familiarité : n'entrez pas en conversation avec eux ; mais aussi ne craignez pas de leur parler assez souvent avec affection et sans hauteur sur leurs besoins. Qu'ils soient assurés de trouver en vous du conseil et de la compassion : ne les reprenez point aigrement de leurs défauts ; n'en paraissez ni surpris, ni rebuté, tant que vous espérez qu'ils ne seront pas incorrigibles ; faites-leur entendre doucement raison, et souffrez souvent d'eux pour le service, afin d'être en état de les convaincre de sang-froid que c'est sans chagrin et sans impatience que vous leur parlez, bien moins pour votre service que pour leur intérêt. Il ne sera pas facile d'accoutumer les jeunes personnes de qualité à cette conduite douce et charitable ; car l'impatience et l'ardeur de la jeunesse, jointe à la fausse idée qu'on leur donne de leur naissance, leur fait regarder les domestiques à peu près comme des chevaux : on se croit d'une autre nature que les valets ; on suppose qu'ils sont faits pour la commodité de leurs maîtres. Tâchez de montrer combien ces maximes sont contraires à la modestie pour soi, et à l'humanité pour son prochain. Faites entendre que les hommes ne sont point faits pour être servis ; que c'est une erreur brutale de croire qu'il y ait des hommes nés pour flatter la paresse et l'orgueil des autres : que le service étant établi contre l'égalité naturelle des hommes, il faut l'adoucir autant qu'on le peut ; que les maîtres qui sont mieux élevés que leurs valets, étant pleins de défauts, il ne faut pas s'attendre que les valets n'en aient point, eux qui ont manqué d'instruction et de bons exemples (1) ; qu'enfin si les valets se gâtent en servant mal, ce que l'on appelle d'ordinaire *être bien servi* gâte encore plus les maîtres, car cette facilité de se satisfaire en tout ne fait qu'amollir l'âme, que la rendre ardente et passionnée pour les moindres commodités, enfin pour la livrer à ses désirs.

Pour ce gouvernement domestique, rien n'est meilleur que d'y accoutumer les filles de bonne heure. Donnez-leur quelque chose à régler, à condition de vous en rendre compte ; cette confiance les charmera ; car la jeunesse ressent un plaisir incroyable lorsqu'on commence à se fier à elle, et à la faire

---

(1) Comparer ce que dit Figaro au comte Almaviva : « Monseigneur, à toutes les qualités qu'on exige d'un domestique, combien de maîtres qui ne seraient pas dignes d'être valets ! » Ces idées émises par Fénelon n'étaient pas sans hardiesse pour le temps.

entrer dans quelque affaire sérieuse... Laissez même faire
quelque faute à une fille dans de tels essais, et sacrifiez quelque chose à son instruction ; faites-lui remarquer doucement
ce qu'il aurait fallu faire ou dire pour éviter les inconvénients
où elle est tombée ; racontez-lui vos expériences passées, et
ne craignez point de lui dire les fautes semblables aux siennes,
que vous avez faites dans votre jeunesse ; par là vous lui
inspirerez la confiance sans, laquelle l'éducation se tourne en
formalités gênantes.   (1683) FÉNELON, p. 60-72.

C'est une fausse délicatesse, un travers insoutenable de
n'oser parler d'un état que plusieurs de vos demoiselles
embrasseront (1). Comment les rendrez-vous capables de bien
remplir les devoirs des divers états où Dieu les peut appeler,
si vous ne leur en parlez jamais, et, qui pis est, si vous leur
laissez entrevoir la peine que vous, avez à en parler? Il y a
certainement moins de modestie et de bienséance à ces façons
que lorsque vous leur en parlerez bien sérieusement et bien
chrétiennement comme d'un état saint qui a de grandes obligations à remplir. Craignez que les omissions qu'elles feront
par ignorance des devoirs de cet état ne retombent sur vous
qui aurez manqué de les en instruire.

Vous ne sauriez trop leur prêcher l'édification qu'elles
doivent à leur mari, le support (2), l'attachement à sa personne
et à tous ses intérêts, tout le service et les soins qui dépendent
d'elles, surtout le zèle sincère et discret pour son salut dont
tant de femmes vertueuses leur ont donné l'exemple, aussi
bien que celui de la patience ; le soin de l'éducation des enfants
qui s'étend bien loin, celui des domestiques et du ménage,
qui sont plus indispensables aux mères de famille que les
prières de surérogation (3) que quantité d'entre elles ont coutume de faire, au préjudice de ces premiers et plus importants
devoirs de leur état. Quand vous parlerez du mariage à vos
demoiselles de cette manière-là, elles n'y trouveront pas de
quoi rire, rien n'étant plus sérieux qu'un pareil engagement ;
établissez donc chez vous de leur parler sur cette matière
quand elle se présente comme toutes les autres qui leur con-

____

(1) Le mariage. qui est le fondement de la famille et de la vie domestique,
et dont Mᵐᵉ de Maintenon voulait qu'on parlât sans fausse délicatesse, sans
pruderie.

(2) Action de supporter, patience, indulgence (sens vieilli qu'on ne trouve
plus depuis le xvⁱⁱᵉ siècle).

(3) Au-delà de ce qui est dû.

viennent, et ne souffrez pas que, sous prétexte de modestie et
de perfection, on n'ose y nommer le nom de mariage. Cette sotte
affectation, si j'ose m'exprimer ainsi, vous rejetterait bien bas
dans toutes les petitesses que j'ai tâché de vous faire éviter
avec tant de soin...

On m'a dit qu'une des petites fut scandalisée au parloir de
ce que son père avait parlé de sa culotte : c'est un mot en
usage; quelles finesses y entendent-elles?.. Cela est pitoyable.
D'autres ne disent qu'à l'oreille qu'une femme est grosse : veu-
lent-elles être plus modestes que Notre-Seigneur, qui parle de
grossesse, d'enfantement, etc.? Une petite demoiselle s'ar-
rêta avec moi quand je voulus lui faire dire combien il y a de
sacrements, ne voulant pas nommer le mariage; elle se mit à
rire, et me dit qu'on ne le nommait point dans le couvent d'où
elle sortait... Il y a bien plus d'immodestie à toutes ces façons-
là qu'il n'y en a à parler de ce qui est innocent, et dont tous
les livres de piété sont remplis. Quant elles auront passé par
le mariage, elles verront qu'il n'y a pas de quoi rire. Il faut
les accoutumer à en parler très sérieusement et même tristement, car je crois que c'est l'état où l'on éprouve le plus de
tribulations, même dans les meilleurs.

    (1705-1713) Mme de MAINTENON, t. I. p. 95:96; 300.

J'entends par occupation domestique tout ce qui a rapport
au gouvernement intérieur d'une maison, et tout ce qui regarde les dépenses pour les habits, pour les équipages, pour
les meubles, pour la table, pour l'éducation et l'instruction des
enfants, pour les gages et la nourriture des domestiques. Voilà,
à proprement parler, la science des femmes; voilà l'occupation que la Providence leur a assignée comme par préciput,
et pour laquelle elle leur a donné plus de talents qu'aux hommes; voilà ce qui les rend véritablement dignes d'estime et
de louanges, quand elles sont assez heureuses pour remplir
tous ces devoirs. Pendant que leurs maris sont occupés au
dehors pour les différents ministères qui leur sont confiés, il
est bien juste et bien raisonnable qu'elles les déchargent de
ces petits soins et de ce menu détail qui leur emporteraient
un temps précieux qu'ils peuvent employer plus utilement
pour le bien public et pour le service de l'État.

Les mères doivent comprendre par ce que je viens de dire
combien elles sont obligées de former de bonne heure leurs
filles à ces soins domestiques. Elles seules peuvent ici leur

donner sur cet article les leçons qui leur sont nécessaires.
Après qu'on leur a enseigné de l'arithmétique ce qui convient à
leur âge et à leur sexe, il faut les mettre tout d'un coup dans
la pratique, leur faire composer à elles-mêmes des mémoires
et leur faire régler des comptes. Une mère intelligente les forme
par degrés à ces différents exercices, et entre pour cela
avec elles dans le dernier détail : elle les accoutume à connaître le prix et la qualité des toiles, du linge, des étoffes,
de la vaisselle et de tous les autres ustensiles. Quand elle fait
des achats et des emplettes, elle les mène avec elles chez les
marchands, elle leur apprend les temps où il faut faire chaque
provision : elle les instruit de la manière dont on doit ordonner
un repas, et de ce qui sert ordinairement dans chaque saison :
du prix de tout ce qui convient pour meubler un château, une
maison, un appartement. Elle entre avec elles en connaissance
de ce qu'il faut faire par rapport aux fermes, qui sont le
plus solide bien des grandes maisons, pour tenir les terres
en bon état, pour empêcher qu'on ne les dégrade, et s'il se
peut, pour les améliorer. Elle a soin d'inspirer à une jeune
demoiselle, destinée pour le monde, les principes d'une sage
et noble économie, qui s'éloigne également d'une sordide avarice et d'une ruineuse prodigalité.

(1723) ROLLIN, p. 159-161.

Ce que Sophie sait le mieux, et qu'on lui a fait apprendre
avec le plus de soin, ce sont les travaux de son sexe, même
ceux dont on ne s'avise point, comme de tailler et coudre
ses robes. Il n'y a pas un travail à l'aiguille qu'elle ne sache
faire, et qu'elle ne fasse avec plaisir.

(1762) J.-J. ROUSSEAU, t. IV, p. 410.

Que le jour de sa première communion tout fasse sentir à
une fille qu'elle a quitté l'âge de l'enfance ; que ce changement de position soit à la fois imposant et agréable : on doit
lui accorder de nouvelles jouissances, et en même temps lui
imposer de nouveaux devoirs. Elle doit alors accompagner sa
mère dans l'asile des indigents qui souffrent sans demander ;
que pour toujours sa piété, sa bienfaisance soient unies par la
charité aux préceptes de l'Evangile. Sans lui accorder encore
l'argent nécessaire aux frais de son entretien, qu'elle ait chaque
mois une somme fixée pour ses menus plaisirs et ses charités ;

que l'une et l'autre soient confondues, et disposent son cœur à trouver la plus douce jouissance en grossissant la part du pauvre de ce qu'elle refusera à des désirs futiles.

Je voudrais aussi, quand cela est possible, qu'on lui donnât une chambre nouvelle; que sa mère lui remît les clefs de ses armoires; que le soin de son trousseau lui fût confié; qu'on exigeât d'elle de donner son linge à blanchir, de le recevoir, de le compter, de l'inspecter, d'apprendre à le raccommoder, talent d'aiguille bien plus difficile que celui de la couture du linge neuf. Si l'on voit que ces soins ont été trop tôt exigés, et ne produisent aucun fruit après quelques mois d'essai, une mère doit, sans se fâcher, ordonner à sa fille de rendre tout ce qui lui avait été confié et lui dire qu'elle s'était trompée, qu'il n'était pas encore temps d'attendre de sa raison des choses qui en exigent beaucoup. Cette leçon produit toujours un excellent effet.

Satisfaite de l'attention qu'une fille apporte à soigner tout ce qui lui appartient, une mère doit alors lui confier exclusivement le soin d'un salon, d'un cabinet, la charge d'y entretenir l'éclat et la fraîcheur des fleurs et des porcelaines, de mettre en ordre les objets qui servent au jeu, de ranger les choses ordinairement oubliées dans la pièce où l'on reçoit. A la campagne, on lui confiera l'inspection de la basse-cour, l'entretien de la laiterie. On lui composera ainsi une espèce d'administration particulière; elle sera louée ou blâmée pour la manière dont elle s'acquittera de ces devoirs. Dans l'heureuse et modeste classe de la bourgeoisie, ces détails doivent avoir une grande étendue; mais qu'on ne croie pas que la fortune, que le rang rendent ce genre d'instruction inutile, ce serait une grande erreur. La propreté, ce besoin, ce charme de la vie intérieure, se remarque également dans une chaumière comme sous les toits dorés des palais; elle dépend uniquement du goût et de la volonté des possesseurs de ces habitations diverses. Si vous faites contracter de bonne heure à votre élève l'habitude de s'occuper de l'arrangement de la maison, si vous lui inspirez le goût des travaux de la campagne, elle aimera la vie privée...

Les soins du ménage regardent les femmes (1); la nourriture

---

(1) Fénelon et Rollin ne parlent que des femmes d'une condition relevée; Mme Campan parle aussi des autres, de celles dont le ménage est modeste dont le mari et les enfants sont ouvriers. Elle va même plus loin; elle pense que l'éducation doit avoir en vue non seulement les mères, mais les filles obligées de gagner leur vie, et elle trace le tableau des occupations salariées les plus humbles. Il me semble qu'il y a, dans cette partie de la pédagogie, un côté pratique qui n'est pas sans intérêt.

de son mari doit faire la première occupation d'une bonne ménagère. Un homme qui travaille tout le jour ne peut donner un seul instant à ces détails, et si la femme les néglige, elle cause la perte de son ménage, en obligeant son mari, par cela même, à fréquenter les cabarets. La propreté de son intérieur est encore un article important. L'économie, le soin de ne faire aucune dépense pour soi, de retenir même son mari sur les dépenses inutiles, quand c'est pour la femme qu'il veut les faire, est encore un devoir indispensable. Croyez que ces soins importent à la personne qui veut toujours être aimée, toujours être estimée de l'homme auquel son sort est uni pour la vie.

La qualité la plus essentielle dans une femme est la douceur et l'égalité de caractère. Ne l'oubliez jamais; il n'y a pas un seul homme qui soutienne les contrariétés; et tous, s'ils sont honnêtes, se rendent à la raison, quand les représentations ne sont mêlées ni d'emportement ni d'aigreur. Qu'une femme attende, pour combattre ce qu'elle croit nuisible aux intérêts de son mari, que le premier moment du désir soit passé; une femme criarde, obstinée, exigeante, emportée, forcerait le meilleur époux et le plus tendre père à déserter la maison. Deux choses dégoûtent aussi beaucoup les hommes de leur vie intérieure: et ces choses sont la bouderie et les pleurs. Alors ils s'ennuient; ils se déplaisent chez eux, et de perfides amis leur ont bientôt conseillé de se distraire ailleurs.

Quand une fois un mari a pris l'habitude de chercher le repos et la gaieté hors de sa demeure, adieu la prévoyance et l'économie, adieu la paix intérieure, adieu tout le bonheur de la vie. Les querelles, la misère, s'emparent du ménage, les mauvaises mœurs s'introduisent au milieu de ce désordre, et tout est perdu.

Les femmes sont fort utiles à leurs maris dans les commerces de détail et pour la tenue d'une boutique; la disposition, la propreté des objets qui y sont exposés, doublent la valeur aux yeux des acheteurs; la politesse, la douceur et même la patience de la marchande les attirent et les retiennent. Une femme qui a un caractère rude et désobligeant, une femme qui n'est pas soigneuse et propre, qui manque d'ordre et de promptitude pour écrire, enregistrer et compter, rend presque nuls tous les travaux de son mari, et discrédite bien promptement sa boutique. Si le commerce qu'elle fait ne concerne qu'elle, que son mari soit autrement employé, ou qu'elle soit veuve, elle doit, en agissant d'après les principes de la religion et de l'honneur, et même pour ses propres intérêts, borner son bénéfice, et ne jamais oublier que vendre beaucoup et souvent vaut mieux que vendre cher. Cinquante aunes d'indienne vendues 2 francs l'aune font 100 francs : en admettant dix pour cent de bénéfice, la marchande gagnera 10 francs. Si l'on veut vendre au même prix de 2 francs l'aune une indienne d'une qualité inférieure, dans l'intention de gagner vingt pour cent au lieu de dix, il arrivera qu'à ce taux il n'y en aura que dix aunes de vendues au lieu de cinquante, et l'on n'aura retiré que 2 francs de bénéfice. Ce calcul bien simple, bien aisé à faire, est cependant beaucoup trop négligé dans le commerce.

On peut, mes chères enfants, dans tous les états, s'attirer la bénédiction du ciel et mériter la considération du monde; mais il faut, en prenant un état, se pénétrer de tous les devoirs qu'il impose. En servant leurs maîtres avec fidélité, avec respect, avec zèle, les domestiques se préparent un sort heureux.

Pour parvenir à se faire estimer quand elle est en service, il faut qu'une jeune fille se dévoue entièrement à ses maîtres, qu'elle se dise à elle-même : « je ne suis plus chez mon père, chez ma mère; j'ai voulu gagner mon pain et ne leur plus être à charge, je dois respecter et chérir mon maître et ma maîtresse comme je respectais et chérissais mon père et ma mère. Je dois soigner tous leurs effets, conserver, épargner leurs provisions; je dois aussi ménager leur bourse comme je ménagerais celle de mes parents. Sur la bonne opinion qu'on leur a donnée de moi, ces maîtres ont bien voulu m'ouvrir la porte de leur maison et m'admettre au sein de leur famille; de ce moment j'en fais partie, et je dois leur prouver que je suis digne de leur confiance. »

Il faut que, fidèle à tout ce qu'elle doit à ses maîtres, elle le soit aussi à tout ce qu'elle se doit à elle-même, et qu'elle fasse preuve d'une excellente conduite, en ne se laissant jamais diriger par de folles et dangereuses compagnes qui l'entraîneraient dans des parties de plaisir où trop de jeunes filles forment de dangereuses liaisons. Il faut, pour éviter les humiliantes réprimandes, qu'elle ne réponde jamais à ses maîtres. Il faut, pour leur plaire, que de jour en jour elle se perfectionne dans tout ce qu'elle est en état de faire au lieu de se négliger et de n'avoir que quelques semaines d'exactitude au moment de son entrée dans la maison, défaut si commun dans les domestiques que les maîtres expérimentés restent toujours six mois ou un an avant de juger leurs nouveaux serviteurs.....

Une fille qui sort dans une ferme, étant avec des personnes rapprochées de son état, devient tout naturellement un des enfants de la maison; car dans les fermes les maîtres travaillent comme les serviteurs. Il faut qu'elle fasse tout ce qu'on lui demande sans murmurer, et qu'elle n'oublie pas un instant que, malgré l'égalité avec laquelle on la traite, elle est payée soit par les gages, soit par le pain qu'elle reçoit, et ne doit pas trouver mauvais que le travail le plus pénible soit pour elle, plutôt que pour les autres filles du fermier. Une fille sage et laborieuse, qui s'instruit à fond de toutes les choses à savoir pour bien diriger une basse-cour et surveiller une laiterie, devient une femme utile, et trouve toujours à s'établir avantageusement....

Une fille placée dans une maison pour y faire la cuisine, doit beaucoup de reconnaissance à ses parents qui lui ont fait apprendre à lire, à écrire, à compter; elle peut lire dans les livres qui contiennent des recettes de ragoûts de toute espèce et en tirer un grand parti pour se perfectionner dans son état; plus elle deviendra habile, plus elle méritera les récompenses de ses maîtres, si la propreté, l'économie et la plus grande probité accompagnent ses talents. Il faut qu'elle tienne le compte de la dépense avec la plus grande exactitude. La probité doit l'empêcher de mettre un liard de plus que ce qu'elle a dépensé; mais il est très essentiel qu'elle évite de prendre de son propre argent. Dans les comptes de tous les jours, les erreurs, au bout d'une année, deviennent considérables. Il en est de même de l'économie des objets de consommation habituelle. Les soins d'une fille économe peuvent épargner beaucoup d'argent à ses maîtres, et sa négligence peut leur en faire perdre beaucoup sans qu'il s'y trouve le moindre profit pour personne, pas même pour les pauvres, auxquels on ne doit ni on ne peut donner des aliments corrompus. Une cuisinière ne doit point quitter les habits simples de son état. Etre proprement vêtue est sa seule obligation, et si on la voit faire des dépenses pour ses habits, elle met justement en défiance sur sa fidélité. En général, dans quelque position qu'on puisse se trouver, il ne faut jamais porter d'autres habillements que ceux de son état..,

Pour être une bonne femme de chambre, il faut savoir très bien coudre, faire des reprises et marquer le linge, savonner, repasser, arranger les cheveux de sa maîtresse, et faire les robes; ce qui, avec de l'adresse, s'apprend bien vite. Il faut être propre, soigneuse, modeste, et très respectueuse envers les maîtres que l'on voit souvent. Il faut se former à être adroite, active, prompte dans son service, et avoir le plus grand soin des hardes et des effets de toute espèce, qui sont presque toujours à la garde des femmes de chambre. Ces rapports continuels entre la maîtresse et sa femme de chambre, la nature de son service qui l'appelle souvent dans l'intérieur de la famille, l'espèce de confiance qu'on lui accorde, doivent la rendre extrêmement réservée sur tout ce qu'elle voit et sur tout ce qu'elle entend. Elle trahirait indignement les bontés qu'on a pour elle, si elle allait amuser la malignité des autres serviteurs du récit des petits travers de ses maîtres, ou des légers débats dont les meilleurs ménages ne sont pas exempts.

Malheureusement il y a beaucoup de dames qui ont la faiblesse de mettre une certaine vanité à voir leurs femmes de chambre parées; mais on trouve rarement des maîtresses qui l'exigent d'elles et les y forcent. J'ai vu beaucoup de jeunes femmes de chambre se parer indistinctement de tout ce qui leur venait des réformes de leur maîtresse : puisque cela leur était donné, elles auraient pu légitimement en faire de l'argent, et s'acheter des robes et du linge plus solides. La coquetterie fait naître des défauts et quelquefois des vices dont les maîtres ne tardent point à s'apercevoir. Un prompt renvoi en est la suite.

On ne prend de femme de charge que dans les maisons très riches, et alors les devoirs de cette place sont fort importants.

La revue perpétuelle du linge, les reprises, les raccommodages, l'ordre à tenir dans les armoires, la surveillance des lessives, ou la tenue des livres de la blanchisseuse ; dans les maisons de campagne, le soin de surveiller tout le linge donné aux domestiques étrangers pour le service des personnes qui couchent au château : tout cela demande beaucoup d'ordre, d'activité, de travail. Cette première place, dans le service d'une grande maison, doit être un objet d'émulation pour les femmes qui, avec les petits talents qu'on exige de leur sexe et de leur condition, avec un maintien et des manières honnêtes, une conduite régulière et des soins empressés, ont su se concilier les suffrages et l'estime de leurs maîtres.

Il est encore un genre de service qui exige les principes de la plus solide piété, la plus grande attention, les soins les plus patients, la plus parfaite douceur, le cœur le plus sensible, et cette place est celle de berceuse ou de bonne d'enfants.

La plus grande propreté est, pour les enfants, un principe

de vie et de bonheur. Il faut exécuter les choses jugées
nécessaires à la santé des enfants avec une sévère exactitude,
et cela même quand ils ne sont pas malades. On ne doit jamais les perdre de vue. Ils ignorent tous les dangers ; en
une seule minute ils peuvent se précipiter par une fenêtre,
ou tomber dans le feu. Il faut donc de même veiller avec
attention sur tout ce qu'ils prennent dans leurs mains et
sont tentés de porter à leur bouche. J'ai vu deux enfants
mourir dans des convulsions horribles pour avoir avalé, l'un
une pièce d'argent, l'autre une fève de marais. Que de soins
doivent occuper sans cesse une bonne qui veut remplir ses
devoirs et répondre à la confiance d'une mère ! Que jamais
l'enfant, lorsqu'il commence à grandir, ne soit abandonné à lui-
même dans un jardin public ; qu'on ne le laisse point passer
dans les bras des inconnus ; qu'il n'accepte pas de dangereuses friandises qui dérangent l'ordre de ses repas et peuvent
compromettre sa santé... La jeune fille qui veut embrasser cet
état doit savoir qu'elle répond à Dieu des premières impressions
que reçoit l'enfant qui lui est confié ; que ce sont les plus
fortes que les hommes puissent recevoir sur la terre, et que
de ces impressions dépend souvent le reste de leur vie.

(1828) Mme CAMPAN, t. II, p. 198-200 : 203, 211, 213,
215, 217, 219 223.

La vocation de l'institutrice (1).

Les maîtresses se feront les servantes de ces petites Enfans.
Elles feront tout ce qu'il faut pour faire subsister leur petit
corps par tous les soins qui leur sont nécessaires...

Nous devons avoir beaucoup de charité et de tendresse pour
elles, ne les négligeant en quoi que ce soit pour l'intérieur et
l'extérieur, leur faisant paraître en toutes sortes d'occasions
que nous n'avons aucunes bornes pour leur service, et que nous
le faisons avec affection, et de tout notre cœur, parce qu'elles
sont Enfans de Dieu, et que nous nous sentons obligées de ne
rien épargner, pour les rendre dignes de cette sainte qualité.
Il est très nécessaire que nous nous donnions toutes à elles sans
aucune réserve, et que sans une nécessité inévitable nous ne
sortions point de leur quartier, pour être toujours présentes

(1) Pour clore ce volume, empruntons aux deux plus grandes écoles féminines qui aient existé en France avant la Révolution, le portrait de l'institutrice
telle que l'a conçue l'esprit religieux sous la forme du jansénisme à **Port-Royal**,
et l'esprit séculier dans la personne de Mme de Maintenon à Saint-Cyr.

dans la chambre où elles travaillent, si ce n'est que nous soyons occupées à leur parler ou à les visiter quand elles sont malades, ou employées à d'autres besoins qui les regardent.

On ne doit point avoir de peine d'y perdre tout l'office, si ce n'est quand les plus grandes y assistent, etc. Il est de telle importance de garder toujours les Enfans, que nous devons préférer cette obligation à toutes les autres, quand l'obéissance nous en charge, et bien plus à nos satisfactions particulières, quand elles regarderaient même les choses spirituelles. La charité avec laquelle on leur rendra tous les services qui leur seront utiles, couvrira non seulement beaucoup de nos défauts, mais nous tiendra lieu de beaucoup de choses que nous croirions nous devoir être utiles pour notre perfection...

Notre exemple est la plus grande instruction que nous leur puissions donner. Car le diable leur donne de la mémoire pour les faire ressouvenir de nos moindres défauts, et il la leur ôte pour empêcher qu'elles ne se souviennent du peu de bien que nous faisons.

C'est pourquoi nous ne sçaurions trop prier Dieu, trop nous humilier, et trop veiller sur nous-mêmes, pour nous acquitter de ce que nous devons aux Enfans, puisque l'obéissance nous y engage ; et je voi que c'est l'une des plus importantes obéissances de la maison, et nous ne sçaurions trop trembler en nous en acquittant, quoiqu'il ne faille pas être pusillanimes, mais mettre toute notre confiance en Dieu, et le forcer par nos gémissemens à nous accorder ce que nous ne méritons pas par nous-mêmes, mais ce que nous lui demandons par le sang de son Fils répandu pour ces âmes innocentes qu'il nous a mises entre les mains. Car nous devons toujours regarder ces petites âmes comme de sacrés dépôts qu'il nous a confiés, et dont il nous fera rendre compte. C'est pourquoi il faut moins parler à elles qu'à Dieu pour elles (1).

(1657) Jacqueline PASCAL, p. 433-434 ; 439.

C'est assurément une des plus grandes austérités que l'on puisse pratiquer, puisqu'il n'y en a guère qui n'aient quelque relâche, et que, dans l'instruction des enfants, il y faut employer toute la vie.

---

(1) On n'a jamais porté plus loin le sentiment de la mission éducatrice. Même abstraction faite de l'idée religieuse ,peut-on ne pas admirer cet esprit de conscience et de dévouement? Et au fond, qu'est-ce que cet incessant appel à Dieu, sinon l'appel à la conscience, et le cri de la responsabilité.

Quand on veut seulement orner leur mémoire, il suffit de les instruire quelques heures par jour, et ce serait même une grande imprudence de les accabler plus longtemps ; mais quand on veut former leur raison, exciter leur cœur, élever leur esprit, détruire leurs mauvaises inclinations, en un mot leur faire connaître et aimer la vertu, on a toujours à travailler, et il s'en présente à tous moments des occasions. On leur est aussi nécessaire dans les divertissements que dans leurs leçons, et on ne les quitte jamais qu'elles n'en reçoivent quelque dommage.

Mais comme il ne sera pas possible qu'une seule personne puisse conduire un certain nombre d'enfants, il sera bon d'avoir plusieurs maîtresses pour la même classe ; il faut qu'elles agissent avec une grande union et un très grand rapport des mêmes sentiments, que leurs maximes soient pareilles, et qu'elles tâchent de les insinuer avec les mêmes manières.

Il est besoin, dans cet emploi plus que dans aucun autre de s'oublier entièrement soi-même, ou au moins, si l'on s'y propose quelque gloire, il n'en faut attendre qu'après le succès, et cependant se servir des moyens les plus simples pour y parvenir.

Toutes les maîtresses des classes auront sans cesse devant les yeux que leur premier devoir, en leur qualité de maîtresses et même de religieuses de Saint-Louis, est de contribuer, selon leur pouvoir, à la bonne éducation des demoiselles, à leur inspirer la vertu, à les corriger de leurs défauts, à rectifier leurs mauvaises inclinations, à leur apprendre tout ce qu'il est nécessaire qu'elles sachent, enfin à en faire de parfaites chrétiennes, et à les disposer à remplir saintement les différents états où il plaira à la Providence de les appeler... Elles se rendront elles-mêmes des modèles que les demoiselles puissent imiter, en leur inspirant la vertu par leur exemple, étant exactes à observer le silence et les autres exercices de la classe autant qu'elles le pourront et montrant en toutes leurs actions une piété pure et sincère : c'est la seule conduite que Dieu daigne bénir....

Elles se tiendront continuellement en garde contre leurs passions et contre leur humeur, elles auront un grand soin que, sans affectation, leurs yeux, leurs discours, leurs postures, leur extérieur, en un mot, tous leurs procédés soient mesurés, ayant affaire à des yeux clairvoyants à qui rien n'échappe, qui sont toujours portés à juger désavantageusement des personnes qui les reprennent.

Elles renonceront à leurs goûts, à la proximité, à l'inclination naturelle, aux agréments personnels des filles qu'elles auront à gouverner, beaucoup plus à la familiarité et à l'apparence des amitiés particulières... Elles penseront souvent que si la fatigue est grande, la récompense le sera aussi; qu'après tout c'est à quoi elles se sont engagées... qu'elles ne sont pas obligées seulement à instruire les demoiselles, mais à les élever, ce qui comprend tout le soin des mères envers leurs enfants....

Allez au bien tout droit, sans vous compter pour rien... semez sans jamais vous décourager, d'autres feront peut-être la moisson, mais qu'importe, pourvu que vous ayez fait votre devoir?

(1686-1691) Mme de MAINTENON, t. I, p. 17-23; 84, 127.

TABLE DES MATIERES

TABLE DES MATIÈRES

CINQUIÈME PARTIE

L'ÉDUCATION MORALE. — LA VIE RÉELLE

PARIS. — IMPRIMERIE CHAIX, 20. RUE BERGÈRE